〔澳大利亚〕彼得·杜赫提／著

马颖 孙业平／译 高福 徐小宁／审校

通往诺贝尔奖之路

The Beginner's Guide to Winning the Nobel Prize
a life in science

科学出版社
北京

图字：01-2010-1601 号

The beginner's guide to winning the Nobel Prize：a life in science / Peter Doherty.
Copyright © 2006 Peter Doherty. All rights reserved.
This edition arranged with The Mary Cunnane Agency Pty Ltd through Andrew Nurnberg Associates International Limited.

图书在版编目（CIP）数据

通往诺贝尔奖之路/（澳）杜赫提（Doherty, P.）著；马颖，孙业平译.
—北京：科学出版社，2013
书名原文：The beginner's guide to winning the Nobel Prize：a life in science
ISBN 978-7-03-037260-4

Ⅰ.①通… Ⅱ.①杜…②马…③孙… Ⅲ.①杜赫提，P.—传记
Ⅳ.①K836.116.2

中国版本图书馆 CIP 数据核字（2013）第 068120 号

责任编辑：樊　飞　胡升华　王昌凤 / 责任校对：张怡君
责任印制：李　彤 / 封面设计：黄华斌
编辑部电话：010-64035853
E-mail：houjunlin@mail.sciencep.com

科学出版社 出版
北京东黄城根北街 16 号
邮政编码：100717
www.sciencep.com

北京九州迅驰传媒文化有限公司 印刷
科学出版社发行　各地新华书店经销
*
2013 年 5 月第　一　版　开本：B5（720×1000）
2022 年 1 月第八次印刷　印张：14　插页：2
字数：230 000
定价：48.00 元
（如有印装质量问题，我社负责调换）

中文版序言

非常荣幸地得知我写的这本"小书"将在中国出版,使得她能在另一种语言环境中让大家随时读到。这是一本有关科学及如何"做"科学的书,读者对象是那些正在规划自己人生道路的年轻人和制定科学政策的决策者。"做"能够获得诺贝尔奖级科学的"窍门",是把研究资源有意导向促进发现与创新,这就意味着我们要建设一流的科研院所与大学,然后去聘用和支持真正有才华、能够做一流科学的年轻研究人员。资深研究人员可以帮助、促进创新研究,但是,僵硬的"等级"制度会浪费资源,绝对是不能推动工作开展的。当然,这只是我个人对科学的观点,这种观点是受到西方文化强烈影响的。

一直以来,科学都是国际化的。但是,我们只有在过去的几十年才看到基础科学在亚洲的兴起,尤其是最近在中国的发展。我们这一代人看到了中国大学的发展和研究实力的大幅提升,这种发展既令人们羡慕,也让我们肃然起敬。什么是科学?科学就是以证据为基础(循证)的事实,看到有这么多的青年才俊投身科学,又有这么多的资源保障来探寻自然奥秘、找出解决人类面临的问题的办法,真是令人鼓舞。然而,有些时候西方又重新走向了迷信与偏见,这可以从人们相信"神造说"而不认可"地球地质时期论"看得出来。但是,在亚洲发生的却是全然不同的事。

通往诺贝尔奖之路

  我深信，在不久的将来，我们将见证中国出现诺贝尔奖获得者或者是一个获奖团队。其实，如果有诺贝尔农学奖的话，恐怕袁隆平先生早就得了。他的杂交水稻工作是超一流的。至少我认为，袁先生是获得诺贝尔和平奖的不二人选。诺贝尔奖水平的基础科学研究和获奖所需的文化基础在中国已经快速建立起来，我真诚地希望越来越多的青年才俊把积极参与这种科研活动作为个人的奋斗目标，也希望我这本"小书"，能对他们雄心勃勃要完成的伟大事业有所裨益。

彼得·杜赫提

2011 年 10 月 11 日于墨尔本大学

致　谢

本书旨在面向那些对科学世界并不一定有很多了解的读者，甚至只是对科学界抱以同情心态的读者。如果没有玛丽·坎南的帮助，本书也不可能付梓面世，作为一名专业的文稿代理人，她给予我很多专业上的帮助，她让我明白尽管短小精悍的格式对于演讲或写作而言是合适的，但是对于历久弥新或发人深省的作品来说却是不适合的。即便是在玛丽·坎南的耐心帮助之下，我最终还是在墨尔本大学出版社的路易斯·阿德勒的劝导之下，才做出决定并着手写作。路易斯还对书的标题 *The Beginner's Guide to Winning the Nobel Prize* 提出了建设性意见，并且自始至终都向我提供了强有力且愉快的支持。

虽然在过去的 40 年中我发表了几十万字的文章，其中包括我在各种不同的科学杂志上发表的科学论文，以及 1996 年获得诺贝尔奖之后为报纸和杂志写的文章和评论，但我很快发现，对于创作一本有趣且可读性很强的图书的工作，我还是一个新手。

编辑顾问克里斯坦·奥尔森和墨尔本大学出版社的西比尔·诺兰，这两位经验丰富的专业人员从我的原始手稿中截取了 70 000 字左右的文章，对它们进行了重新编排，删除了冗余的部分，然后让我勾勒不同的主题，并且要求我从记忆中及我太太自 1996 年以来存档的相关文件中提取更多的个人回忆和故事。我和彭妮的许多私人回忆是一致的：我们分享了同样的经历，但记住了不同的细节。她还对写在本书里的所有事情都进行了编辑和评论。迈克尔·杜赫提对帕金森病和精神分裂症部分进行了评论。尽管本书主要的构想、讨论及超过99%的文字都来自我本人，但这些行之有效的指导和鼓励让我获益匪浅。

本书的大部分内容真实地反映了我多年浸淫于科研界及本人对传记和历史的涉猎而获得的感悟。许多模糊的记忆及颁奖时的回忆是通过谷歌（Google）来搜索相关网页，以及翻阅大卫·马特撰写的关于帕特里克·怀特的传记来佐证的。书中有关我对科学未来的观点，很大程度上受到了这些年来我阅读的《自然》和《科学》杂志上"新闻和观点"栏目中所刊文章的影响，这是所有的科学家希望能够与自己的专业领域之外保持联系的好方法。与同事倾谈也是大有裨益的事。尤其是有关新亚洲巴斯德研究所的故事，这是源于一次与著名免疫学家菲利普（该所所长）的午餐谈话，他帮我阐明了在全球变暖领域一些让我困惑的问题。约翰·伯恩斯和托尼·克莱因向我展示了有关数学家和物理学家生活方式的独到见解。

有关诺贝尔奖的知识和其他大量信息是直接从诺贝尔奖网站（www.nobelprize.org）获得的。该网站提供了包括引用、演讲稿、简短的传记和自1901年以来每一个诺贝尔奖得主的诺贝尔讲座，连同其他许多的补充材料。该网站发挥了一个诺贝尔电子博物馆的功能，这是诺贝尔奖医学委员会主席尼尔斯·林格兹的心血结晶。自1996年10月的一个清晨他通知我们获奖的那时起，我们就立刻成了好朋友，我们很高兴在2001年12月的一百周年纪念活动中再次见到他。令人无比失落的是，我们得知他在2002年永远地离开了我们，享年70岁。

最后，我提前向可能阅读本书的其他专业的科学家和严肃的科学评论员道歉。科学是无疆界的，而本书只是一个在医学界工作的实验师的观

致 谢

点。尽管有这些缺陷,有些在我所提到的领域工作的人,在读完本书后也许会对批评者说:"不错,他说的有一半是正确的。"本书的目的是吸引那些希望对某一特殊科学故事获得更多信息,并且想要深入探索的普通读者。我也对我的专业领域和兴趣领域之外的物理学、经济学及化学所遇到的挑战,提出了本人的一些浅见。

科学术语

AIDS	获得性免疫缺陷综合征，由人类免疫缺陷病毒引起
ALL	急性淋巴细胞性白血病
Antibodies	抗体，介导的特异性免疫保护的分泌性蛋白
Antigens	抗原，能被抗体识别的结构
B cell	B 淋巴细胞，抗体形成浆细胞的前体
BSE	牛海绵状脑病，或称"疯牛病"
CD	一种免疫学家感兴趣的分子分类系统
$CD4^+$ T cell	辅助性 T 淋巴细胞
$CD8^+$ T cell	"杀伤性"或细胞毒性 T 淋巴细胞
CFC	引起臭氧损耗的碳氟化合物
CNS	中枢神经系统，也就是脑和脊髓
CSF	浸泡着中枢神经系统的脑脊髓液
CTL	细胞毒性 T 淋巴细胞
DNA	脱氧核糖核酸，是构成基因的原料
EBV	Epstein Barr 病毒，是单核细胞增多症和某些白血病的病因
GMO	遗传修饰生物
H2	小鼠器官移植体系

通往诺贝尔奖之路

HIV	人类免疫缺陷病毒,引起获得性免疫缺陷综合征
HLA	人类白细胞抗原
HPV	人乳头瘤病毒,引起子宫颈癌
Ir	免疫应答基因,编码被 $CD4^+T$ 细胞识别的分子
LCM(V)	淋巴细胞脉络丛脑膜炎(病毒)
Lymphokines	淋巴毒素,促进免疫的分泌型蛋白
mAb	单克隆抗体
MRI	核磁共振成像
mRNA	信使核糖核酸,携带着来自基因的信息的信使RNA
MS	多发性硬化症
N	流感病毒神经氨酸酶蛋白
RBC	红细胞
RNA	核糖核酸
T cell	T细胞,胸腺依赖性淋巴细胞,或者叫T淋巴细胞
T lymphocyte	T淋巴细胞,在胸腺中分化的白细胞,也就是T细胞
TB	结核
TCR	T细胞受体
Th1 and Th2	具有不同功能特征的 $CD4^+T$ (辅助)细胞

序

本书从多角度对科学领域给予了通俗易懂的直观讲解，跳出传统的自传体文章框架，截取个人人生旅程里精彩的片段来为读者真实展示出诺贝尔奖级水平科学的"庐山真面目"。科学家是一个特殊的群体，他们有着特定的生活方式，即"提出问题—解决问题—进一步验证答案"。一步步接近真理，即便仅仅是一个微乎其微的真理，科学家也会不畏艰难、勇往直前。与此同时，科学家并非唯一的发现问题—追求真理的孤立群体，众多各领域杰出的领袖们终生致力于促进人类文化的相互融合，反对分裂。尽管他们鲜有获得诺贝尔奖，但是在人类文明历史上，依然名垂青史，被后人铭记。

科学文化传统彼此之间在细节上千差万别，然而，归根结底科学从来都是在追求发明创造和创新革命。科学的根本在于探求真相。阿尔弗雷德·诺贝尔是一位热衷于发明创造的实业家。诺贝尔的伟大实验所赢得的经济利益，为之后的基础学科发展和人道主义进步提供了物质奖励和精神认同，为人类精神文明和物质文明的长足进步提供了力所能及的肯定和支持。不管世人眼光如何，诺贝尔的理想从未改变，即激励全世界为真理和创新而孜孜追求。

诺贝尔奖的伟大实验已经过去一个多世纪。在获奖后将近10年的今

通往**诺贝尔奖**之路

天，我在此回顾诺贝尔实验的现实教育意义。诺贝尔竭力促成创造性的知识文化和人道主义活动的结合，而这个伟大目标的最终达成需要全人类共同努力。什么将成为人类社会文明前进的决定性因素——科学研究正在进行的实践方式，还是经费分发和机会均等的分配方式？纳米技术和基因组技术这些新领域激动人心的进展，又将为人类文明的进步带来哪些积极作用？21世纪的科学发展又会将人类社会带向何方？与此同时，科学文明与人类历史又将在哪些方面互相融合、互相促进，而对于一直纠结于人类文明的其他重要方面，如宗教信仰，科学的进步又将与之摩擦出什么样的奇迹呢？

科学家是什么人，他们有什么共性，是什么造就了这样的人，他们怎样工作，他们怎样生活，这些问题该如何回答？科学到底对于某些人而言，仅仅是提供了一份职业，成为他们维持生计或养家糊口的手段吗？的确，科学家也与普通人一样会结婚生子，会按部就班地每天工作。尽管如此，科学工作需要终生承诺，需要从一而终的毅力和勇气，选择了科学道路，将意味着选择了与安逸舒适的生活绝缘的另外一种充满艰辛荆棘的坎坷人生。

赢得诺贝尔奖之路崎岖艰辛，毫无成功模板可循。即使购买本书，字字斟酌书中的经验教训，赢得诺贝尔奖的机会也渺茫得如同大海捞针。最终诺贝尔奖荣誉的获得，依靠的还是对科学孜孜不倦、执著追求的心，依靠的是对科研事业的扎实热忱的行动投入。对大部分人而言，刻苦努力地工作，积极向上地生活，实现理想最终会带来真正意义的成功，尽管并非像诺贝尔奖一样被广泛认同。积极的人生即是一段冒险，一段发现的旅程。还有什么能比发现、描述并最终解释从来没人阐述过的基本规律更令人激动兴奋的事情呢？这也正是科学让人痴迷的所在。扶持并利用科学的社会毋庸置疑将会繁荣昌盛，将会赢得未来。大部分人都无法成为科学家，但是我们怎么能承担这样的无知——对科学研究是怎样进行，以及科学研究将会为人类文明带来什么的无知呢？

X

目 录

中文版序言 / i

致谢 / iii

科学术语 / vii

序 / ix

引言 / 001

1
瑞典效应 / 007

2
科学文化 / 019

3
科学生涯 / 039

通往诺贝尔奖之路

4
免疫：科学的故事 / 066

5
个人的发现与新的使命 / 098

6
下一个还是美国的世纪吗？/ 112

7
透过不同的视角：科学与宗教 / 132

8
探索未来 / 148

9
怎样获得诺贝尔奖 / 164

附录 1 / 177

附录 2 / 183

附录 3 / 187

缩略语 / 196

推荐阅读 / 198

索引 / 201

译后记 / 210

引 言

当电话铃声在10月一个凉爽的清晨的4点20分响起的时候,我们正在美国田纳西州的孟菲斯。我的妻子彭妮接了电话,以为是澳大利亚家中年迈的父母出了什么问题。但电话中传来的口音不是澳大利亚人的。"我是尼尔斯·林格兹。"她听见电话里说。"从诺贝尔基金会打来的,"彭妮把电话递给我,"这是打给你的,"她说。

电话线的那一头,在瑞典的尼尔斯告诉我,我将和我的瑞士朋友及同事罗夫·辛克纳吉,因为我们在20多年以前的一个发现而分享1996年的诺贝尔生理学或医学奖。他也提醒我们说,在他向报社发布这个消息之前,我们有10分钟的时间给我们的家人打电话。他还轻描淡写地说,电话以后将会一直占线。根据我的记忆,当时我们都有一点惊愕。

此前的一段时间里我就听说我可能正朝着获得诺贝尔奖的方向靠近,但这些传闻已经流传好几年了,而我直到最近才注意到它们。一年以前,罗夫和我分享了拉斯克基础科学奖,这是一个倾向于预测诺贝尔奖的美国奖项。我的一些能干的同事实际上有比我多30%的机会踏上斯德哥尔摩之旅,我也并不是很兴奋。从生理学自卫本能的观点来看,或者从其他任何角度来看也是一样,我劝服自己相信来自澳大利亚人烟稀少的腹地的男孩不会获得诺贝尔奖。但在那天早上,再也没有疑问了。在15分钟内,我

通往诺贝尔奖之路

们接到了从英国路透社、比利时、哥伦比亚波哥大的回声广播电台、澳大利亚悉尼《先驱晨报》等打来的电话。我们的电话记录显示，我们在早上4点27分接到一个电话，而下一个在5点23分就打来了。这显然不会是一个平常的早晨。实际上，生活从此也变得不平常了。

当然，每个人对"平常"的理解都是不同的，作为一个在亚热带的布里斯班长大的孩子，我可能也不认为科学家的生活——主要是在三个国家的实验室里度过的生活——是正常的。我在20世纪中叶的昆士兰度过的童年时光是相当平静的，没有什么需要绞尽脑汁才想得起的经历。我那时对更广阔的世界没有什么概念，也没有这方面的大量信息。回想起来，那不像是能把人送进高层次的发现队伍中的经历。

我长大的地方在奥克斯利工人阶层居住的郊区外围，在那里我们本地小学的学生在八年级结束时就要在当地的一家"肉制品工厂"——猪屠宰场、水泥厂、砖厂工作或当学徒。虽然我是个聪明的孩子，但我在学校的学习进度很慢；我经常感到厌倦，成绩也不好。我性格软弱，动作不协调，比几乎所有人都小一岁，这些都帮不上我。我在任何一项运动比赛中都拖后腿。

在我13岁时，情况好转了许多，我上中学了。我入学时那所学校才刚建好，所以没有高年级学生做榜样，没有像样的图书馆和学生俱乐部。救了我的是那些受过大学教育的教师，他们完全投身于公共教育的理念中。我被分到了学术班，在物理、化学和数学方面打下了良好的基础，并迷上了历史和英文名著及戏剧。虽然我的法语口语很糟，阅读也从来没有好过，但是接触法国历史和文化使我大开眼界。令我感到骄傲的是，在获得诺贝尔奖之后，我被选举为法国国家医学科学院外籍院士。

那时，布里斯班是一个非常封闭狭小的小镇，很少被外界注意。我少年时代的世界观是通过阅读和观看电影形成的——虽然我的历史教科书中关于美国仅有的参考资料是一个短小的章节，标题是"乔治三世和美国殖

引 言

民地的丧失"。我那时对美国历史最终的看法，既英国化，又受约翰·韦恩的影响，这种情况几乎没有改变过，一直到1956年，也就是我上大学的前一年，澳大利亚开始了第一次电视转播，更多的西部电影和澳大利亚节目被一起播放。电视节目没有描写我们更近的邻居：我们从中很少能了解到我们北面的，与第二次世界大战和欧洲殖民经历有关的亚洲国家。

我的家庭背景也没有提供什么关于我前途的暗示。虽然我的父母都是在15岁就离开了学校，但是像很多他们那一代只接受了有限的正规学校教育的人一样，他们说的是语法清晰的英语，能写表意清楚的信件。我母亲继续学习，成为一名钢琴教师，我们家总是回荡着德彪西、肖邦和莫扎特的钢琴曲。我父亲在他的工作中学习了各种"服务型"的课程，一开始是当电话接线员，然后是电话服务的管理人员。他是个贪婪的读者，对任何书籍都是这样。但是，他对高等教育一无所知。实际上，除了当地的医生和牙医，那个地区极少有人拥有大学学位，也很少有人向职业咨询师求助。奥克斯利的房屋建在支架上，还有挡风墙，给人一种半农村的感觉，它是布里斯班周边的"挣扎的小镇"。

我在附近一个较富裕的城郊有两个朋友，他们的父亲都有体面的职业，当我和他们谈论教育和职业时，这一点永远不是我的资本。还有我的堂哥拉尔夫·杜赫提，他比我大13岁，住在城市大开发区的另一边。他很聪明，学术水平在全国都数得上。在我们的大家族中，他是第一个上大学的，以优异的成绩从昆士兰大学医学院毕业后，从事热带医学和传染病研究，然后去哈佛大学进行博士后研究。我对这些也只是知道个大概，而且不记得和他认真讨论过科学。此外，大家都认为拉尔夫绝顶聪明，没有人能指望学得和他一样。

中学毕业后，我不知道我能做什么，虽然我想到的一个能做的事情是在一家当地报社——《信使邮报》当见习记者。我贪婪地读着这份报纸。法国存在主义哲学家让-保罗·萨特的作品将我引入了推理的时代；同时，

通往诺贝尔奖之路

奥尔德斯·赫胥黎的小说，如《加沙盲人》和《针锋相对》，将他那个时代（20世纪20年代和30年代）的科学主题和英国上层人物交织在一起，阅读这些作品也使我接触到启蒙运动和科学研究中以证据为基础的世界的一种文化。赫胥黎在发育生物学中运用了现代思维方式，例如，编织故事情节探索激情和意识之间的紧张关系。一个充满激情的16岁孩子会对什么不感兴趣呢？我在学校里没有学过生物学——这门课不对男生开设，我猜是出于与现在的宗教保守主义者反对性教育同样的原因——但是在生物学的一些领域从事研究的观念看起来很有趣。我应该如何对待这些？我不想被训练成医生，因为据我所知，他们中的大多数人在和病人及神经质的人打交道中度过了一生。这对我来说太没意思了。

改变我人生的是昆士兰大学兽医学院的"开放日"。那时，昆士兰大学是澳大利亚和新西兰仅有的两个能培养兽医的地方之一。我立刻就对胚胎学、解剖学和病理学的讲解产生了兴趣，也对那个举止疯狂、性感、不停抽烟的，照看展品的年轻实验室技术员产生了兴趣。在炎热的布里斯班夏季，她只穿着一件白色的实验室外套，这位"年长的女性"——她肯定最多不过22岁——当然不是电影里穿着扣得严严实实的白大褂的妄自尊大的弗兰肯斯坦博士。甚至是围绕着墙壁展示的患病器官和热包埋石蜡及福尔马林弥漫的气味都能引起我极大的兴趣。这与我在16年中遇到的所有事物是如此不同，它看上去真实，尤其是有趣，而且可行。从那一刻起我迷上了病理学。

病理学对于青少年来说是很刺激的事情。很多年轻人在看了有"浮尸"、电骨锯，以及一生中很大一部分时间穿着白色塑料工作服将剪成小块的东西放入瓶子中的顽强人物的可怕电视节目后，决定去学法医学。我甚至现在还保留着对疾病和死亡的迷恋：是的，很多有创造力的科学家的确永远停留在青少年状态。"疾病侦探"游戏永远会带来惊奇，当然不会乏味。

引 言

医学、牙医学和兽医学在美国是研究生课程，但至少在那些遥远的日子里，澳大利亚像英国一样在年轻人高中毕业后立即就开始职业培训。假如我先去美国读四年的文科学院，可能我现在能有更好的教育，成为一名历史学家。但即使作为一名科学家，我解释问题也一直倾向于从历史的观点开始，我一直迷恋历史和政治。

我17岁进入兽医学院，在五年后的1962年的那个明媚、炎热的夏季毕业。恰好在1996年的12月，我发现自己在正处于阴冷冬季的斯德哥尔摩，从瑞典卡尔十六世·古斯塔夫国王手里接受诺贝尔生理学或医学奖。是什么使我这样一名年轻幼稚的学兽医的学生，走上了免疫学和有时能取得值得获奖的结果的发现科学的道路的呢？那时候我的同学和我没有太大的差别，但是一个不同之处在于，我从一开始就渴望成为一名搞发明的科学家。我的利他主义思想足以使自己相信改善家禽、家畜的健康在发展中国家非常重要，是一件很有价值的事情。我毕业后没有去开兽医诊所，而是去研究牛、猪、鸡和羊的传染病问题，先是在昆士兰，然后在苏格兰。我在苏格兰完成了博士课程，内容是研究跳跃病脑炎，这是一种由蜱虫传播病毒诱导的绵羊脑部炎症。

我离开爱丁堡后的长期目标是在一所规模庞大的国立应用研究机构，也就是墨尔本的CSIRO①中当一名研究人员。但开始时我转向——我认为是暂时的——在澳大利亚的约翰·柯廷医学研究院（JCSMR）学习细胞介导免疫，这样我就能更好地理解宿主对病毒的反应。我于1972年在堪培拉开始病毒感染实验小鼠的实验，并且第一次被引入了一个充满活力的、由智力驱动的基础医学研究环境。我将在本书后面讲述我的科学征途中此后发生的故事。毋庸多言，我再也没有回到兽医界的工作中去。

我在澳大利亚和美国都工作过，但我获得诺贝尔奖是因为在堪培拉做

---

① CSIRO，英文全称为（Australia's）Commonwealth Scientific & Industrial Organization，中文名为（澳大利亚）联邦科学与工业研究院。——译者注

出的发现，以及与罗夫·辛克纳吉在 1973~1975 年发展起来的解释我们发现的理论框架。在两年之内，我们两人都被看成是免疫学界的重要人物，我们一直维持着这种身份。当然，诺贝尔奖使我们的名誉和声望进入了一个不同的层次。一开始高强度的全球媒体的关注并没有延续到瑞典的颁奖周之后，但我现在认识到，知名度持续的时间要长很多，会一直陪伴着我的余生。"诺贝尔奖获得者"是对我的工作的一个永久描述。获奖者身份的名誉持续的时间当然和每一个诺贝尔奖获得者的成就一样久远。

假如那个幼稚天真的奥克斯利小学男生在水晶球里看见他自己多年以后在斯德哥尔摩从大饭店向皇宫眺望，他会怎么想？假如有人告诉他国际化的职业生涯和世界上最有声望的奖项正稳稳当当地等着他，那他会怎样？我甚至不能确定那时我是不是知道诺贝尔奖，或者我们国家获此奖项的人的名字。获得诺贝尔奖不是我一开始的生活目的，而且我曾认为那是个极其不可能的结果。为什么是我呢？

像许多科学奖的获得者一样，我对诺贝尔奖的看法是，就我自己而言，我被认为是取得了一个具有突破性的发现，改变了占支配地位的观点。这被哲学家托马斯·库恩称为"范式转换"。我们做了一些很简单的实验，给出了对结果的解释，在当时来看是革命性的解释。后来，有许多杰出的科学家用其他领域的技术进步来解释我们的发现及随之而来的结果。他们的故事无疑和我的一样有趣，每个人都受到很多因素的影响，包括人、地点、机会和智力环境。虽然只有很少的人获得诺贝尔奖，但是所有在取得发现和解决问题第一线工作的人都是有同样传统的，不管他们是科学家、作家还是和平工作者。

1　瑞典效应

这是斯德哥尔摩的 12 月，黑暗像冰帘一般早早地低垂了下来。因为下雪，短暂的白天显得很阴暗。寒风穿过横跨这座城市的斯特罗门水道，即使是在恶劣天气里长大的坚强的瑞典人也在寒风中皱缩着脸。我是在炎热潮湿的地方长大的，在那儿阳光无情地直射，我的皮肤总是被灼伤，所以，寒冷、阴郁、潮湿的天气使我精力旺盛。可能这是一种遗传，要追溯到在阴湿的爱尔兰泥煤沼泽中挖煤、在兰开夏郡的冬季放牧山羊或者居住在埃塞克斯运河边的我们澳大利亚人的祖先，寒冷阴湿的斯德哥尔摩很适合我。这里的空气中充溢着一种新鲜的感觉，那是一种充满了希望的感觉。

尽管瑞典人对漫长的冬天很不耐烦，但是 12 月 10 日——诺贝尔奖颁奖日——是一个令他们兴奋的时刻，无论是对老人还是年轻人。像在墨尔本圣杯节上的澳大利亚人和超级碗星期天①上的美国人一样，瑞典人会停下他们手头正在做的事情去观看电视，或是在斯德哥尔摩音乐大厅和市政大厅瞥上一眼颁奖过程——这一天不仅仅是因为国王和王后及几百个身穿正式服装的人而壮观。瑞典人对他们的文化和传统十分骄傲，在他们中间

---

① 美式足球联盟年度冠军赛（美国）。——译者注

通往诺贝尔奖之路

有一种对斯堪的纳维亚民主、团结和公正的极大的认同感。所以在宣读诺贝尔奖颁奖报告前后举行的仪式是对伟大人类的努力的提醒,也是对瑞典人在他们自己的国土上推动这些努力的提醒。这个奖励在整个国家都占有很高的地位:瑞典电视台播放颁奖现场的实况,报纸和广播节目介绍获奖者,人们在街头巷尾谈论着诺贝尔奖。

在获奖以前,没有几个获奖者会意识到颁奖仪式要持续强度很大的、令人精疲力竭的一个星期,他们会突然被扔到了媒体的闪光灯下,而且需要极有耐力的肝脏——除非他们是酗酒者。他们也不会想到有其他的配备,包括一名司机和一名年轻的瑞典外交官作为助手和向导。科学家一般不是生活在一个有很多人照顾和拥有私人豪华坐骑的世界中,当然也不是生活在周围全是社会名流的世界里。但是,当国王在一种庄严的气氛中授予奖项、颁发金质奖章和有皮质封面的证书的时候,他也是在授予一种名流身份,这种身份既是一种奖赏,也是一种束缚。

说这是一种束缚主要是因为公众的关注使获奖者失去了个人时间和工作时间,但补偿是有更多的人知道你的工作,获得了公开发言和会见杰出人物的机会。对我的这次获奖,孟菲斯媒体有很多报道,在澳大利亚也时不时地出现在广播和电视中。名人当久了,我也已经习惯地当自己是电视咖啡广告里的群众演员。与为数不多的在年轻英俊时就出了名的获奖者不同,我们大多数人看上去更像青蛙而不像王子。

斯德哥尔摩音乐大厅的颁奖仪式之后是穿着配有白领结的燕尾服出席的诺贝尔宴会——宴会是在市政大厅举行的,使用的都是装饰着金叶子的盘子和镀金的餐具。在这里,礼仪是很重要的。获奖者要学习怎样鞠躬,并被告知当回到座位上时可以背对国王(我们观看了1938年诺贝尔文学奖得主赛珍珠的录像,她身着紧身晚礼服,很不自然地转身走了大约100英尺①的距

---

① 1英尺=0.3048米。——译者注

1 瑞典效应

离,显得很庄严)。获奖者还要学习斯堪的纳维亚祝酒词,而且人们在仪式及晚宴上都必须穿着正式的晚礼服。

宴会上喝酒的杯子理所当然用的是欧瑞诗水晶杯。当无数只杯子同时敲击桌面时,发出的碰撞声是震耳欲聋的。来自瑞典全国的志愿者服务员密集地侍立着。因为主办者是诺贝尔基金会,所以主持人和迎宾员都是年轻而富有魅力的大学生。颁奖礼还为当地学生和国际学生留有座位。当时播放着古典音乐和几首歌剧中的歌曲,每一个奖项类别中的一位代表要发表一个简短的演说。罗夫·辛克纳吉用雄辩和充满魅力的语言代表我们两个人做了演说。

我可能是宴会上唯一一个没有品尝著名的诺贝尔冰激凌的人。不久前,我被诊断患上了与高胆固醇血症有关的病,这些病曾缩短了我父亲和祖父的寿命。我们有一张我拿着精致的菠萝混合汁的照片。从那以后,我就一直服用高剂量降胆固醇他汀类药物,就是有关这类药物的工作使约瑟夫·戈尔斯坦和迈克尔·布朗赢得了1985年的诺贝尔生理学或医学奖(这些药物似乎在我身上起了作用:2001年诺贝尔奖100周年纪念日时所有健康状况良好的获奖者应邀再次回去参加宴会,在宴会上我最后获得医生的准许品尝了冰激凌)。

宴会结束后是拍照、跳舞及会见国王和王后。国王拥有和任何人交谈的皇室特权。虽然我们是从孟菲斯飞来的,他还是准确地认出我们是澳大利亚人。根据回忆,我们谈了一些关于南半球的天空及他们最近对帕拉纳尔天文台的访问。这家天文台是欧洲天文台网的一部分,位于智利的阿塔卡马沙漠。与英国女王不同,瑞典的君主不再有任何宪法上的作用,君主只有象征性和仪式上的作用了。国王和王后很和蔼,也很有趣,而且对事物充满兴趣。

第二天晚上,国王和王后在皇宫举办了特别宴会。这是我第二次戴白色领结、穿燕尾服。科学家是按照墨菲定律(任何可能出错的事,它就会

出错）生活的。我发现这个定律衍生到了小小的服装事件上。就在我们走出宫殿旁边的敞篷沃尔沃轿车时，固定黑色夹克下面僵硬的前幅的松紧带断了，而且弹了出来，像一面白色水平的旗子。彭妮当时只带了一个小手袋，这可能是她有生以来第一次没有带安全别针。我们的司机格利塔尔·伦德斯特姆立刻注意到了这个紧急情况，带着我们急速驶离了宫殿，这明显引起了与会者的警觉。我们回到了不远处的大饭店，冲进我们的房间，在下行的电梯里用安全别针修好损坏的衣服。然后我们在一名警察的护送下，一路闪着蓝色的车灯回到了宫殿，冲上楼梯，成了最后到的人。

我们蹑手蹑脚地走到了属于自己的位置上：礼节要求生理学或医学奖的获奖者在化学奖获奖者后面，而在文学奖获奖者的前面。我们的"越轨"行为对害羞的波兰诗人维斯瓦娃·辛波斯卡来说十分滑稽好笑。另外，这件事告诉我，诺贝尔基金会的成员和瑞典人一样总是十分镇定的。在100年的岁月里，他们什么事情都见过——包括至少曾有两次获奖者带着三个"妻子"（前妻、现任妻子和未婚妻）出席典礼。当然，只有在1963年的好莱坞幻想影片《大奖》中，他们才不得不对付谋杀。

皇家宴会的安排很正式，虽然气氛比颁奖典礼时要轻松一些。国王将其称为"家庭宴会"。仆人们穿着侍从的制服，站在王后身后的那个人将一支巨大的羽毛高高举过头顶。有证据称这一传统是从一个早期的国王开始的，这样他能在拥挤的招待会上一眼就找到王后。

在宴会上陪伴我的，一个是瑞典外交大臣莱娜·耶尔姆-瓦伦，她坐在我的旁边，而坐在另一侧的是瑞典王室成员莉莲王妃。莉莲王妃是受欢迎的国王的叔叔贝蒂尔王子的妻子，出生于威尔士斯旺西的她，在瑞典深受爱戴。虽然已经81岁了，但她有一种淘气、没有顾忌的幽默感。我们品尝了从皇家庄园中打的野味。无论从哪一方面来说，这都是一个令人愉快的夜晚。后来瑞典有确定继承权的维多利亚王妃在访问澳大利亚时和我交谈过，我很高兴得知莉莲王妃的身体状况很好。

1 瑞典效应

在诺贝尔周期间,我做了每个获奖者都被要求做的讲演,到了晚上我们和瑞典的医学同行一起娱乐。我们和诺贝尔奖医学委员会的成员共进晚餐,又在免疫学家汉斯·魏泽尔家里度过了另一个夜晚,他是1810年在斯德哥尔摩建立的最早的医科大学——瑞典卡罗林斯卡研究院的院长。

我们又发现自己被卷入了12月13日的圣·露西亚节的庆典中。这是瑞典圣诞节传统的开幕式,也是瑞典人坚持自己风俗和节日的一个感人例子。圣·露西亚这个象征性的人物是怎么来的、从哪儿来的并不完全清楚,现在没有人过问她的起源。但在整个瑞典的每个家庭、每个办公室、学校和俱乐部,露西亚女孩——头戴着蜡烛环——领着一队身穿白衣的男孩和女孩拿着灯及食物在黎明的黑暗中唱着他们的露西亚颂歌。甚至当我们清晨前往位于西南海岸的伦德,重复我在卡罗林斯卡研究院和斯德哥尔摩北面的乌普萨拉大学已经做过的诺贝尔奖讲演时,在机场也看见了由唱着圣诞之歌的合唱团陪伴的光彩照人的露西亚女孩们。

圣·露西亚节以一场最后的正式晚宴作为尾声,参加宴会的有医学奖获奖者及其家人和朋友,以及卡罗林斯卡研究院的教职员工和学生。人们为宴会致祝酒辞,喝更多的宾治酒,听演讲,还要唱瑞典祝酒歌。这些歌是从一本印着英文歌词的书中挑选出来的。瑞典人喝酒之后不驾车,所以所有人都是乘出租车或雇车来的,因为宾治酒很烈。获奖者们被要求将手臂相互交叉形成一个"椅子"去抬一个从一年级的医科学生中选出来的露西亚女孩。

学生们本来以为美国人会得奖,所以也是据此准备了娱乐节目的。但是面对着一个瑞士人和一个澳大利亚人,他们还是照先前的准备表演了节目。彭妮和我按照顺序与辛克纳吉、澳大利亚大使、一名澳大利亚科学杂志记者、一些老朋友、几个与澳大利亚有联系的卡罗林斯卡研究院的教职员工,一起唱了一支高声调而让人头晕的《铺盖卷的华尔兹》。在那天晚上的舞台上,幸运的是整支歌的歌词书上都有。为诺贝尔周所做的准备考虑到了所有的可能性。

诺贝尔周的经历对我来说是前所未有的——在某些方面是无法抗拒的——这些经历为所有获奖者在斯堪的纳维亚庆祝活动结束回家以后都要面对的极其忙碌的"诺贝尔年"做好了准备。当然你可以拒绝邀请，或者讲一些连诺贝尔奖章也无法挽回的令人不能接受的坏话，来避开没完没了的社交活动。但是大多数人还是认真地承担了责任，因为这些社交活动给他们提供了在宽广的公共平台上公开他们所关心的问题的机会。这些社交的压力一般在下一轮的获奖名单公布时就消失了，虽然总是有纯粹是冲着诺贝尔奖的地位而来的邀请。诺贝尔年的活动要耗去大量的时间，使活跃在一线的科学家脱离了他们的研究计划。一些处于研究生涯晚期的科学家则失去了动力，再也不能回到他们真正的研究工作中去。所有的获奖者不同程度上失去了一定的反思和创造活动所必需的个人空间。

但是我的这一年像大多数资深科学家一样，在斯德哥尔摩打来电话之前就预定好了。除了在孟菲斯的圣·裘德儿童研究医院正在从事的工作以外，我还服务于很多不同的国家委员会并订好了要办很多的研讨会。因为获得了诺贝尔奖，我又收到了更多的邀请，很多令我无法拒绝。我被授予澳大利亚最高级别的公民奖，即由总督威廉·迪恩爵士颁发的澳大利亚爵级司令勋章，还做了大量的有关"回家"的讲演，其中包括一个给位于堪培拉的国家新闻俱乐部所做的讲演。这个讲演曾被一次又一次地播放。在澳大利亚时我不断发表公开讲话、出现在公共活动中，我似乎从来没有半天是清闲的。参加公共活动也使一些老朋友和我恢复了联系，而很多或多或少能找到点联系的研究所和研究小组也以我的获奖为荣，并相应地给我发出了邀请。为了应付这些事情，我选择了退出评审基金和论文稿件这些耗时的工作，推迟了几所大学研讨会的时间。我还辞去了我在美国多发性硬化症协会的评审委员会的职务。这使我感到很内疚。他们过去给我提供过经费，我的一个好朋友在多年前还因为多发性硬化症而自杀。这项工作

1 瑞典效应

使人筋疲力尽。即使在今天，我还需要对我是否应接受某些工作，做出明智的判断。

我是仅有的两名在世的获得诺贝尔奖的澳大利亚人之一。在墨尔本，这样忙碌的日子持续了很多年。甚至是在获奖之后的10年里，我还是不断收到发表讲话的邀请、出席大量的活动。澳大利亚本土的获奖者在过去的100年里非常少：只有七名获奖者在这里长大并至少完成了高中学业之后才去了北半球的地方。

虽然每个人都听说过诺贝尔奖，但是除了斯堪的纳维亚人，大多数人对其知之甚少。决定谁应该获奖是一个需经过反复考虑的漫长过程。即使是现在，选择获奖者还是依照阿尔弗雷德·诺贝尔的意图。这位富有的工业家、具有冒险精神的制造商的生平充满矛盾，这非常有趣。他发明了雷管、炸药和一种推进加农炮弹的无烟粉末——从某种意义上说这些东西都是破坏性的——但是很多人相信他设立这些奖项是为了促进世界和平。从这个意义上来说，这些奖项都是"和平奖"，在更多人的意识里，"和平"和"诺贝尔"是联系在一起的。这使我理解了为什么我有时被介绍为诺贝尔和平奖获得者。如果不是因为他留下的数目可观的遗产和这笔遗产被管理得如此精确，可能诺贝尔这个人——他从来没结过婚，没孩子——现在已经被遗忘得差不多了。

在1896年12月10日诺贝尔逝世之前，他就指示这笔钱应该投资，累积的利息可以用于资助一个奖项，这就是我们所知道的诺贝尔奖。他在遗嘱里确定了应该遵循的原则、做出决定者的责任及决定谁应该获奖的指导。决定奖项状态最重要的因素之一是公布在诺贝尔网址上的所有人都能读到的诺贝尔遗嘱节选中最后一个句子的陈述。这个句子从瑞典语翻译过来就是：我明确的意愿是在颁发奖金的过程中不考虑候选人的国籍，让最应获奖的人得此奖金，而不论他是不是斯堪的纳维亚人。从这里我们就能够明白诺贝尔的用意。这些是为了表彰为人类利益做出最大贡献的个人在

 通往**诺贝尔奖**之路

物理学、化学、生理学或医学、文学、经济学和和平方面最重要最有意义的工作而设立的奖项。

诺贝尔遗嘱的执行人是两个为他的公司工作的年轻的工程师——拉格纳·索尔曼和鲁道夫·里尔杰奎斯特。索尔曼对建立负责投资和颁发奖金的诺贝尔基金会起了重要作用。奖项的目的和范围大体遵照诺贝尔遗嘱中简要的指导,但实际考虑的事项要求诺贝尔基金会做出进一步的解释。每一类奖项最多发给三个人,但是和平奖除外,可以发给大型的组织机构,如红十字会和无国界医生组织。

文学奖是由从瑞典学院抽调出来的委员会决定的,这个委员会成立于1786年。物理奖和化学奖分别由成立于1739年的瑞典皇家科学院的两个委员会决定。生理学或医学奖由卡罗林斯卡研究院成员决定,他们也会吹捧诺贝尔奖获得者中他们自己的校友。和平奖由从挪威议会中选举出来的委员会决定。虽然没有数学奖,但为了纪念阿尔弗雷德·诺贝尔,诺贝尔基金会于1969年增设了瑞典银行经济学奖。决定经济学奖的责任后来交给了瑞典皇家科学院,有时候他们也会选择数学经济学家,对于这一点至今有人认为是自相矛盾的。

潜在的提名者会在下半年收到邀请,他们必须在下一年的2月之前递交提名。被提名者在列表中数量巨大,所以获得提名资格的规则非常严格。一般科学奖项的评选规则是由大的研究机构和杰出的个人提供名单、简短的理由和背景信息。虽然前获奖者经常被要求递交提名,他们的提名要限制在他们所成名的那个领域。在诺贝尔周我询问我能否建议另一个领域的提名,比如说文学。答案是绝对不行。诺贝尔奖获奖者的一个共同经历是有时会收到某人的来信,信上说他(总是"他"而不是"她")相信自己应获得诺贝尔奖,应该被提名。礼貌地说,他是错得离奇了。我把这些信留给了子孙。

到了10月份,各个委员会提出推荐,而他们的决定必须要经过负责

1 瑞典效应

审定的上一级学院来批准。这个艰辛过程中的讨论和周密思考是保密的，并且50年内都不向外界公开。不管什么时候我读到某人获得"被提名获得诺贝尔奖"的殊荣，我都会对这种信息的来源感到疑惑。科学奖项的候选人最不可能知道他们被作为考虑对象。他们可能被要求提供一份最新的简历，或者一个他们自己成就的列表，但是这种询问可能是来自第三方，一般不会引起与诺贝尔奖有联系的想法。尽管科学界流传着未来可能的获奖者的传言，每个人都假设最明显的人被提名了，但是，一般只有提名者们自己才知道其中的细节。

一方面，提名的整个过程都是保密的，而且瑞典人从不泄密；另一方面，我的确听到我被提名获得诺贝尔奖的传言。我从未试图以任何方式证实有这回事——可能是因为几年前我被组织者告知获得了另一个著名的奖项，而我对此非常在意，而后来却什么也没有发生。所以从那以后，我对类似的事情都不予理睬了。

一些人对诺贝尔奖感到非常失望，因为他们认为自己应该获奖。但是这里没有"上诉的机会"。一些人永远没能从被排除在外的挫败感中恢复过来。还有"第三法则"，意思是必须做出严格的决定。至少在医学领域，候选人必须被不同的奖项提名很多次。有这种提名经历的候选人会被密切关注。我怀疑，同样的候选人年复一年地被提出，按我的理解，他们的情况每次都会被重新讨论一次。

获得拉斯克基础科学奖的人中，有一半像我们一样后来获得了诺贝尔奖。美国的文化十分开放，作为美国人，拉斯克委员会的委员们像筛子一样会泄露提名秘密。我听说罗夫和我当年被补加到所谓提名唐·威利、杰克·斯特罗明格和埃米尔·乌纳努埃的"哈佛投票"（Harvard Ticket）上，这是由于委员会的免疫学家当时提出，如果提名他们而漏掉我们会是一件让人恼火的事。唐和杰克提供了解释"改变的自我"概念的X射线晶体结构（见附录1），而埃米尔做的是有关"辅助"T细胞的工作（这将在

第4章讨论）。

　　虽然获奖本身对每个人的影响不同，但是对于瑞典国土上的这些奖项在世界上的总体影响还是值得思考的。说到底，诺贝尔奖最大、最长久的赢家是阿尔弗雷德·诺贝尔出生的这个国家。

　　我认为诺贝尔奖已经被证明是一个强有力的机制，她吸引着社会对合理的有根有据的探索、真理与和平、繁荣的基本构成要素，以及人人共享的民主的关注。瑞典是一个现代的工业化国家。这个国家花费了高比例的国内生产总值用于研究和发展（2001年为4％）。这笔花费联合了政府和私人的投入。有证据表明，在过去的50年中，任何从事医学工作的人都用过阿斯特拉和法玛西亚这两个大的制药公司的产品。至2002年，面积不大的瑞典拥有欧洲最大的四个生物技术产业。当我们想到小汽车、卡车和战斗机时，我们所有人都熟悉像沃尔沃、斯堪尼亚和萨博这样的名字。

　　我父亲开始他的职业生涯的时候是一个电话接线员，他使用爱立信制造的设备。爱立信是以斯德哥尔摩为基地的国际巨头，它推动着整个世界在远程通信和宽带等方面的发展。工程行业在1900年占工业总出口的9％，1945年占23％，1999年占50％。瑞典还有庞大的武器工业，这被认为是另一个诺贝尔的传奇。例如，在第二次世界大战时，交战双方都使用了博福斯式高射炮。艺术和设计也不例外：瑞典玻璃工业和庞大的宜家家具见证了这两方面的成功。

　　不难理解，缔造了诺贝尔的这个国家给予她的科学家和研究院很多关注。其他国家也是这样：因为科学奖项的选举委员会都是由在负责任的研究院工作的人组成的，所以一些雄心勃勃认为自己有机会获得诺贝尔奖的人会邀请他们的瑞典同事参加会议或集会，并展示他们的工作。此后，瑞典科学界对此非常关注，而像在卡罗林斯卡研究院，其生物医学研究的标准设得非常高。瑞典人口大约有900万人，而卡罗林斯卡研究院有5名科学家获得了诺贝尔生理学或医学奖。我那些在美国和澳大利亚从事医学研

1 瑞典效应

究的朋友中，年轻时曾在卡罗林斯卡研究院工作过的人数，数量惊人，就是因为那是个进行科学研究的极佳场所。

虽然瑞典的现代化一般认为是开始于19世纪70年代，当时的进一步推动也包括阿尔弗雷德·诺贝尔本人的努力，但是很明显，过去的100年见证了这个国家的巨大变化。快速的技术进步理所当然地伴随着雇主和贸易单位之间的良好关系。大学教育系统是一流的。虽然很难估量，但看起来，积极的政治承诺和对高等教育的积极参与反映了诺贝尔奖对科学和知识活动的推动。如果看看世界上其他的地方，就会知道知识生活和民主政治在瑞典一直保持着良好的状态。不过我恐怕不能对所有的发达国家都下此结论。

无论是对职业生涯还是对个人生活来说，获得诺贝尔奖都是极为让人高兴的事。但大多数科学家在享受诺贝尔奖所带来的特权的同时也认识到随之而来的是责任。其中一个责任就是要代表他们特定的科学领域。很多人放宽视野为科学、推理和公正说话。

接受诺贝尔奖之后，我利用几个国际平台表达了对像人口控制、全球变暖和环境退化这样的问题的忧虑。很多诺贝尔奖获得者像我一样，相信我们在21世纪面对的一个主要挑战是有效应对与环境保护及全球可持续发展相关的问题。像"生态学"、"环境保护主义"和"可持续发展"这样的50多年前完全不存在于政治演说中的词汇，现在产生了巨大的政治反响。这些情况最多是阿尔弗雷德·诺贝尔可能猜到的事。假如他活到1996年而不是1896年，他会设立一个可持续发展的诺贝尔奖项么？

我们要在这个即将到来的世纪获得人道主义方面的满意和积极的结果，就必须把阿尔弗雷德·诺贝尔用他的奖项认可的不同的文化团结在一起，使它们互相扶持。此外，还必须与政治和经济（股票经纪人、金融家）的力量，以及宗教领袖一起工作，努力为这颗小行星上的所有人创造健康的和令人满意的生活。除此以外，我们还能期望怎样实现和谐、和平及全球繁荣呢？

有效合作的一个障碍是不同文化的人讲不同的语言。例如，"证据"这个词对科学家来说只有一个意思，但对宗教信徒来说又是另一个意思，而对政客和公司广告经理来说则又是另外的意思。虽然每个人对人道主义的理想、文学、政治、商业，可能还有经济学都有自己的一些理解，但对很多人来说最难弄懂的还是科学领域发生的事。

很多人错误地解释了科学领域。过去一个世纪的无数成功导致了一个普遍的假设：总会有些聪明的弥补办法。有人问为什么不能让每个人都驾驶耗油的、制造污染的四轮汽车到处跑呢？如果石油用完了，氢气可以解决问题，我们可以用电解水的方法制造氢气——或者用化工燃料和核能大量生产氢气。奇怪的是，虽然更大范围中的很多人怀疑科学，但他们同时又相信科学能解决所有的难题。事实上，科学在一些领域做得很好，但在其他一些领域却做得不好。看看在技术上有重大创新意义的新型 A380 空中客车飞机：复杂的电子学和飞行控制系统——它燃烧的是石化燃料汽油。

我坚定地相信，虽然现代科学是高度专业化的，可以用深奥难懂的语言表达，但是对科学研究基本性质的理解和科学家展示给公众的东西是直接的，对每个人来说都能够理解。整个 21 世纪科学家的任务是促进发现、有根有据的研究和技术革新，这些努力有助于解决问题、缓解苦难和创造真正的可持续的繁荣。改善人类的生存条件是一个复杂的多因子方程式，而上述任务仅仅是这个方程式的一部分。虽然 20 世纪经历了很多灾难，但进步也是令人瞩目的。我们需要延续这条轨道中最好的部分。

2　科学文化

在电影中,科学家都是些疯狂、邪恶、令人讨厌的人,他们总是喋喋不休地讨论控制世界、欺负孩童抑或按詹姆斯·邦德的套路发明小工具。这些讽刺的画面可能纯粹是为了娱乐,或者是对科学家感到不舒服或不理解的结果。也可能,这些讽刺画面的存在是因为科学知识太过专业化,其应用如此深刻地改变了世界,致使人们将科学和科学家看得顽固、冷酷而没有人情味。

就人类传统上认识世界的方式而言,现代科学的基本方法学是相对新的。我们习惯于试错和常识的做法,但是科学研究是按一种正规得多的过程运作的,经常产生违反直觉的结论。与成功的科学相联系的洞察力可能与在伟大的文学著作中发现的洞察力没有太大的区别,但是我们对优秀的文学书籍的熟悉程度要远远高于我们所知道的科学。

我们都理解获奖文学的社会功能,因为编故事和讲故事是人类的特质。我们能够仔细观看和学习绘画与口头传承的文化传统,比如被分隔在澳大利亚大陆上4万多年的土著人的文化传统。虽然古希腊历史学家修昔底德和希罗多德去世已经大约2500年了,但是人们还是可以带着敬仰去阅读他们的著作的译本,不仅是为了获得信息,也是因为这些书中传达的知识的广度和洞察力。柏拉图的哲学著作和荷马史诗也是这样。传统既古老又令人震撼。我们当代的诗人、剧作家和哲学小说家的作品就像呈现在我们面前的镜子，在品质和清晰度方面可能与前人没有太大的不同，但它们反映了我们当前的现实，对我们无比重要。

早期科学的进步的记录与现在相比很不完整。从发现轮子开始的科学开端的记载已经遗失了。我们只能推测：4000多年前史前巨石柱的建造者们曾仔细地进行过数学和天文学原理的计算么？他们是如何思考和操作的？而建造埃及金字塔或地中海古城的建筑师使用过已经充分理解的基本原理、先例和以试错法为基础的智慧么？声称能与神周旋而祈求雨水和好收成的僧人、牧师和女巫医可能只有很随机的成功率。即使他们能借助人们的恐惧、牺牲仪式和财富的增长维持地位，但如果他们运气不好，而几年内的年景都很差，他们可能会被杀死。在当时，检查儿童尸体的内脏是天气预报和医学诊断的有用技术。当代科学家不是牧师也不是女巫医。今天和我们在一起的科学实际上大约才500岁。

要理解现代科学，对其发展有一个感性认识是有帮助的。科学的历史最早的足迹开始于文字的出现，有证据表明科学开端良好，但随后因艰难的时事而衰落。科学不是宗教，也不是宗教的替代品（见第7章），但曾经有一个时期，掌管运用发现和知识改善人类福利的人比其他任何人都更像牧师。

很多有时间和机会从事知识活动或研究的人是牧师，所以他们受到宗教权威的限制。波兰天文学家——尼古拉斯·哥白尼教士（1473～1543）据说将他关于地球围绕太阳运转的巨著《天体运行论》的出版一直推迟到他死前，因为害怕被当成异端邪说而受到审判，并被烧死在火刑柱上。那时候的教堂可比现在的研究基金和稿件评阅人严厉得多；还有其他的证据表明当时具有好奇心的牧师和大学教师在从事科学研究。我觉得，逃避乏味枯燥的教条是人类永恒的特征。寻求真理也是一样。

在古希腊，我们能在锡拉库扎的阿基米德（公元前279～前212）那

2 科学文化

里看到我们所认为的科学的最好状态。如果他活在今天,可能已得到多个诺贝尔奖了。人们相信是他发明了阿基米德螺旋泵(现在埃及的一些地方还用它来汲水)、复滑轮及各种各样的武器,发现了许多几何学和数学原理。当发现身体的体积能用置换出来的水衡量的时候,他跳出浴盆裸着身子冲向街道,高喊着"找到了",这个故事很多人都很熟悉。在这里,让我们看看现代科学是如何运作的。

阿基米德做的看上去是个简单的实验(洗澡),进行了一项观察(水面升高了),提出了一个假说(他用身体置换出了等体积的水),然后他以一种不但公开(他当时的情形的确非常公开)而且任何想重复这个研究的人在智力上都能掌握的方式报告了这一发现。他能够注意到置换效应是因为他已经在思索一个问题:锡拉库扎的国王希罗二世想知道为他打造了一顶王冠的珠宝商有没有作弊,这项王冠是纯金的,还是掺了银?银比金子轻,所以与金子等重的银就会置换较多体积的水。很明显,这就是测试王冠纯度的方法。如果说没有人注意过当有人跳进装满水的浴盆时水会溢出来这个现象,没有人会相信,阿基米德只是抓住了很普通的东西进行思考,从而说出了一条物理学的基本原理,而后来可能得到了国王的报酬。他也可能会重复这次实验(再洗一次澡)。

描写阿基米德一生工作的书面文件被认为是存放在亚历山大图书馆,它们在公元700年遭到了破坏,起因可能是火灾。虽然被称为图书馆,但这也可能是世界上第一所大学。最近的考古发掘显示它可能拥有5000个学生的座位。我觉得至少在基督教的世界里,那个人类的科学探索徒劳无用的1000年的黑暗时代,象征性地开始于基督教皇狄奥多西四世最终对亚历山大图书馆的压制。现代科学时代则一直要等到文艺复兴和宗教改革的大变动时期,弗朗西斯·培根(1561~1626)这样的人物的出现。他的著作提供了产生今天科学研究的归纳方法的哲学基础。科学家用的是归纳推理的方法,即从观察(数据)到概括(理论)的方法,而不是一些包罗万象的假设结构。培根写道："对人类唯一重要的知识在经验上根植于自然世界。"我们最终又重新发现了阿基米德在1500年以前就知道的真理：自然界不能用我们认为它会如何运作这样的陈述来解释。对权威观点的依赖，认为权威重于推理、发现和证据，不但对真理和科学研究精神是致命的，而且对我们这个物种和我们的世界都有损害。

伽林医术的漫长黑夜就是依赖权威而不相信证据的好例子。佩加蒙的伽林生活在基督教时代的第二个世纪。他的很多著作都以希波克拉底早期思想为基础，逐渐根植于医学实践，以哲学论点同样的方式被人们接受。伽林是他那个时代伟大的医学从业者。在他的所有成就中，最主要的成就是作为格斗士的医生。虽然他通过观察结扎动物输尿管的效应做了一些关于肾脏的有用实验，但是在关于心脏的作用上他完全弄错了。他没有理解血液循环，认为血液是持续不断地由心脏和肝脏制造的，而后由肺运送到体内各处，在器官中被消耗掉。伽林及其追随者没有意识到有一个封闭的循环系统，他们认为给患有重病的人放血以除去"坏血"是完全正确的。这种治疗方法一直持续到19世纪，可能缩短了很多人的寿命。

16世纪的一个变化是人们又开始做实验，并进行系统性的观察。在帕多瓦大学——可能那是以科学为基础的医学的第一个伟大的世纪——比利时医生安德勒斯·维萨留斯（Andreas Vesalius，1514～1564）设法避开各种禁止解剖人类尸体的法律，写下了第一本解剖学教科书《论人体的结构》。英国医生威廉·哈维（1578～1657）在帕多瓦大学从事研究的时候开始了一系列的研究，表明伽林是错误的，心脏的基本功能就像一个泵，它带有瓣膜，能保证血液单向流动，在动脉和静脉的空腔中循环。马尔切洛·马尔比基关于毛细血管循环的发现，完成了动脉和静脉之间回路的发现。哈维在1615年就得出了他的结论，但是因为根深蒂固的伽林传统的势力，他对后世有巨大影响的著作《心血运动论》直到1628年才出版。我最近看到了它的第二个版本，售价为3万美元。

2 科学文化

此时，科学革命在欧洲已经蔚然成风。在巴黎，弗朗索瓦一世国王建立了法兰西学院（1529），它是一所完全不依赖基督教权威的研究机构，所有的演讲都是免费的，并对公众开放。这个传统一直持续到今天：不久以前我在那里的一次科学研讨会上做过发言，无论是谁想参加都可以如愿以偿，而且免费。法兰西学院仍然是法国最有实力的科研机构，她的位置靠近巴斯德研究所。法兰西学院科学部建立于1666年，也就是英国的查理二世特许设立英国国家科学院伦敦皇家学会的四年后。从牛顿到詹姆斯·库克到达尔文及以后的每一位大科学家，都是皇家学会的会员。

皇家学会的格言是"口说无凭"，它的意思是说"光凭语言什么都解决不了"，再引申下去就是"你必须要做实验"。实验的概念对我们来说不陌生：孩子总是在做着实验。但仅有实验是不够的。实验结果必须公开报道，通过这样一种方式，任何有条件做这项实验的人都能够证实或否定这项研究。实验必须是可重复的。科学发现一定要在发表并经过讨论后才是合情合理的。我总是告诫我年轻的同事：如果实验结果没有发表，就等于实验没有做。英国历史最长的科学杂志是《伦敦皇家学会学报》。这份期刊自1665年以来一直在出版。

从假说到实验到发表和独立验证，看似简单的技术在过去500年改变了我们的世界。这一变化更大规模地开始于欧洲文艺复兴和宗教改革，发展于18世纪中后期和19世纪早期的启蒙运动的一部分。启蒙运动又为美国独立运动的奠基人，特别是托马斯·杰斐逊提供了智力框架。对已形成的风俗、传统和权威的质疑，对个人推理和自由思考的鼓励，意味着解释问题的方法从下断言和"揭示真理"变为依赖证据。

在科学上，知识能够进步是因为每句前一小步都开始于对基本现实的最大可能的理解。当然，有时候进一步的实验被证明是表明早期结论不正确或不完整的向前的一大步，然后思想就会改变。但最好的科学家就像军队里的将军，总是会将撤退工作准备好，而不管这一活动可能会造成多少个人名誉的损失。我见过几个科学家因为不能放弃无效的观点或错误的实验而自毁，并以一种令人吃惊的公开方式失去他人的信任。科学和政治不同：当有更好的证据时，改变观点并不是错误。

以一系列的观察、实验和发现为基础建立一个越来越复杂的知识体系的一个大问题是，要完成一项工作的技术和很多重要的结论对于非专业人员来说越来越难懂。生活在16世纪和17世纪的弗朗西斯·培根和威廉·哈维很容易掌握已知的科学世界。这一点对于由以后发展成为皇家学会的六位于1645年走到一起、在伦敦齐普赛街讨论"新哲学"和"实验哲学"的成员组成的早期团队来说，也是正确的。不久以后，因观察苹果落地而发现万有引力的艾萨克·牛顿爵士（1643～1727），以及在1665年被选举为皇家学会会员的塞缪尔·佩皮斯，应该也能弄懂当时会议上的每一个议题。

甚至是在19世纪，英国生物学家托马斯·赫胥黎最早于1846年在英国皇家海军"响尾蛇号"战舰前往澳大利亚北部的航程中担任外科医生，然后他离开海军成为矿业大学的一名讲师和英国地质考察局的博物学家。因为人类知识的大量扩增，兴趣广泛不再是严肃的科学家的特征，赫胥黎在"响尾蛇号"上航海时，无意中遇到了他未来的妻子。如果当时刚刚建立的悉尼大学给他一份工作的话，那么在英国科学和文学界如此著名的赫胥黎家族的历史可能就完全不同了。

现在的困难是伟大的科学家倾向于被看做狭隘领域里的专家——而每个人都怀疑专家，尤其是怀疑他们的发现和人们的意愿与信仰背道而驰，人们对科学的态度也是如此。这种紧张关系给政客提供了大量可以利用的机会。比如，全球变暖的证据表明我们必须要减少碳排放，而许多人却相信他们可以耗尽能源，就好像没有明天似的。这中间的分歧就可以被政客们利用。所以这里又出现了问题：科学界提倡采取有策略的、负责任的步骤改善形势，但更多的公众认为科学会产生邪恶的答案，而阻止我们采取

2 科学文化

这些负责任的步骤。大众对科学和科学家的认识至少也是复杂的。

我们怎样才能促进更大范围的公众更好地理解科学能做什么、不能做什么？关于科学和科学家有很多优秀的书籍，其中很多是有献身精神的科学杂志记者写的。我很欣赏的几部书列在本书的末尾。公共广播也能做很好的工作。澳大利亚广播公司（ABC）广播电台"科学秀"节目的罗宾·威廉姆斯和"健康报道"节目的罗曼·斯旺是我崇拜的澳大利亚英雄。美国国家公共广播电台也起着同样的作用。我们在孟菲斯度过的分分秒秒都将广播频率调到当地的公共广播服务电台上。

电视科学节目可以出奇的好，也可以糟糕到可怕的地步。和网络媒体不同，对于非科学家来说，区分这种情况并不容易。我看过的 ABC 电视台"催化剂"节目十分优秀（这些节目中只有很少一部分来自澳大利亚国外，可能是由于经济上的原因）。在美国，艾伦·艾尔达讲述的"科学美国人前沿"节目和诺瓦的"精美的宇宙"一直是第一流的。但是，我（在不同的国家）看过的一些最差的电视节目是关于一些重要主题，像儿童疫苗接种、疯牛病和艾滋病的起源等，这些节目是由人们本来期望会更负责任的组织制作的。我觉得，当娱乐和制造争论的欲望主导了进行合理、正确的信息交流时，就会产生问题。诚然，如果政客所宣称的希望看到公众普遍的科学兴趣和文学水平得到提高是他们的真心话的话，那么，给公共广播和电视体制投资更多的钱，将是一个很好的开始。

另一个将科学文化推入大众领域的途径，是从诺贝尔文学奖获奖者印度剧作家达里奥·福的书中拿出一页通过剧院的媒体来传播。舞台表演和构思巧妙的电视剧及电影（在科学这个方面为数甚少）可以是非常强大的交流工具。米歇尔·弗雷恩的《哥本哈根》推测在战争时期物理学家沃纳·海森伯和他的前导师、朋友尼尔斯·玻尔会面的时候发生了什么事。这部非常成功的剧作的中心主题，是海森伯在可能的纳粹核武器计划中的作用所带来的伦理上的复杂性，以及这两个反对者个人的愤怒。《哥本哈根》表现了由科学的可能应用带来的人类进退两难的处境可以变为既带给人享受又挑战智力的娱乐节目。

在1996年诺贝尔周中,风度翩翩而机智过人的汉斯·魏泽尔说过,他一直定期出现在一所斯德哥尔摩剧院的舞台上。演员们预先要背台词,但是他在舞台上总是即兴发挥。我根据自己的经验得知,科学家很难背出台词:我们喜欢从最基本的原理出发,而对重复感到厌倦。演戏的经历对于汉斯来说显然是极大的快乐,而他的表演被证明是很受欢迎的。他觉得,他是在通过面对更广大的观众来设法领会科学过程的某些本质,但是我还没听说他放弃了卡罗林斯卡研究院日常的领导工作。

还应该进行的事情是将科学从遥远的王国移植到普通人的生活中。每个人都应该掌握至少一种阅读科学文献的方法,更进一步来说,人们应该从更好地对他们周围自然界的理解中获得个人的认同感,甚至还有惊奇和快乐。科学教师是极为重要的人,我们应该尊重他们的价值,给予他们更高的回报。野外实习和在实验室做实验的经历能够给孩子们一种感性认识,即科学是什么样的,而自然的趋势是能建立起有效的论述。可能创造一些方法、传达一定程度的挫折和不确定性是创新科学的一部分的意识,也是有用的。色泽最好的苹果可能有虫子,当然有时候虫子比苹果更有趣。孩子们是因为在这种印象的影响下——没有看见那有趣的虫子,而只是在整个游戏过程中,都是可以预料的和机械的,从而对学校里的科学课程是否感到了厌倦?当然,离开了真相就没什么好说的了。

多数大城市中都有能举办创造性设计的互动展览的科学博物馆。参观这些博物馆,对于孩子和成年人来说都是极大的快乐,我们住在费城时就有过这样的经历——我们的孩子在神圣的富兰克林博物馆里,在星期六上午的科学计划中度过了美好的时光。将来越来越有可能在互联网上观看导致重大发现的一些实验的重现,诺贝尔电子博物馆就已经做到了这一点。

一般来说,科学家既需要更好地理解普通公众,又需要更好地理解政

2 科学文化

治领袖。许多科学家认为,他们实验室外面的世界就好像总是充满了好奇心,随时准备倾听他们最新、最权威的声明,这种想法其实很天真。

电视和印刷媒体明显是科学家和大众联系的途径,但是使用过这些途径的科学家很快意识到记者们也很职业化,虽然他们对好的故事反应积极,但也不一定会采用。经济现实也使得报社职员中专业科学记者比10年前少得多。我们简直被圣·裘德儿童研究医院宠坏了,因为《孟菲斯商业呼声报》,一份斯克里普斯-霍华德报业集团旗下报纸,雇用了一位杰出的科学记者玛丽·帕沃兹。作为一所有高水平基础科学研究的儿童癌症研究机构,圣·裘德儿童研究医院经常产生好的科学故事,其中含有额外的关乎人类利益的成分。总体来说,科学研究机构应该尽一切可能的努力与当地媒体进行开放的、友好的、诚实的交流。此外,我相信学习课程和实践经验应该列入所有的博士生课程中。年轻的科学家对中小学生谈论他们在实验室所做的工作及他们所经历的科学生涯是很愉快的。告诉高年级中学生,严肃的年轻科学家会去滑雪场聚会并且他们还是"派对动物",也无伤大雅。

那么,怎样将注意力更多集中在说服关键的决策者上呢?政治家们会对群众压力做出回应,所以广泛关注的证据有助于提高特定问题的影响力。美国参众两院成员基本都是自由代理人,所以游说团在美国能运作得很好。在原则性更强的英国式议会君主制政体中,议会"后排议员"的自主权相对很少,因此这种方法就不那么有效。一些政体,如加拿大的政治体制,根据其健康研究机构的建议,对科学采取非常严肃的态度,并建立了很坚实的政府机构及与研究机构的交流渠道,以获得专家建议。

英国和法国政府对其国家科学院,即英国皇家学会和法兰西学院利用度都很强。美国国家科学院在传统上所起的主要作用是为国会和总统提供经过充分研究的、公正的和详细的建议。这项工作在亚伯拉罕·林肯建立它的时候就确立了。没有什么能阻止美国总统选派一位顶尖科学家担任内阁职务。英国政府每一个主要部门都有一位首席科学家及相关的办公室。

在任何一届议会中，下议院的几个成员都会有一些科学背景，杰出的科学家和医学教授经常被任命为上议院成员。

科学家和政治家之间关系的一个问题是这两种文化差异很大。任何政体中的政治家开始接受的是律师的训练。好的律师是伟大的辩论家，有着了不起的在辩论中取胜的记录。但假如有人在狭窄的道路上赤手空拳地独自面对一头巨大的、饥饿的棕熊，那么即使他是一个伟大的辩论家也起不到什么作用。科学家会就这头他们先前看到的大棕熊对人们发出警告，但政治家要么不加注意，要么听信那些认为这头熊其实不危险的人的论点。无论是哪一种情况，我们的旅游业需要这头熊。虽然科学家不能也不应该制定政策，但是，认识到在适用的情况下每一个大的政治决定都应该注入科学的真知灼见这一点，并不需要太多的洞察力。

社会中的一些群体就是不可能对科学产生同情，尽管他们可能对利用科学和技术提供便利没有感到良心受谴责。可能最大的分歧是在那些原教旨主义的宗教极端分子的头脑里，如果让他们的意愿实现，他们可能会回到依赖于已经"揭示了的"真理和权威的社会模式里。比较而言，科学家和科学发现依赖于对新观点的开放性、遵循得出逻辑结论的过程的意愿及行动的逻辑性。所有这些对大多数原教旨主义者来说都是对立的。很多一流的科学家是女性，她们当然会因为原教旨主义者而失去了工作机会或者事业受损。

矛盾的是，这种群体中的人在其他方面却很世故。例如，他们会有效地使用现代科学和技术提供的工具，用电视、广播和互联网劝服大众的技术来传播他们的信仰。在布道会上牧师的声音可以通过操作电子设备扭曲和放大，变得好像是发自上帝的洪亮的回响，而支配着布道会的却是他在巨大显示屏上经过高倍放大的脸，或许在体育馆或机场也能见到这样的场面。

虽然许多宗教原教旨主义者是正派的人，他们是受一种文化分裂感和

2 科学文化

给儿童提供道德的与安全的成长环境的愿望的驱动，但是在他们的以权威和教条为基础的世界观与以连续不断革命为特征的"当代科学"之间建立有意义的对话是困难的。所谓的保守政党为获得全体一致的投票而笼络原教旨主义者是在玩危险游戏。以知识为基础的经济依赖灵活性、创造性，留住那些最有能力和思想的人，不管他们的信仰系统、性别和性取向是怎样的。倒退的社会模式则将迅速将这些人赶走，甚至毁灭他们。

原教旨主义不局限于宗教团体。环境保护运动的极端主义者坚决反对应用遗传工程增加植物的变种。在人类的历史中，在吃的方面赶时髦最有沃土。虽然传统的植物培育方法已经将我们的菜篮子里的品种改变到了生活在 14 世纪的人无法认出的地步，但是对很多环境主义者来说，以当代基因技术为基础的各种技术应该被用来进一步有目的地改善我们的食物的想法，显然是无法接受的。

部分原因是植物基因技术的应用最早是由一间大的化工公司——孟山都公司支持的，这一举措使那些相信植物变异、种子提供等不应该被跨国企业集团控制的人感到很害怕。很多通情达理的人认同这一观念，其中包括在发展中国家运营的援助机构。当时很少有法规控制，科学家没有简单地告诉人们植物基因技术没有危险，应该允许人们接受它从而起辅助作用。"相信我们，照我们告诉你的去做"的口号也没在什么地方起太大作用。争取开放和承担责任的更明智的方法无疑能更好地为公众和科学利益服务。

反对遗传修饰生物（GMO）的声音一般在欧洲比在美国更大。部分原因是环境保护运动相对更强烈。一个更具批判性的观点是，欧洲因为共同的农业政策而拥有富余的粮食。防止美国高效率农业部门和非洲低成本农产品竞争的一个办法是公众在观念上绝对反对 GM（遗传修饰）食品。任何追随美国采用 GM 方法为自己的牲畜和人提供食物的非洲国家都被禁止向欧洲出口农产品。更进一步导致欧洲不悦的因素是对立法部门普遍和

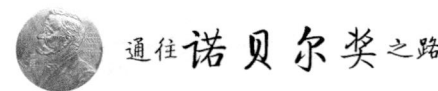

合理的不信任。这部分是源自英国政府和当局处理诸如 BSE（疯牛病）暴发的方式。美国人对像 FDA① 这样批准人用药物和疫苗的机构有更多的信任。

当我在 20 世纪 90 年代中期访问英国，住在酒店里时，我经常把早餐桌上的豆奶倒在我的玉米片上。豆奶是一种一般通常用 GM 大豆制作的极好的产品，它对于像我这样有胆固醇问题的人是非常好的。但是当媒体爆发对 GMO 的愤怒时，它就从英国的酒店和超级市场里消失了。其负面反应也破坏了像藏红花大米这样的产品的推广，它们只能在瑞士国家科学实验室制造并免费得到，可用于纠正维生素 A 缺乏造成的眼盲和缓解缺铁性贫血对发展中国家的一些地方的人们，尤其是妇女的折磨。最近我们目睹了赞比亚拒绝 GM 玉米的悲剧，几百万的美国人都吃 GM 玉米而没有不良的后果，但赞比亚却面临很多人饿死的灾难。而事实是，不但完全没有 GM 玉米和藏红花大米有危害效应的证据，也没有科学的理由认为可能出现这种效应。

每次我和植物科学家交谈时，无论他们是在发达国家工作还是在发展中国家工作，我都会得到同样的信息：他们想把 GM 方法应用于诸如生产高产量的庄稼、抗病变异植株和在贫瘠的土壤，尤其是高盐成分的土壤中生长的植株。国际农业研究磋商组织（CGIAR）也是一样，这一组织由美国前国防部部长兼世界银行行长罗伯特·麦克纳马拉和澳大利亚经济学家约翰·克劳福德爵士于 1971 建立，旨在为给世界上的穷人提供食物的科学研究提供资源。CGIAR 目前在发展中国家运营着大约 12 所研究机构。过去，他们资助了玉米育种专家诺曼·布劳格所做的研究，这些研究使他因对 20 世纪 60 年代的"绿色革命"所做的贡献而获得了诺贝尔和平奖。博洛格是个精力充沛、热情洋溢和极其正直体面的人。他是一个传统的植

---

① FDA，Food and Drug Administration，（美国）食品药品监督管理局。——译者注

2 科学文化

物育种学家和使用 GM 方法加速我们所需要做的事情的热情倡导者。

一个认识非洲植物科学家在 GMO 争论中所持观点的简单方法，是到谷歌上键入弗洛伦斯·万布古的名字。在其于美国国会所发表的在发展中国家使用 GM 方法提高粮食产量的致辞中，万布古论争道：欧洲反 GM 游说最大的成就，就是"使安全而有营养的粮食不能到达饥饿的人手中"。她的致辞毫不委婉，从而招致了相应的恶毒的回应。谷歌搜索也能找到许多关于万布古观点的正面和负面的评价。阅读一些这样的评论能让人对这个问题已经变得何等针锋相对有一个充分认识。你能看到对她的伦理价值、她的人格和她的科学研究的攻击，我想这些攻击性的评论大多是由吃饱喝足的舒适地坐在北半球的人写的。

在这个问题上，实际情况是住在这颗行星上的 64 亿人中有，8 亿人不是每天都能吃饱的。援助机构当然给予了帮助，但是，在国家之间运送粮食需要船只、车辆且耗费能源，而且必须要小心谨慎地确保漂洋过海的粮食不被偷窃，最后能卖给饥饿的人。但是，假如这样的粮食运输策略起作用的话，那就没有理由还解决不了在全球粮食过剩条件下仍存在的饥饿问题。没有人，也没有国家愿意作为被援助对象而生活。最终的目标必须是本地粮食供应的可持续性。在粮食/农业问题上自尊和心理健康至少和效率一样重要。

应该做些什么事情呢？公开的、合理的公众对话能起作用，但现在有困难。一些组织已经把反对 GMO 当成了信仰问题，而且很多人对待这一问题会感情用事。但是，有必要采取一些显而易见的措施。第一个必要的措施是确保能激发公众信心的法规控制和监控过程不但存在，而且确实生效。第二个必要的措施是加强公共部门的生物技术研究和开发，特别是在非洲，以使这些国家自己获得对这些科学及其应用的拥有权。第三个必要的措施是建立使农民可以免费地或以农村价格水平获取 GM 种子的经济体制。在非洲或其他任何地方进行大规模农业耕作没有理由不缴付商业税。

就像弗洛伦斯·万布古所指出的那样，没有什么能阻止种植 GMO 的农民保留他们自己用传统方式生产的种子储备。必须弄清楚的是，如果 GM 变异植株能减少化肥和杀虫剂成本或大幅提高产量的话就要优先使用。

具有讽刺意味的是，很多支持 GMO 方法的科学家也是环境保护的倡导者。为什么一种能将边缘土壤结合到一起、能减少杀虫剂和氮肥使用的策略被认为是"破坏环境"呢？身居权位却使关心、促进人类福利和这颗星球健康的人站到这个重要问题的对立面上的人真的是够多了。的确是到了开展更明智、更全面的讨论的时候了。

与种植 GMO 的情况不同，一般人们对现代医学科学的疑问相对较少。每个人对收益与癌症的治愈都会感到高兴。毫无疑问，在每个人的思想里，出现一种更有效的治疗方法是一个真正的进步。下一代的流感疫苗可能是用一种叫做反向遗传的过程制造的 GMO。我不觉得在面对流感大流行，特别是像 H5N1 禽流感那样可怕的威胁时人们对接受这种 GMO 疫苗会有什么问题，因为有迹象表明，大流感可能会造成严重感染和大规模的人类死亡。

可能有争议的主要领域是有关胚胎干细胞的，也就是所谓的"前生命"（即胚胎的生命，而不是母亲的生命）的使用，游说团相信干细胞研究的成功可能会以某种方式使（母亲和医生）"预先选择"的立场合法化，从而谴责选择性或医学建议的人工流产。这是社会和道德的辩论，不会受到科学论据的影响。除了根深蒂固的宗教信仰外，我们有更多的理由担心广泛使用妊娠终止的人类胚胎可能成为一种提供"丢弃部分"的方式。问问你自己，一些给 20 世纪蒙上阴影的极权主义恶棍会选择付钱给（或强制）年轻妇女，让她们孕育胚胎到 3～4 个月大，如果那些胚胎组织能使他们延长寿命的话。在今天可能会有那样的人么？这必然是一场基于科学和伦理学的广泛辩论。

如果我们能从自己的血液或骨髓中获得"自体"干细胞并通过某种操

2 科学文化

作使其回到胚胎状态，那么没什么人会反对。这样克隆的多潜能干细胞对于提供者来说具有巨大的医学价值。此外，这种策略能回避因为来自带有外源性移植分子的流产胚胎的组织可能引起排斥的困难。和移植肾脏一样，这种宿主抗移植物反应能用合适的免疫抑制剂来控制，但这并不是理想的情况。另一种极其让人厌恶的可能性是使用来自需要治疗的人的胚胎"克隆"的"同卵双生"细胞。这就是克隆人为什么要被永远禁止的原因之一。同时，必须对反克隆立法的广泛起草高度谨慎，使其不至于抑制我在前面提到的克隆细胞系的有价值的应用。

科学和政府之间的互动既是复杂的，又是长期的。这方面早期的例子是关于武器技术和防御工事。阿基米德设计了有效的战争机器。被很多人认为是现代数学家的勒内·笛卡儿（1596～1650）依靠当军事工程师过活。从16世纪到18世纪欧洲公共基金资助的航海探险既是为了获得领土，又是为了发现能开发利用的稀有金属、植物变种等以获得经济优势。由这种方法促进的早期的成功包括烟草、西红柿和土豆从安第斯山脉的输入。

1769年英国皇家海军中尉詹姆斯·库克领导的"努力号"航海探险是皇家学会的勘探活动，目的是驶往太平洋海域绘制金星的运动轨道。在返航途中，库克又被给予调查地图上标为"澳大利斯地"东海岸部分的任务。"努力号"上还有博物学家约瑟夫·班克斯和丹尼尔·索兰德，他们收集和描述了新地域的植物群落和动物群落。他们回到英国后，新植物被种植在位于克佑区的皇家植物园里。约瑟夫·班克斯爵士后来成为任职时间最长的皇家学会会长。是他建议1783年在新南威尔士建立流放地，这标志着欧属澳大利亚的出现。现在的澳大利亚是地球上唯一一个按照科学家的建议作为科学勘探的结果而建立的国家。

由政府资助的研究为公众利益服务的故事有很多，一个众所周知的例子是第二次世界大战中开发的对击败短命的纳粹帝国起重要作用的雷达。最近的例子是，当纽约慈善家玛丽·拉斯克开始募集资金与癌症作斗争

时，她很快意识到永远不可能从慈善部门获得所需要的资金量。她接受了参议院雅各布·贾维兹的建议，劝服尼克松总统发起了所谓的"癌症之战"，为美国国家癌症研究所（NCI）的建立铺平了道路。1971年NCI的年度预算大约是1.8亿美元，现在的年度预算是45亿美元。除了在对癌症（特别是儿童癌症）的理解和治疗上的进步外，NCI病毒癌症特别计划对快速分离出造成艾滋病的人类免疫缺陷病毒（HIV）的技术的发展起了帮助作用。

假如艾滋病早100年甚至50年袭击西方世界，那么所造成的困惑和恐惧将比当时的真实情况严重得多，严重到无法想象的地步，因为用当时的技术无法分离出致病物质。即使鉴定了病毒，一些人还会在一段时间内争辩说HIV不造成艾滋病，这种愚蠢和不负责任的论点会使发展中国家的很多人失去生命。因为不能检测病毒的踪迹，输血的血源就会一直不安全，社会对患病者强烈排斥的情况就会糟糕得多。假如在民主国家里艾滋病继续横行无阻地传播，那么伴随着欧洲中世纪灾难性瘟疫而发生的烧死女巫和杀死少数派等现象的历史，很可能会戴着现代的伪装面具重新上演。

一般来说，各种不同政体的民主政府，无论是开明还是保守，在支持医学研究这个问题上是没有争论的。像其他任何人一样，政治家也会变老，而且越来越担心自己的健康和最后的死亡问题。医学研究的费用大大低于医疗的开销，后者在任何一个发达国家的国家预算中都占了相当高的比重。医学研究科学家还通过从私人公司购买昂贵的化学试剂、同位素、塑料制品和复杂的设备，将科研基金的钱返还到经济增长中去。

由公共基金资助的生物医学研究领域所取得的发现，流向私立研究机构，推进新生物技术的发展和建立较大的创新公司。特别是制药公司，它们对将公共部门的发现转化到私人领域作为新产品开发的来源的依赖性很强。大型制药公司将自己的实验室体系建在靠近顶级研究院和大学的地

2 科学文化

方，甚至就建在这些机构的内部。这种伙伴关系有很好的经济意义，因为只有私立研究机构才能将使新药和疫苗走向市场的资源整合起来。

当科学家能提出的最好的建议被政治家看做是对经济（因此也是政治的）发展有不良影响时，科学和政府之间的紧张关系就凸显出来。这方面的一个经典的例子是，预言因为二氧化碳排放的增加导致气温逐渐升高、冰帽融化、海平面升高，以及气候模式被破坏。至少是在美国和澳大利亚，石油公司、采矿公司、伐木人、汽车工业及其他工业，甚至不愿意听到"全球变暖"这个词。此外，影响 GMO 争论的同样的敏感性，导致了欧洲国家的猛醒。英国首相托尼·布莱尔明显在严肃地对待全球变暖问题。一些人甚至提出保护伦敦的防洪水大坝将在 2030 年失去效力。大家都知道荷兰小男孩和堤坝的故事：他的工作将会变得艰难得多。

当然，全球变暖方程式是极端复杂的。这不是我的专业领域，但是我的印象是从冰核获得的数据、深海的条件，以及像加拿大苔原区域的变化提供了有说服力的证据，证明我们正在经历一个开始于工业革命以来的二氧化碳水平增加之后的气候持续变暖期。根据诺贝尔化学奖获得者舍伍德·罗兰的研究，以前已经开展的从一些冰河中按次序进行的冰核取样工作不得不中止，因为冰河自身已经融化了。其效应至少在开始时是矛盾的。一方面，冰帽的融化导致给英国和欧洲西北部带来暖和得多的气候的温暖海湾流消失。一些人认为这个地区在一定时期内会进入另一个冰期。而另一方面，美国西南部将会迅速变热。

这所有的一切并不都是确凿无疑的，即使是那些坚信全球变暖的人也给出了不同的可能情况。因为那些主要来自工业界的直接或间接的广泛质疑，人们可能会认为政府会增加正在进行的研究的数量和深度以做出更好的预测。明显的事实是，最反对全球变暖观点的管理部门实际上不但在削减环境研究的经费，而且在强化保证空气洁净的法律框架。这当然不是科学家处理问题的方式。哪里有疑问，哪里就需要做更多的实验，进行更多的观察。不论是不是目的，任何阻碍这种研究的行动都暗示这是一种蓄意压制真理的策略，像比尔·克林顿可能会说的那样："这条狗不会伤人。"有太多的担忧、太多的演员和太多的国家卷入其中。

假如有军事威胁的迹象，如果与掌握信息的科学界提出的快速气候变化的后果一样严重，政府的反应就会变得迅速和强烈。为什么会有这么大的差别？一种轻率的论点认为军费支出是将公共资金转入强大公司的一条传统的途径，而同时推进允许当地代表把咸肉带回家的"肉罐头政策"。这种动态将会出现在对环境友好的工业部门，但对于为什么朝着可持续发展的方向前进不应该是花费税金支持私立研究机构创造工作岗位的好机制，没有合理的原因。

当然，我认为还有根植于我们自身生物学的更深层次的原因。人类被其进化史设好了程序，能很快对可能突然出现的袭击做出反应，例如，让全世界共同工作限制 SARS 的流行没有什么问题。这种反应是广泛的、快速的和有效的，部分原因是它建立在全球流感监视网络的基础上，这个网络是在位于日内瓦的世界卫生组织（WHO）以外运作的。这个 WHO 计划的存在表明，流感是持续不断的当前威胁，因为新毒株不断出现。但在潜伏的、长期的环境损害问题上，我们对正在发生的情况的担忧要少得多。害虫已经发生了变化，但是发展中国家的很多农业社区很迟才采取措施，尽最大可能减少侵蚀和土壤盐分，等等。在世界范围内，森林破坏一直在以令人害怕的速度进行着。

保护已经建立的工业对于只关心现在的政府来说可能有经济意义，但是，如果这是以损耗长期经济生命力为代价的，那会怎么样？当底特律汽车制造商劝服一般美国城郊居民驾驶改进的轻型卡车和军用车辆时，丰田和本田正在将汽电合用汽车推向市场，这种汽车不但燃油效率高，而且污染最小。欧洲长期以来专注于生产更经济的汽车。即使没有全球变暖，随着原油供应的减少或价格上涨，哪一种策略可能是更多产的？目前，中东

2　科学文化

的政治形势和美国纳税人为此付出的巨大代价，都可以认为是过度依赖石油的明显后果。停滞在旧的落后的技术上毫无意义。

无论未来如何，开发清洁、绿色和浪费最小的技术及能源明显是我们要走的道路。为什么不将其放在优先的位置上呢？是因为小规模运作的企业在开始时风险很高，不能构成政治贡献的来源吗？我敢打赌，专注于环境友好的革新工业发展的国家将会是未来的经济强国。科学家、经济学家、工业家和政治家需要立足保持对话的过程。研究与发展基金的"胡萝卜"和常规要求的"大棒"能引导"革新之驴"找到水源。

在某些阶段，不可避免地会有基本现实向更坏的方面变化的引爆点，而对灾难性局势的发展坐视不理的政治领袖会受到严惩。这种情况通常会突然发生。卡特政府执政的后半阶段，美国发生了石油危机，那时我们居住在费城。而当时我们想买的却是本田思域（Civic）系列汽车，那是能获得的最小的，也是燃油效率最高的汽车。用莱恩《不可儿戏》中的男管家的话说，那个时期没有什么值得拥有，甚至是已经到手的金钱。全球变暖的引爆点的第一个迹象是可能在开始出现的时候看起来是极端非典型的气候类型。佛罗里达去年经历了四次高强度的飓风。最少的损失据估计（在 2005 年初）为 420 亿美元，至少 205 亿美元用于保险金的赔付。结果家庭保险费急剧增加，一些家庭不能如愿地获得合理的赔付。这样的金融动态使人们相信正在发生一些非常严重的情况。

要在政治家和公众的意识中建立起对科学的更好认识，很明显教育是关键。人们没必要知道这条或那条科学原理的细节，但是，正确理解科学方法的力量和局限性在哪里，是很重要的。科学家自己在真诚的科学交流中需要更有诗意。需要有更多人被训练成全职交流家。我已经指出了严肃科学期刊和媒体，当然包括国际互联网的作用，不同之处在于我们用互联网搜索和发现，而不是被动地接受信息。但是我要重申，像科学剧场这样的革新方法和创造性地使用互联网，值得进一步的推广和思考。

 **通往诺贝尔奖之路**

正如诺贝尔奖获得者物理学家理查德·费曼所说的那样:"对于一项成功的技术来说,物质现实必须优先于公共关系,因为自然界不能被愚弄。"科学是我们所拥有的能使我们避免愚弄自己和探索我们面对的物质现实的最好工具。如果活在现今的我们选择居住在一个自私自利却否定物质现实的幻想世界中的话,人类将会为此付出沉重的代价。

3 科学生涯

一个年轻人作为一名研究生开始实验室工作的第一天,就是他加入特定的国际研究团体的时刻。尽管他只是在某一个国家的某个院校的某栋建筑里工作,但实际上,科学家们的工作是在跨越国界的国际文化背景下展开的。这些人为了工作,同时也作为国际组织的参与人员在国家之间或是各大洲大之间穿行。国际期刊及重要国际会议和座谈中包含各个层次的科学家。年轻科学家很快意识到科学的价值在于其全球性。然而,尽管如此,作为"学徒"在某一团队中进行学习研究期间,很多研究生都会在一个地方固定工作几年,一般是3~5年。在早期,研究工作看上去通常和财富没有关系,但是随着充满活力的科技文化越来越多地成为国家利益的一部分,为了培养和留住科研新人,一些固定的支持系统被建立起来,如各类奖学金等。据说,自然学科的科研道路通常比人文学科要容易一些。

尽管我们幻想着能够在面朝大海的房子中工作,但是,即便是经验丰富的科学家,无论多么成功,也永远不会完全脱离规矩、制度,以及繁忙的实验室工作。这一工作的特性决定了实验人员要和仪器及研究所拴在一起。即便是曾经快乐地和公式一起生活在散落着尺子、铅笔和纸张的花园小屋中的理论物理学家,现在也必须大量依靠从资源丰富的研究所、大学或国家共享资源进入高效率的计算机进行计算。例如,2004年的诺贝尔物理学奖，因夸克世界的有趣发现，而颁发给了加利福尼亚大学圣巴巴拉分校的理论物理学家大卫·古斯（David Gross），以及加州理工学院的大卫·波里泽（David Politzer）和麻省理工学院（MIT）的弗兰克·韦尔切克（Frank Wilczek）。要知道，研究院所可不愿意把他们的顶级科学家放在花园小屋里。当然，一些顶级的医学研究院，比如加利福尼亚州的萨克生物研究院和斯克里普斯研究所，确实有办公室面朝大海（至少资深人员是的），但是大部分研究所还是位于市内的，靠近老牌的医学院校。

花园小屋模式已过时的另一个原因在于任何领域的科学家都具有群体性，他们利用同行作为自己的参谋。聚集在如普林斯顿高等研究院的理论学家们，至少需要一个关系密切、可以进行讨论的同事，这个同事能够很快地理解他所说的内容，而这些即便是隔壁办公室的纯粹的数学家，在理解他的想法时也可能有点勉强。来自普林斯顿的应用数学家约翰·纳什（John Nash）是1994年的诺贝尔经济学奖获得者，"纳什均衡"是以他的名字命名的博弈理论的中心内容。他的生活最近被好莱坞搬上大屏幕，讲述了他在与精神分裂症长期作斗争过程中获得支持的故事，当然，现在已经有很好的方法缓解精神分裂症了。

数学基础理论对生物医学研究的影响是最近才出现的。致力于生物系统数学模型的理论学家一般很喜欢和像我这样的实验人员在一起，他们可以得到一线数据，但是我担心我常常会让他们失望。获得他们所需要的数据耗尽了我们的一生及大量的财力。尽管如此，理论学家还是很有亲和力的一群人，他们喝咖啡、喝啤酒，向人挥手示意，在白板上写公式。有时候，我们也能搞明白他们在干什么。其中，和我一起工作、一起发表过文章的理论学家马丁·诺瓦克（Martin Nowak），还会在谈话中时不时地讲些笑话，他先后在维也纳、牛津、普林斯顿工作过，现在就职于哈佛。

马丁在维也纳开始他的理论研究，然后和鲍勃·梅（Bob May，全称为 Lord Robert May——译者注）一起开始了他职业生涯中与生物相关的

3 科学生涯

那部分研究。鲍勃·梅是悉尼大学毕业的理论物理学家,先后在普林斯顿、牛津工作,后来成为英国政府的首席科学顾问。鲍勃在牛津做动物学教授时,从事捕食者/食饵关系模型的研究。马丁应用此模型分析了艾滋病病毒和宿主之间的动态关系,这个研究对我们中间的很多人都很有用。感兴趣的人可以读他的著作《病毒动力学》(牛津大学出版社出版)。现在,鲍勃是英国皇家学会第 58 任主席,是担任此职位的第二个澳大利亚人[第一个是霍华德·佛洛里(Howard Florey)];而马丁则在哈佛带队,开展一个新的关于进化动力学的项目。科研进程不会沿着既定的轨道前进,产出也具有不可预测性及超常性。

不同领域的实验科学,文化差异很大。尽管我们使用的都是一种方式:基于假设、实验、观察、公开报道及独立验证。大部分生物学家从事的"小科学"的规模和实验物理学家的实验相差甚远。新的欧洲核子研究中心的粒子加速器位于法国和瑞士边界,花费了 25 亿美元,将提供独一无二的国际设备,处理最基础的物理问题。当该研究中心的人们谈论实验时,他们口中的结果可能包含了多年的构建、预实验及准备工作。一个单独的"大科学"会花费几百万美元,尤其是要把物体送进太空的项目,此外还需要数量庞大的工作人员。当然,很多大学的天文学家及物理学家还是在从事小规模的研究,和像我一样的生物医学家类似。尽管,调查宇宙起源的宇宙学家和生物学家的研究内容差别显著,但两者之间也并非毫无关联,那就是我们都从某一切入点去处理新的数据。

一般地,科学家不会单独行动,都是工作在某个团队中的。一个典型的工作组由 10~12 个人组成,由主要研究者领导,此人也可以称为首席研究员(PI),资深科学家负责争取基金,把握研究项目的总体方向,阅读重要文献,对已开展的工作进行综述,在科学会议或研讨会上介绍工作。每个重点大学或是研究院所都有固定的学术讨论会,在像美国这样广阔的科学环境中,任何一个从事重要的有趣研究的 PI 都会是某个联合组织的一员。诺贝尔奖只会颁给这样的人。一个比较成功的人常常是在一年前或是多年前就出过专著,也会固定地受邀撰写综述或是专著的部分章节。

一般地,任何规模的研究项目中的关键资源性人物都是主要的技术专家。这些人的标志就是经验丰富、能力杰出,有学士学位或是硕士学位,在研究的实际操作过程中常常处于受监督状态。我在孟菲斯的实验室是由埃尔文·奥利沃斯(Elvia Olivas)管理的,埃尔文成长于墨西哥,受过科学训练,做过技术工作,还拿了商学学位。有博士学位的科学家如果不打算追求独立的事业,常常会成为顶尖的技术人员。他们的工作就是保证实验室正常运行,包括设备的购置、研究的补给、下级技术人员的管理及新技术的开发。首席技术人员常常需要负责预算,这在任何实验室都是一个不小的责任。例如,生物学实验,只有试管和培养皿是不能开展实验的,尽管在很多实验室塑料盘和烧瓶确实会用掉相当一部分预算。

即使是医学研究者从事的"小科学",如果要保持竞争力,包括工资在内,每个实验室每年通常也会花掉60万~120万美元。另一项主要开销是各式各样的计算分析设备,这通常是组内共享的,但是这种设备的价格通常是几百万至几千万美元,并且需要定期更新。如果竞争对手有新的不同的测试设备,通过新型设备的利用更快速地得到了相同的结果,那么,没有新设备的工作组就会很快被甩在后面。这些设备一般归于基础设施的行列,因为机器不是很有吸引力,所以它们通常是愿意帮助医学研究机构的慈善家的资助对象。除非它们有特别的外形(如木星火箭),政治家才会拿它们来展示。

一些研究所,如主要致力于电神经学的那些研究所,都拥有自己的工作组,有技术娴熟的工程师、技术员、玻璃吹制工、电子技师及修理工,他们为实验室准备一次性的设备。当船只和海上旅行还很普遍的时候,对像澳大利亚这样地缘孤立的国家来说,设备的制造对保持实验者的

3 科学生涯

竞争力是很重要的。这类部分老式仪器现在还能见到。

年轻的神经系统学家迈克尔·潘德（Micheal Pender）于 20 世纪 80 年代在我负责的位于堪培拉的约翰·柯廷医学研究院工作，得到了一些已保存很多年的旧式的记录设备。这些老式仪器在工作了一段时间后，伴随着一阵黑烟寿终正寝。这对迈克尔来说是很无情的。多年后他告诉我，他的实验室是以前的储藏间，通风很差，事实上，当门关起来的时候，空气只能通过卫生间的排风扇进出。我怀疑，在今天负责职业健康及安全的人能否容忍这样的事情存在。

至少在美国的实验室，初级技术人员在申请进入研究生院或医学院就读时期，愿意在赚钱的同时学习一些科学商务知识。对最终获得医学博士（MD）学位的人来说，这是很好的锻炼。我领导了 14 年的圣·裘德儿童研究医院免疫部是一个小部门，它至少送过四名这样的年轻人去医学院，一名去了波多黎各，其余的去了田纳西大学。一小部分获得了医学博士学位的人会再回到研究工作中。研究组其他的人员还包括博士生和博士后，知名度高的研究所中博士后的比例会比较高。这两种类型的人都希望成为学术界独立的科学家，当然也会有一部分人期望到与专业相关的公司里上班。虽然不是全部，但是大部分人都会在完成博士学业后再次回到实验室中。

多年以来，在我的不同的实验室中有来自各地（包括澳大利亚、美国、苏格兰、匈牙利、瑞士、伊朗、英国、墨西哥、南非、印度、意大利、新西兰、波兰、韩国、丹麦、中国、法国及尼加拉瓜）的年轻学生。这是相当保守的罗列，因为我没有很大的项目。我有四名医学博士，两名兽医科学家，其余的是技工、硕士生和博士科学家。有两名医学博士［尼尔·格林斯潘（Neil Greenspan）和大卫·施瓦兹（David Schwartz），均是哈佛大学的本科毕业生］正在依托宾夕法尼亚大学的"医学科学家培养计划"攻读理学/医学双博士学位。"医学科学家培养计划"是美国为了吸引年轻医学博士投身科学而设立的，提供丰厚的奖学金或全额补助。此

外,那些从事低收入研究工作的医学博士面临的另一个问题是上学期间大量的负债。两位诺贝尔生理学或医学奖获得者,阿尔·吉尔曼(Al Gilman,1994)和弗雷德·穆拉德(Ferid Murad,1998),毕业于早年的"医学科学家培养计划",这是厄尔·萨瑟兰(诺贝尔生理学或医学奖,1971)在位于俄亥俄州克利夫兰市的凯斯西储大学建立的。

年轻人一般是在博士后期间第一次出国,是否回国取决于他们自己国家的社会情况。那些来自资源短缺的国家的,博士后的过渡期成了"大逃亡"。这是离奇但却真实的现状,很多国家,甚至一些制度健全的国家,由于领导者给科学提供的资源太过有限,导致他们国家的优秀人才大量外流。自此,西欧和美国的大学及高科技产业成了最大的受益者。

澳大利亚也是科学家流动的受益者,流入的亚洲年轻学生大多来自本国一流的大学或研究所。与此同时,澳大利亚自己年轻的科学之星最后也永久地留在了北半球。对于人口较少的国家里的科学文化,有一个方法可以预测科学家的流动。那些优秀的本科生希望追随顶尖科学家攻读博士学位,因为后者不可避免地会将他们培养得多少和自己有点相像。相当数量的这样的学生就能被吸引到国外去,而不是留在国内。对于那些还想回国的博士后科学家,最好的建议就是去学习不同的技术和方法,这对他们开拓新的独立的研究领域会有所帮助。尽管没有国家愿意高等人才流失,但是需要意识到的是,创新型科学家的流动一定会引起"国际融合"。控制这种流动有点像让猫聚在一起,是无效的尝试。尽管如此,如果你想吸引领头猫的注意,提供大量优质的猫粮(基金)还是会起到切实的作用的。

在任何人的科学生涯中,以研究生的身份去哪里继续深造都是非常重要的。尽管到学科内领军人物的实验室做博士后是一件非常具有吸引力的事,很多优秀的年轻人都有相同的看法,但是,有时候,有一点很难被意识到:有一个我很喜欢,并且由于其科学成就我也很尊敬的同事曾经跟我说,他从来没有因为和一个还没有得到有趣数据的博士后聊天而感到无聊

3 科学生涯

过。这对那些具有很强的竞争能力及进取心的年轻人来说是好事,但是,对那些最终会成为非常优秀的科学家的人是不适合的。对未来的博士后来说,最好的适应项目的方式就是对实验室的初级成员进行拜访和交流,最好是在有咖啡或是啤酒的场合中。和年轻的首席研究员一起工作通常是很好的经历,因为年轻的首席研究员通常处在事业起步阶段,负责的是比较小的项目,出差较少,有更多的精力投入实验室的基础工作中。

所有顶级的首席研究员都清楚他们必须和一起工作的年轻人一样高效。年轻人是实验的实际操作者,最先看到实验结果,最先进行数据处理,而这些恰恰是实验性科学的命脉。最终的分析结果是组内成员间长时间激烈对话的产物。不同的首席研究员有不同的管理方式,但是大部分都鼓励开放式讨论和辩论。一直以来,组内的其他成员都能够在要求全员参加的每周例会上看到最新的数据,听到最新的可能的解释。然后,他们可以就某个特别发现中潜在的内容或是接下来可能发生的事,在更广的范围内发表自己的看法。在动态的项目组中,任何看法都要被收集起来进行讨论,无论这看法是来自首席研究员还是新进的研究生。有时候,没有旧思想束缚的新鲜的、年轻的想法,反而能够以一个崭新有趣的角度看到数据的特别之处或是潜在的机会。

密斯特·詹金斯(Misty Jenkins)是古利人学者,是我的墨尔本项目的研究生,据说她有澳大利亚土著人的遗传基因。现在,她从事的是流感病毒特异性"杀伤"T细胞的研究,T细胞是免疫系统的"刺客",相关内容在第4章会有更大篇幅的介绍。最近,她在阿德莱德参加一个澳大利亚社会免疫学会议的时候,偶然和另一名年轻科学家聊起来,得知他正在利用数字影像技术可视地分析免疫细胞如何杀死病毒。现在,他们两个将共同以一种全新的方式探究我们已经研究过的某些过程,这是实验室的任何一个人,包括我在内,以前从来没有考虑过的。我们能得到新的信息吗?目前还不清楚,但是这听起来很有趣,而且往往那些不同寻常的、激动人心的结果就是这样出现的。

  任何一个好的实验室中的博士后及研究生都是被广义上的激情或是理性的好奇心驱使的。最好的科学,最终会像一部侦探小说。科学研究中需要提问,搜索线索,揭示隐藏其中的内涵,归纳总结,甚至提供解决之道。对任何层次的科学家来说,最重要的词都是"质问",大部分的诺贝尔奖颁给了"严厉的"喜欢质问自然的科学家。科学家们最经典的质问技术就是实验,任何检测任务的第一步都是提出正确的问题。

  对问题的正确洞察,最初可能都是源于阅读或是与理论学家的探讨,理论学家所有的时间都在思考而不是做实验,他们很像杰佛瑞·丹弗(Jeffrey Deaver)犯罪小说中的那个瘫痪的侦探,他智力超群,却缺乏实践经验。随着调查的进行,新的发现会引出更多的问题,而这些正是获得成功的驱动力。和其他任何探寻信息的人类活动一样,整个任务都和构建好的故事相关。如果这个团队既有好运气又有娴熟的技能,最终的结果就会新颖有趣。然而,尽管实验初始时常常充满希望,结果却也常常平凡乏味,很多研究论文常处在"无证明"的状况中(论证在苏格兰法律系统中常出现,在"有罪或无罪"中做出选择,这和我们的工作很相似)。

  如果实验结果的确令人满意,在我们认为结果可信之前必须进行确认。可以对之前的实验进行严格重复,也可以作一些改变,这些改变可以填补故事中的空白,同时还能够为最初的分析提供证据。有时候,一组实验结果看起来太过理想而不真实,此时重复性实验会带我们回归真实。让我感到比较舒心的是,我的团队得到的数据从来没有完美过。这些方法在病毒免疫这类复杂的领域中是有效的,当然,这并不适用于机理分析,如基因或蛋白的序列分析,序列必须是正确的。只要使用了正确的技术和设备,这种分析对任何人来说都应该是易于重复的,如果发生错误,就会带来实实在在的名誉上的惩罚。

  然而,如果结果包含新信息并具有可重复性,我们就可以相信结果的

3 科学生涯

真实性，并继续提出更进一步的问题。下一个步骤就是科学论文的撰写及结果的报告，以获得同事、对手、同行（这个过程被称为同行评审）的审查。就像颇具影响力的科学哲人卡尔·波普尔（Karl Popper）所指出的，对于科学，只有写下来的才是有效的。无论我们有多么的诚实，记忆一样很容易被扭曲。此外，一些关键的发现，只有在实实在在近距离观察研究数据，并将发现组装成可信的故事的过程中，才会显现。

预先讨论每一项具体的研究如何操作、谁将所有的数据整合起来、谁进行最初的写作是非常重要的。这个人通常是研究论文的第一作者，论文中传达的是第一作者，以及全部实验参与人员的一致意见。作者顺序对生物医学家的信誉来说是相当重要的。至少，在生物学上，常用的惯例是对本项目负有最主要责任的一线研究人员为第一作者，而首席研究员的名字则放在最后。如果技术工作是由两个年轻的科学家平均分担的，那么一般的默契是他们在可连续的研究论文中轮流做第一作者。成功的管理一个实验室需要同时具备时间和精力。由于我有其他的职务，所以现在我直接和经验丰富的同事一起工作时，名字常常被放在中间而不是最后。我在墨尔本大学的课题是和史蒂芬·特纳（Steve Turner）一起操作的，他是澳大利亚人，在圣·裘德儿童研究医院作为博士后和我一起工作，回国后建立了这个实验室，现在他是大学独立职员。

有时候我会问自己，为什么我要坚持操作距离如此之远的两个实验。圣·裘德儿童研究医院课题最大的优势就是和病毒学家罗伯·韦伯斯特（Rob Webster）及理查德·韦比（Richard Webby）的持续合作，这使我们可以用经过基因工程改造的流感病毒来研究流感特异性免疫反应，因为利用遗传操作系统可以特异地改变流感病毒，从而研究特定的问题。罗伯也在操作为数不多的生物安全实验室中的一个，在那个实验室可以用一种高致死禽流感病毒进行保护性实验，这种病毒正在暴发，威胁人类健康（第 4 章有更多的相关内容）。另一方面，墨尔本已经有了一个成熟的免疫学团队，在结构生物学家及分子遗传学家之间形成了一系列高效的合作，兴趣点集中在免疫效应机制的调控以及记忆 T 细胞的特性（见第 4 章和第 8 章）方面。事实上，在这两个实验室之间会进行试剂和人员的交换。前沿科学是国际性的行动，部分是由选择性优势原理驱动的。因此，尽管这些部署有时候看起来有些烦琐，但却是有效的，科学是受益者，那些优秀的年轻澳大利亚科学家和美国科学家，在他们的国际经验和锻炼中也同时成了受益者。

在我早期的研究生涯中，我发表的文章中的每个字几乎都是自己写的，现在，我常常只是修改年轻同事的草稿。在修改文章的过程中，我会以不断提问的方式进行校正，例如，"具体是怎么做到的？""我们有重复性试验吗？""对于这个结果你有什么想法？""这是否意味着……""记不记得有人曾经说过……"经过修改的最终成品是我和同事彼此都能接受的，并且希望领域内的其他人也能够明白。下一个步骤就是提交我们 1000~2000 字的手稿，这其中包含着我们谨慎的逻辑论证、用心引用的他人的研究成果，以及能够体现结论的说明性的图表。有时候，我们会采取快速发表的方式，但是，如果我们不是特别着急，我们最新的"孩子"一般会被送去可能接收它的最具声望的专业性期刊。

有时候，如果受邀对我们的工作或是领域内的工作进行综述，文章的篇幅会长一些，但一般不多于 5000 字，很少超过 10 000 字。大部分研究型期刊是月刊，月刊是小型综述投稿的期刊，而较长的综述会由年刊发表。及时性对专业综述来说非常重要，鉴于科学论文庞大的数量，只有密切相关的子领域内有时间、有兴趣的人，才会读这些研究初稿。

投稿的文章常常会被顶级期刊的编辑附上"谢谢投稿，但不是我们需要的"而被退回，如《自然》或《科学》杂志，这些期刊中的新闻报道和研究报告的数量一样多。初审之后，如果编辑认为可以发表，文章就会被送给两到三个资深同行进行匿名评审。他们会做出严苛的考查以决定拒

3 科学生涯

收,或者,更多的情况是,给出建议进行试验或论证补充。匿名评审可以公开进行,但是需要秉持人人平等的原则。以我个人的经验,资深评委不会在评审过程中放谁一马,当然这也是不应该的。评审应该取决于数据的有效性及结论的价值,而不应该取决于作者本人或是作者的地位。

因为涉及研究拨款、工作及升迁等事宜,因此文章发表应该重视信誉。科学具有竞争性,并且很有可能遭到后人的反驳。某一重大发现能够获得诺贝尔奖的要求是,授予者是第一个发表这些研究数据或是惊人看法的人,此外这个报告还应该是非常需要的重大发现。1953年詹姆斯·沃森(Jim Watson)和弗朗西斯·克里克(Francis Crick)在《自然》上发表的关于DNA双螺旋结构的文章只有不到2页,却引发了分子生物学的革命。1996年我们获得诺贝尔生理学或医学奖的重大发现体现在发表于《自然》杂志上的两篇研究论文中(见附录1和附录2),总共还不到4页,我们还在《柳叶刀》期刊上发表了4页的假说。

1975年我和罗夫·辛克纳吉离开堪培拉之后,各自在美国发展自己的事业。不知不觉地,我们又从事了类似的实验,得到了类似的结果,同时将结果以综述的形式投出。我的被《自然》接受,他的则被《美国国家科学院院刊》接受,都是顶级期刊。此时,我们已经交流过,知道发生了什么。他的文章很快刊出,而我的则一等再等。我的手稿被淹没在《自然》杂志社办公桌的稿件中,直到第二年才浮现出来。然而,对优先顺序的保护策略是以发表论文的接收时间为准。为了某个奖项,在两个非常相近的候选者中作抉择时,这不失为一种好的选择依据。有没有人因为类似的事而错过了诺贝尔奖呢?我不敢肯定,对于科学史学家来说,这不失为一个有趣的研究议题,要知道,过去50年评委会评审的档案是公开可查的。

当一个经验十足的科学家进入写作阶段时,他首先应该做的是将实验结果以表格或图表的形式整理出来,然后对数据集进行严谨的逻辑计算,而这正是论文中要讲述的故事的基础。数据的计算应该很好地支持论文的观点，而这个观点正是最早开展本实验的原因。此外，作为寻找已出现的新证据的后果，新的概念性的威胁也确实出现了。这些内容还会在从结果的讨论中提炼出摘要里得到体现，在这一部分应该以一种令人兴奋的方式表达出最重要的观点。最后，最好对开展此研究的原因进行说明。在这一点上，研究论文会显得有点"狡猾"：如果我们已经真的知道可能出现的结果，在介绍的时候就可以体现我们更多的想法，而不仅仅是在实验开始时的最初想法。

可以发现，我们自己正在走上那条被哲学家们称为"得克萨斯神枪手之谬"的道路——特克斯向后退，瞄准，将左轮手枪中的子弹尽数射向库房的墙上，然后将靶子移至靶墙上聚集的弹孔周围。这是一种命中靶心的方式。如果将我们的实验定义为射击方式，当我们的实验结果离最初的目标很远，却还用最初的目标对文章进行解释时，就会使阅读者感到迷惑。命中靶心是所有期望中最好的结果，可以把我们的后续试验导向完全不同的方向上。实际上，特克斯命中靶心是侥幸发生的，一个全新的发现也可能是偶然得到的。

"武器-库墙"策略最近被所谓的"发现科学"形式化了，它常被定义为"不被假设限制的科学"，这一过程通常会引发一些新的问题，继而就需要由常见的假设驱使的研究策略进行佐证。如果我们发射的是装有鸟枪子弹的12号猎枪，库墙上鸟枪子弹弹孔分布的情况即是"发现"。它们也许到处都是，但是是有模式的，我们需要做的就是发掘其中的含义。任何一颗子弹形成的弹孔和期望中的都可能存在差异，这可能代表着一个新的"简化的"科学工程的开端，这一新的科学会由后续的假设及实验，甚至是将来的研究课题所发展。

发现科学在生物学，尤其是基因组学这样的新兴科学中变得越来越重要。第一个诺贝尔奖之后的一个世纪，克雷格·文特（Craig Venter）、弗朗西斯·柯林斯（Francis Collins）等人第一次发布了人类基因组序列，这

3 科学生涯

些完整的 DNA 编码最终会决定我们身体的各个特性。此后，老鼠的基因组序列很快被解译。现在已经有很多生物的基因组序列被解译，从疟原虫到果蝇、到黑猩猩，黑猩猩 98% 的基因组序列和人类一致。破译基因组好比对付缺失部分姓名和号码的电话本。摆在我们面前的工作就是将姓名和号码对应起来，然后去确认这些个体的作用，以及个体间如何组装。

攻读博士和博士后期间都是积累训练经验的过程。训练的目的之一是成为独立的科学家；另一个重要原因是学会如何与人合作，以及如何最好地利用技术助理。学位反映的是受训人的熟练度和独立性。"小科学"实验室的文化因个人和主要负责人特性的不同而存在差异。一些首席研究员对实验室的控制较强，希望对每个实验计划进行细致指导。他们还可能要求每个年轻科学家从事不同的项目，并向他们汇报；另外一些首席研究员则在这方面控制得较少。

我自己的风格是鼓励人们合作。病毒免疫是非常复杂的过程，任何实验都可能要求以"人的力量"去同时观察多个由不同技术测得的各种各样的变化。当然，每个年轻科学家都会开展个人的小实验，以证明他们自己的明确的想法，提高技术能力，能力的增强也同时有助于更大规模的实验的开展。由于存在很多耗时的步骤，如孵化、着色等，大型实验常常需要在早上 7 点就开始，到午夜才能够结束。然而，筋疲力尽的时候人们容易犯错，因此出现了倒班制。

任何一项特定实验的领头人都可能是另一项研究的支持者。作为首席研究员，我的工作就是带着咖啡和油炸圈饼，去讨论由一些不能预见的困难而导致的实验流程的临时改变。尽管在学习期间及之后的几年，我经历过亲自动手的阶段，但是现在任何一个 22 岁的技工在实验操作上都比我更麻利、更高效。要我去亲自进行试验操作就像是要求《双城记》中的曼奈特医生从巴士底狱出狱后去经营一家颇具实力的修鞋生意，曼奈特是个真正的医生，但却不得不在被监禁的 18 年中充当鞋匠。

通往诺贝尔奖之路

每个科学家最初的成功都是从博士后阶段向拥有独立实验室转变。很多研究机构,尤其在欧洲,都会尽量雇佣在自主强度很大的研究计划中涌现出来的优秀科学家。然而,美国的情况是,人们职业生涯的这个阶段延续以前的道路。那里总是在寻找聪明的年轻候选人。一些年轻科学家往往只关注知名度高的机构。在这方面,一直以来,我都比较特殊,我很高兴我能在学术氛围很浓的研究所工作,在这种工作环境中,我感觉我能够专注于自己的研究。而其他的一些人则更喜欢地位高、竞争激烈的环境。

电子邮件和快递的存在,使远距离的紧密合作变得容易起来,至少在美国和欧洲是这样的。威利·阿伦(Willy Allan)是我在孟菲斯实验室的苏格兰博士后,和来自约克郡的西蒙·卡丁(Simon Carding)一起负责流感肺炎的整套实验。西蒙·卡丁是金姆·波特姆利(Kim Bottomly)在康涅狄格州纽黑文市耶鲁大学免疫学实验室的博士后。我们的小鼠实验在孟菲斯圣·裘德儿童研究医院进行,而后将切片递送给西蒙,他会用一种被称为原位杂交的技术对样品进行处理,以解译出特殊的淋巴因子基因(见第4章)。相关工作已有论文发表,这对西蒙的职业生涯有一定的帮助,他现在回到了约克郡,在英国利兹大学任教授,研究发炎性肠道紊乱。而威利认为在实验室内做研究不是他想要的生活,他现在在西澳大利亚珀斯当足科医生。对于他这样的人,转向足病科并不常见,但是为了生活而工作已经是过去式了,现在有很多人都会中途更换职业。

当一个年轻人的博士后训练即将结束的时候,尽管有些人希望继续从事研究工作,但是如果进入工业行列,他们会得到更舒服的生活。后者有更好的收入,尽管20年前并没有意识到这些,即便现在生物医学博士进入工业行业也并不常见。工学在这方面有很长的历史,像麻省理工学院这样的机构,就有大量的毕业生从科学研究转向经济开发。很多选择工业这条路的人会很快地进入管理层或销售界,最终过上一种更加商业化的生活。如在墨尔本大学,迪克·温特霍尔(Dick Wettenhall)已经为大学生

3 科学生涯

开设了一门关于生物技术的课程，从一开始就将毕业生往这个方向培养。考虑到现实因素，商业和科学相结合或经济和科学相结合的课程受到了越来越多的欢迎，高科技在今后的工业发展上一定会成为极大的驱动力量。

对于新的科学家来说，另一件非常重要的事就是固定地参加科学训练，时刻准备着进行巡讲、开研讨会、参与科学会议、参与讨论及提问。很多人自上学期间就有参加国际重要年会的经历，会见固定的研究人员，自己也做报告。和其他的人类活动一样，如果能够将脑海里该领域的关键人员或是他的容貌与技术报告或综述上的名字对应起来，对当事人来说，帮助会是很大的。所以，你最好是个多面手：实验型科学家应该认识项目相关的所有类型的人，从学生到演讲者，从赞助者到行政官。相关的国家及国际委员会都会提供类似的机会，当然，对于那些从事一线工作的人，避免被这些活动榨干精力也是非常重要的。

日复一日，科学生活总是令人激动又使人满意。当大部分科学家和另一半、孩子及贷款过着平凡生活的时候，他们的工作时间总是无规律的，尤其是级别较低的时候。所有的科学家都能够自己决定工作时间，对于实验室的管理者来说，只要研究生和博士后们能够参加实验室会议，配合完成组内实验的要求，就不会干涉他们的时间安排。大型实验常常能够从不同参与人员的不同作息时间中获益。一些高级实验员可能中午才会到实验室，然后工作到深夜。国际合作和竞争也是科学研究中非常重要的一部分，这就意味着要保持和其他国家同行间的交流。有时候，落基山或亚得里亚岛研讨会上的一个偶然碰面，就有可能促成一段远距离的合作，可以实现在一个地方进行调查而在另一个地方进行样品评估，一段 5 分钟的交谈都有可能带来并入正轨或是在歧途上浪费数月的差异。

聪明的人在类似的问题上能够得出相同的结论。有时候，我放弃某些特别的研究内容是因为我曾经听过这样一句话：你已经想到的事在世界的某个地方一定有人已经开始研究了。另外一个已经得到大量证明的经验，

同时也越来越明显地成了科技会议的特点，就是去听优秀的报告，如斯坦福大学的马克·戴维斯（Mark Davis）或哈佛大学的尤瑞奇·冯·安得瑞恩（Ulrich von Andrian），他们用同步成像技术实现了可视观察，如细胞进入免疫反应行为的方式（见第 4 章）。如果一张图片相当于 1000 个字，那么研究期刊中一段简短的视频就能充当 1000 张图片。互联网上这样的视频资料越来越多，但是，我第一次看到这样的资料是完全出乎意料的经历，那是在一次科学谈话中观看的一段 60 秒的短片。

在科学生涯的初始阶段当然不会得到很多钱，但是，一般情况下，优秀的年轻博士生获得的津贴也足够维持生活。这些支持的几个来源包括国家计划、大学里的培养拨款，以及高级科学家的研究经费。研究生常常以充当本科生的助教或做家教来维持自己的收入，博士后的收入会明显高一些。但是，稳定之后，大部分科学家会生活得很好，那些得到长期职位的人还会得到很好的工作保证。在一个顶级的研究型大学中同时拥有终身职位和高工资，就意味着需要在项目申请中保持竞争力，当然，部分人会离开实验室进入学校管理层。越来越多的科学家成为大学中杰出的校长、副校长，这通常是所有学术机构中收入最高的职位。

有一小部分科学家会变得非常富有。所有的学术机构都具有相关的机制，保证任何创造了重大商业发现的人都能够分享所获的利润。有一些人会成立自己的公司，即便没有从中获得名誉和财富，由于政府机构对探索活动及知识挖掘的资助，他们中的大部分人也能在 20 世纪后期从人类历史的第一轮"创造性的文化"中获利。当今企业-商业文化很多都聚焦在生物学及生物技术上，这也许就是企业的成功之处。尽管这并不是我们那一代研究人员的经历，我们是在后来才开始学习的，但是现在的年轻科学家受到了越来越多的相关教育，如知识产权权利、专利等。相反，年轻律师和商业科学家则越来越多地被拉进自然科学的相关领域。在过去，像达娃·索贝尔（Dava Sobel）在《经度》中所描述的，国家只是偶尔出资以寻

3 科学生涯

求重大国家问题的解决之道,大范围政府资助的研究是最近才有的现象。

当研究人员提出想法并对做实验像做游戏一样游刃有余时,科学发现就会浮现出来。政治家不必热衷于将税收送给那些能够进行这样的"游戏"的人,即使他们的"游戏"涉及探索和解决类似于艾滋病或癌症这种问题。不论喜欢与否,这个过程最终会产生出新的技术或疗法。一旦政治试图指挥研究,灾难就会不可避免地发生。顶级科学家再也得不到资助,在政治家的操控下,资金全部流入三流的"试图将人类送上火星的火箭制造者"手中。这需要复杂的政治程序去处理这些现实问题。也许,美国政府的做法才是政府促进革新的理想形式,他们将最高行政官(总统与内阁)和执法部门(众议院与参议院)的权力分开,促进开放的政治对话,相比之下,澳大利亚的国会系统则更加刻板,在科学资助方面容易受专制财政、集团意识下的幻想所影响。

大部分高级实验员都是聪明高效的人,有持续的、高水平的成果。诺贝尔奖的获得者和顶级学术机构的人员间是重叠的,当然,区别是被授予诺贝尔奖的科学家都有较好的运气"撞见"了主流的、突破性的发现,或者说是有足够的才智做出了巨大的理论贡献。大部分获奖人有长期的成就,但不是每个人都这样。不是简单的科学发现的积累就能获得诺贝尔奖的。获奖也不是人们进入科学领域并留在这个领域的原因。很多成功的科学家在他们 65 岁时仍然对自己从事的工作充满兴趣,仍然选择留下继续工作。也有很多人在 70 岁时仍然认真地投身科学研究和推进科学事业的工作,而另一部分人则像其他领域的人一样选择离开,去寻找新的兴趣。弗雷德·桑格(Fred Sanger)曾经两次获得诺贝尔奖,他 65 岁的时候退出以前的工作,转而去种玫瑰,或者带着的他的皮筏子去航海。他做了他想做的事。

所以,科学并不是获得显赫的地位、奖项或是财富。科学是发现和激动,还包括坚持和诚实。也许,能够给年轻科学家最好的建议就是:用心

感受数据。从不同的角度一遍又一遍地观察你的发现,如果发现了什么奇怪又有趣的事,试试从侧面思考,思考一些不可能或是荒唐的事,并且和你信任的同事进行交流。创新型科学家的标志就是,常常能够有一些新的发现,而这些恰恰是别人认为没意思或是实验失败而错过的内容。有时候,对于我们中的任何人来说,最难的就是洞察直接呈现在我们面前的事物,尤其是当我们被某个固定的理论和想法禁锢的时候。

另外,优秀的科学家知道如何避免走入毫无结果的研究道路。我遇到过不止一个研究人员坚持追踪不正常的结果,一次又一次地选择不相关的道路,最终失败的例子。如果你确实发现了反常的现象,在投入大量的精力之前,确认结果的可重复性是非常重要的。发现新的本质是一个费力的游戏,有时候,我们自认为发掘的新事物其实就是希腊神话里"塞壬的歌"①。

任何一个研究项目的管理者最大的担心都是伪造实验结果,尽管,至少就我所知道的,这种事还没有在我自己的实验室中发生过。实际上,这种事并不常见,但是当一些缺乏经验的年轻人认为他们所做的工作是为了支持或解释实验室管理者的某个观点时,这样的事情就有可能发生。这就大错特错了。所以,我要求我年轻的同事必须了解在他们的任务中否定我的观点和证实我的观点是同等重要的。当他们说服我承认我的观点存在错误时,我是非常高兴的。作为一个资深科学家,我的任务之一就是帮助他们成为下一代革命性的思想家和研究员。他们必须成长,然后独立。

当然,科学家确实会犯错,当涉及功劳分配时,那些不严谨的人就可能撒谎,尤其是在灵感来源的问题上,这种事情确实发生过。然而,实际上科学数据是不应该被伪造的。如果项目受联邦研究基金资助,且不说犯罪调查的问题,在错误信息的基础上进行的一系列深入实验或理论解释,

---

① 塞壬的歌(Song of the Sirens):塞壬是希腊神话中诱惑水手的女妖。——译者注

3 科学生涯

都将不可避免地带来灾难。一项长期的科学研究可以看做是没有分支的树。如果树干腐烂了，整棵树就会倒下。大量的时间、生命、钱财都会被浪费掉。最坏的情况是，如果存在伪造的初始数据被采用或被录用的证据，在美国，联邦调查局就会着手调查。无论结局多么惨痛，真相都会公之于众。

伟大的分子生物学家大卫·巴尔的摩（David Baltimore）是1975年诺贝尔生理学或医学奖的获得者之一，他曾经在1986年卷入过类似的事件。他的一个年轻同事，特里萨·侬玛尼莎-凯莉（Tereza Imanishi-Kari），被人揭发发表了欺骗性的数据。为了保护特里萨，大卫辞去了他在洛克菲勒大学（纽约）的校长职位，后来在加利福尼亚州帕萨迪纳的加州理工学院任校长职位，当然他可能很享受那里的冬天。特里萨则最终被免罪，但是在此之前，她却损失了科学家生涯中最高产的10年时间。这个故事在谢恩·克罗提（Shane Crotty）的《超越曲线：大卫·巴尔的摩的科学生涯》（加利福尼亚大学出版社出版）中有所描述。

然而，有时候确实存在明显的不能否认的欺骗证据。最经典的案例就是染色小鼠事件。这个故事在约瑟夫·贺克森（Joseph Hexson）的《拚接的老鼠》（海锚出版社出版），以及彼得·梅达沃爵士（Sir Peter Medawar）的《威胁与荣光》（哈珀·科林斯出版社出版）中的一章"斑点老鼠的奇怪事件"中都有描述。一个年轻的医学科学家提供了一些令人兴奋的证据，他将培养的黑色小鼠的皮肤组织移植到白色小鼠的身体上，克服了组织相容性障碍，实现了长期共存。当然，一般情况下，"寄主"白色小鼠会对"供体"黑色小鼠的皮肤做出快速排斥（见第4章），一两周以后，唯一留下的是一块不易察觉的伤疤。之后，其他人的实验会证明他之前的结果是可信的。但问题是，他不能对他的实验进行重复，并最终采取了近乎疯狂的欺骗行为：在小白鼠身上用黑色记号笔涂黑了一块皮肤。毫无疑问，这件事很快就被发现了。很多欺骗行为有着共同的特点，那就是最初有"很好"的结果,但是不能重复,尽管有一小部分案例确实属于故意欺骗。反社会的人四处都有,科学界也不例外。

科学欺骗常常出现在知名度高的研究院所,在医学研究领域,当对某些事物的过高期望超出能力范围时,欺骗就出现了。无论美国还是欧洲,这个问题都比较突出,我知道一个发生在澳大利亚的故事。我也被牵扯其中,那时我还在费城工作,受邀对投稿《自然》杂志的"简报"(Letter)类研究文章进行评阅。我认识一篇文章的首席研究员,他是一流的科学家,我们两人都被他的年轻同事提供的激动人心的"数据"愚弄了。他的文章发表后问题很快就被发现了,随之而来的就是撤稿。

当然,科学界的很多错误都不是故意而为的。这也是我们进行重复性实验的原因。某个解释出现错误可能是由技术的不完善及操作中各种不确定性造成的。当新的方法或仪器出现的时候,这些错误就可能变得显而易见。当某一个基于错误发现得出的观点在领域内得到信任,而错误又被发现的时候,当事人需要做的最基本的事情就是,尽量公开地指出假说错误之处和发生错误的原因。这也是自我保护的一种方法。如果当事人没有做到这一点,其他人也一定会这么做。

合作研究是从事科研最有效的方式,下面两个例子说明合作之成就。1989 年,因为发现了逆转录病毒致癌基因的细胞起源,迈克尔·毕肖普(Mike Bishop)及哈罗德·瓦默斯(Harold Varmus)被授予诺贝尔生理学或医学奖,他们对基因片段的发现促进了癌症研究的发展。1985 年,约瑟夫·戈尔斯坦(Joe Goldstein)和迈克尔·布朗(Michael Brown)因在胆固醇代谢方面的工作而被授予相同的奖项。尽管我和罗夫·辛克纳吉共同获得了 1996 年的此奖项,但是实际上在我们免疫学研究的生涯中,仅仅是在开始的阶段合作过两年半。

夫妻合作领导实验室也同样能够发展得很好,这并不稀奇,女人可以更多地负责公共事务,而男人则可以更多地把精力放在实验上。最著名的

3 科学生涯

诺贝尔奖夫妻莫过于巴黎的皮埃尔·居里（Pierre Curie）和玛丽·斯科拉多夫斯卡·居里（Marie Sklodowska Curie）夫妇的团队，因为在放射现象方面的研究贡献，1903 年他们和亨利·贝克勒尔（Henri Becquerel）一起获得了诺贝尔物理学奖。他们的女儿伊伦娜·约里奥·居里（Irene Joliot Curie）则和她的丈夫弗里德里克·约旦奥（Frederic Joliot）一起凭借放射性同位素的发现而获得 1935 年的诺贝尔化学奖，放射性同位素在实验室、医学诊断和治疗中至今作用重大。捷克科学家卡尔·科里（Carl Cori）和吉蒂·科里（Gerti Cori）夫妇在密苏里州的圣路易斯华盛顿大学工作期间，凭借关于能量代谢的发现而获得了 1947 年的诺贝尔生理学或医学奖。

在我所在的免疫学领域，也许最著名的夫妻团队就是菲莉帕（皮帕）·迈瑞卡［Philippa（Pippa）Marrack］和约翰·卡普勒（John Kappler），他们在科罗拉多州的丹佛国立犹太人医学研究中心从事研究，夫妻二人都是 HHMI① 研究员（见第 6 章）。皮帕是英国人，在剑桥大学完成学业，而约翰是个美国人。《纽约时报》的科学记者吉娜·克拉塔（Gina Kolata）在我们获得诺贝尔奖的第二天给皮帕打电话，询问我和辛克纳吉的性格特点。她的回答是，辛克纳吉是个很正常的人，而杜赫提有点像"屹耳"。可能有些人不了解，屹耳是艾伦·亚历山大·米尔恩（A. A. Milne）创作的《小熊维尼》里面那只可爱忧郁的小驴子。这番话的结果就是，我现在拥有世界上最全的屹耳收藏品，从钥匙环到《小金书》，再到两只不同的、大大的玩偶，其中有一只在捏它的腿的时候会说话。我的小孙女茱莉亚喜欢会说话的屹耳，那是我在南昆士兰大学演讲后收到的，它是茱莉亚到我家时第一个要找的东西。

得奖后几个月，我接受了孟菲斯市 11 岁的艾媛戴斯·古鲁拉简为她们的校报而进行的采访。她的访问后来也刊登在了印度国家日报《印度》

---

① HHMI，Howard Hughes Medical Institute，（美国）霍华德·休斯医学研究所。——译者注

上。艾媛戴斯是个很甜美的小女孩,她对我的总结是,我更像艾伦·亚历山大·米尔恩笔下精力充沛的小老虎,所以,现在我又有了一个玩具塑料老虎,尽管只有一个,是艾媛戴斯送我的礼物。我想,像大多数人一样,我既像那只老虎,也像屹耳。

早期影响

哪一种模式的家庭背景更有可能培养出未来的诺贝尔奖获得者呢?模式就是没有模式。在诺贝尔家庭中,最著名的可能就是父亲、母亲、女儿、女婿的组合,他们分别是皮埃尔·居里、玛丽·斯科拉多夫斯卡·居里、伊伦娜·约里奥·居里和弗里德里克·约里奥。在物理学界,父子关系的诺贝尔奖获得者是很常见的,威廉·布拉格和劳伦斯·布拉格(Lawrence Bragg)获得了1915年的诺贝尔物理学奖,此外还有尼尔斯(Niels, 1922)和艾吉·博尔(Aage Bohr, 1975)、曼尼(Manne, 1924)和凯·西格班(Kai Siegbahn, 1981)、约瑟夫·约翰(1906)和乔治·佩吉特·汤普森(George Paget Thompson, 1937),他们都在不同的领域中得到了认可。化学和神经系统学家尤夫·冯·欧拉(Uif von Euler,生理学或医学奖,1970)和他的父亲酶化学家汉斯·冯·欧拉-查尔滨(Hans von Euler-Chelpin,化学奖,1929)。弗里茨·泽尼克(Fritz Zernik,物理学奖,1953)发明了相差显微镜,在我的早期研究中常常用到这种显微镜,他是杰勒德·霍夫特(Gerardus't Hooft,物理学奖,1999)的叔叔。简(Jan,经济学奖,1969)和尼古拉斯·丁伯根(Nicholas Tinbergen,生理学或医学奖,1973)是兄弟。提到夫妇,除了前述居里夫妇、约里奥夫妇和科里夫妇(Coris)外,阿尔瓦(Alva)和纲纳·缪达尔(Gunnar Myrdal)分别获得了1982年的和平奖和1974年的经济学奖。其他的诺贝尔奖获得者

3 科学生涯

也有出自学术家庭的,还有一些出自兴旺的经商家庭。但是,也有一些科学家是普通出身,可能是家庭里第一个上大学的人,甚至可能是第一个念完高中的人。毕竟,对于那些从不懂得现实权力和特权社会中走出来的年轻孩子来说,科学是一个常见的跳出原环境的方式。

诺贝尔奖获得者来自各种各样的学校。一些人的童年是在农场里度过的,那里能获得的正式教育的质量是非常有限的;还有一小部分属于家庭教育。因为大部分的诺贝尔奖获得者都是美国人或是欧洲人,他们中的大部分人上的都是纳税人资助的小学和中学,或者是财富地位平等的天主教学校。理查德·阿克赛尔(Richard Axel,生理学或医学奖,2004)毕业于史蒂文森高中,他和另外的24人都是出自美国公立学校,其中5人毕业于布朗克斯科技高中。这个有趣的记录能够反映出很多从德国或西欧逃难至美国的犹太人,之后再没有离开纽约城。

英国和澳大利亚的学校系统包括昂贵的私立学校(由于历史原因在英国被称为"公立学校")、非宗教学校,以及各种类型的国家资助的学校。一小部分诺贝尔奖获得者出自公立学校,包括彼得·梅达沃(Peter Medawar,生理学或医学奖,1960)和约翰·苏尔斯顿(John Sulston,生理学或医学奖,2002)。更多的人则是经过竞争激烈的"11+"考试后,进入文法学校接受教育的,这种选择学校的模式现在已经成为历史。在6个在澳大利亚上学的自然科学诺贝尔奖获奖人中,劳伦斯·布拉格(Lawrence Bragg,化学奖,1915)和霍华德·佛洛里(Howard Florey,生理学或医学奖,1945)读的是阿德莱德圣彼得学院,麦克·伯内特(Mac Burnett)读的是久负盛名的吉朗学院。约翰·科恩福思(John Cornforth)和约翰·埃克尔斯(Jack Eccles)分别就读的是悉尼男子高中则和墨尔本高中,这两所学校都是单性别的州立学校,我就读的州立高中则招收布里斯班西部郊区的所有孩子。

无论选择学校的依据是孩子的成绩还是家庭经济状况,在培养天才方面，较好的学校教育确实能够起到作用，但是从记录上（www.nobelprizes.org）可以明显地看到，这并不是日后成为学术之星的首要条件。很多诺贝尔奖获得者的传记中都提到了科学启蒙老师。约翰·科恩福思的老师是莱昂纳多·巴瑟尔（Leonard Basser），保罗·纳斯（Paul Nurse，生理学或医学奖，2001）提及的是凯斯·尼尔（Keith Neal），而蒂姆·亨特（Tim Hunt，生理学或医学奖，2001）的科学启蒙老师是特伦斯·杜赫提（Terence Doherty），此杜赫提和本杜赫提没有亲属关系。劳伦斯·布拉格和霍华德·佛洛里有着共同的化学老师——"怪鞋"汤普森（Thompson），之所以如此称呼他，是因为在那个时代穿橡胶底的鞋子实在不太常见。当然，永远不要对潜心教学的老师要求太多。有一部分人回忆说，在童年时还有另外的一些影响因素，如学习音乐、玩创造性的玩具，如"麦卡诺系列"玩具（在美国和"安装工"玩具一样出名），或者是培养对自然的强烈兴趣，伯内特就属于收集甲壳虫的那种孩子。

过去的20年中，我在看诺贝尔奖获得者的传记的时候也注意观察在他们的大学期间是否存在决定性的模式。被顶级机构接受是一个推动因素，但并不是决定性因素。40%的英国获奖者来自牛津或剑桥，另外40%则来自伯明翰、曼彻斯特或谢菲尔德。19世纪，牛津、剑桥在发展强势科学项目上起步较慢，而此时那些新建的"红砖大学"，如伯明翰和曼彻斯特，则挤入了这一行列。

美国比较特别，因为除了那些强大的州立大学，如加利福尼亚大学洛杉矶分校、加利福尼亚大学伯克利分校、华盛顿大学、密歇根大学及北卡罗来纳大学，还有很多一流的私立高等教育院校。从东北部的常春藤大学（如哈佛大学、耶鲁大学、康奈尔大学及宾夕法尼亚大学）到实力相当的美国中部的院校（芝加哥大学、圣路易斯华盛顿大学、范德比特大学、埃默里大学），从东部沿海的院校（斯坦福大学、加州理工学院）到小型的文理学院（哈弗福德学院、珀玛纳学院、斯沃斯莫尔学院、罗德学院），

3 科学生涯

这些院校都以牛津、剑桥的学院系统为模式,强调高质量的教学。在我收集了20年的诺贝尔奖获得者名单中,最大的群体当然还是来自美国,在这些获奖人中,1/3出自州立大学,2/3出自私立院校,这其中有1/3出自文理学院。尽管那些顶级私立大学所需的费用很高,但是,他们也会为那些有着突出天赋的人提供数量不低的奖学金,不论是学术突出还是体育突出。这些分布规律说明美国的顶级科学家并非全部来自家境殷实的家庭,有些确实是这样的,但大多数不是。

科学家们在追求事业之前,必须学习大量的专业知识。我前面提到过的大学和学院系统是科研生涯中接受训练的第一站,在此期间会经过四年的本科学习,获得学士学位。获得"科学界门票"的下一步骤,就是攻读博士学位,在某一固定科学家的监督下从事研究工作。再一次说明,这一步大多在大学里进行,尽管也会有一些"合作",使学生有机会去顶级的研究所工作,例如,巴斯德研究所和马普学会的实验室,或是沃尔特-伊莉莎·霍尔医学研究所、墨尔本大学及圣·裘德儿童研究医院。博士受训期间要求博士生必须在"工作台前"工作,从事原始研究,发表有同行评审的科技论文,撰写复杂的文章。

理论学家的工作台是黑板和计算机;物理学家应该至少设计出一个实验设备的组件;而化学家及生物学家则需要和培养皿、试管、移液器,并和"白大褂"打交道,这些我们在电视和电影中都看到过。如果哪个人愿意从事实验工作,那么攻读博士会是他终身难忘的时光。成为诺贝尔奖获得者的准备工作和竞争还会随着后续的科学生涯而持续下去。在这个阶段,去一个有活力的、一流的机构工作也会获得一个较大的推动力量,在这里,周围都是可以学习的优秀人才。

美国和世界上其他地方的差别在于:本科经历主要是为了提供文理教育,这就意味着在美国获取学士学位还同时需要修英语课、另一门外语课和历史课等,甚至将来的文学作家都必须选修类似"诗人物理课"这样的

课程。我很喜欢这种方式,这让年轻人在被长期锁定在某一领域之前,能有机会全面发展。然而,这也同时意味着,进行深入科学教学的时间缩短了,这个缺陷需要在将来攻读博士期间加以弥补。一般来说澳大利亚或英国博士需要3~4年,而美国则常常需要5~6年。

在美国的博士培养项目中提供的正式演讲及个别指导,对那些来自于教学资源有限的国家的留学生来说,是非常有益的。很多美国的顶级科学家都有类似的经历。光谱学家艾哈迈德·泽维尔(Ahmed Zewail)从埃及的亚历山大大学到宾夕法尼亚大学攻读博士,1999年被授予诺贝尔化学奖的时候正在加州理工学院工作。马里奥·莫利纳(Mario Molina)在1995年和保罗·克鲁岑(Paul Crutzen)及舍伍德·罗兰(Sherwood Rowland)一起,凭借氟利昂和臭氧层损耗的故事获得了诺贝尔化学奖,他从墨西哥国立大学毕业后在加利福尼亚大学伯克利分校获得博士学位。即便是在20世纪60年代文化复杂的日本,利根川进(Susuma Tonegawa,生理学或医学奖,1987)还是接受建议,从东京大学进入加利福尼亚大学圣地亚哥分校攻读分子生物学博士学位。

并不是每个未来的诺贝尔奖获得者都需要经历如此典型的学术道路,有些获奖者甚至没有得到博士学位。这在医学学生中很常见,硕士期间,在一流实验室中度过的几年足够成就一段璀璨的研究生涯。我在对20年间诺贝尔生理学或医学奖获得者的回顾中发现,其中60%有博士学位,30%只有硕士学位,另外的10%则同时拥有两个学位。在美国获奖者中,40%的人只有硕士学位。

一小部分物理学家,尤其是有工程背景的人,会直接进入工业界,不必为博士学位而烦恼,尽管几乎所有的人都获得过某个大学的荣誉博士学位,这主要是因为这些大学希望能够在本科生的毕业典礼上听到他们的讲话。我们很喜爱的药理学家格特鲁德·埃利恩(Gertrude Elion),在纽约大学获得硕士学位后就决定待在维尔卡研究室,而不再回到大学中。1988

3 科学生涯

年她和北卡罗来纳的同事乔治·希钦斯（George Hitchings）及苏格兰科学家詹姆斯·布莱克爵士（Sir James Black）共同获得诺贝尔生理学或医学奖，那时她已 70 岁高龄。

和其他人类活动一样，通往诺贝尔奖之路上总是会有特例出现的。对于受训的科学家来说，在最好的地方和最聪明的人一起工作，确实能够起到作用。有时候，我们走的路就像罗伯特·弗罗斯特（Robert Frost）所说的：有两条道路摆在面前，我选择了少有人走的那一条，从此一切不再相同。要知道，世上从来没有绝对的标准能够决定科学创造发生的地点、方式和人物。

4 免疫：科学的故事

贯穿于整个澳大利亚的土著文化，流传着不同的歌曲主线，与这种歌曲流派的传承相似，诺贝尔奖科学奖百年的历史中，也一样有着在不同的主题研究上的传承。但是与之不同的是，科学的故事却不断被改写——以前的结论能够被重新诠释。下面将为大家展开全新的一章——免疫学的传承。听完整个故事，你将会对20世纪生物学的发展有更加深刻的认识。讲述这个故事，也能使我更为客观地看待我与罗夫·辛克纳吉共同获得的这项荣誉。如果想更多了解我所讲述的研究领域和科学家的具体介绍，可以访问诺贝尔奖官方网站（www.nobelprize.org），阅读相关的演讲、简短的自传及诺贝尔奖得主的获奖感言。

我们应对变化多端的世界依靠的是两大复杂生物学系统：①中枢神经系统（CNS），如大脑和所依附的感官（如眼和耳）；②免疫系统，当然，免疫发生在我们不知不觉之中，为我们清除着各种病原物的感染。对于大脑功能，我们很熟悉，而免疫系统则更为神秘和模糊。在我讲述诺贝尔奖和免疫学的故事之前，我先来给大家简单地谈一下免疫系统在体内是如何运作的。尽管很难做到，但我会尽量避免使用免疫学专业词汇。所述例子大多取自我所研究的病毒免疫学。

免疫这个词源自拉丁文"immunis"，其本意是用来指古罗马帝国时代

4 免疫：科学的故事

凯旋的战士，可以在很长的时期里享受不需要支付苛捐杂税的特权。免疫系统的作用类似于减轻来自于寄生病原所引起的"税赋"，寄生病原包括各种外源病原体，如病毒、细菌、真菌和蠕虫等低等微生物，它们寄生于复杂的高等脊椎动物体，包括人类体内。如果没有高效的免疫系统，人类无法抵御各种细菌毒素、病毒及各种外来异物的疯狂增殖，这种情况可能发生在艾滋病患者或为了杀死癌细胞接受化疗而和放疗而造成严重的免疫抑制的患者身上。正如苏珊·桑塔格在所著的《疾病的隐喻》(*Illness as Metaphor*)一书中所指出的，我们需要用战争和入侵来形容疾病，从感染和免疫这个范畴来看，这个比喻恰如其分。

病原体进入人体后，遭遇的第一道防线是"天然免疫系统"。天然免疫力可以追溯到很早的进化时期，人类与果蝇甚至变形虫（一种单细胞生物）一样，都有类似的自我保护机制。在这个领域，唯一的诺贝尔奖获得者是1908年的埃黎耶·埃黎赫·梅契尼可夫，他因发现了吞噬作用而获得的诺贝尔生理学或医学奖。吞噬细胞或者是巨噬细胞（"大胃王"细胞），吞入并杀死外源微生物和自身损伤细胞。举个例子来说，黑色文身是由长寿命的巨噬细胞围绕着大量碳化粒子组成的。这些巨噬细胞"吃掉"注射进皮肤的文身油墨里的分散碳粒，之后使自己长久地生存于注射后的皮肤上。

单核细胞是巨噬细胞的前体，它是骨髓的多能造血干细胞不断分泌的一种白细胞。从总体上讲，所有的免疫应答都涉及单核细胞/巨噬细胞。巨噬细胞像清洁工一样负责清除正常死亡的细胞和入侵的微生物病原体。先天性免疫的其他种类的细胞作用模式也几乎相同，包括"自然杀伤细胞"和嗜中性粒细胞。在简介里我不想过多赘述。先天性免疫这个领域近年来发展得非常迅速，据预测这个领域将很快会出现诺贝尔奖获得者。

大多数人对专家所讲的"适应性免疫"还是比较熟悉的，这是一种仅存在于高等脊椎动物身上的强大而具有特异性的宿主防御系统。进化生物学家认为这种适应应答能力可以追溯到3.5亿~4亿年前有颌鱼类起源的时期。对于人类而言，这是一段相当长的时间。类人猿的历史从15万~20万年前开始，在生物学进化进程中相当短暂。大脑进化过程比适应性免疫应答要早很多。

谈及免疫，我们自然会想起小时候打防疫针的经历。疫苗可以长期保护人体不受特异性病原体的侵染，不管病原体是病毒、蠕虫还是真菌。第一个有据可查的疫苗是爱德华·詹纳（Edward Jenner）发现的"牛痘"。他首次从正在患牛痘的挤奶女孩手上沾了一些牛痘脓胞，接种在一个8岁的未患天花的男孩詹姆斯·菲普斯（James Phipps）的手臂上来预防天花。詹纳后来还给詹姆斯感染了强毒天花病毒来观察结果，当然现代社会是禁止进行此类实验的。詹姆斯幸运地活了下来。时隔200年，全球范围广泛使用詹纳的方法来抵御天花，世界卫生组织于1980年宣布天花在全球范围内被根除！

为了表彰时任世界卫生组织责任委员会主席的杰出病毒学家弗兰克·芬纳在"天花根除运动"中所做的杰出贡献，他被授予澳大利亚总理奖和日本国际奖。弗兰克受到广泛的爱戴和敬仰，令人觉得无比荣幸的是，80岁高龄的他代表澳大利亚国立大学（ANU）出席了1996年的诺贝尔奖颁奖典礼。虽然天花迄今为止已经成为人类唯一根除的疾病，但是令人感到无比震惊的是，生物恐怖分子很有可能会使天花病毒或更为致命的基因工程改造的病毒变种复活。因此，努力寻找更为有效的天花疫苗的工作仍在继续。

本来，脊髓灰质炎现在也有希望成为历史。但是，在非洲的免疫计划被局部战争影响而搁置时，某些宗教分裂组织的领袖为了政治的需要，一度宣扬疫苗经过了基因工程改造，会引发女性不育。这简直是无稽之谈！但是就像我将会在其他章节讲到的GM食品一样，疫苗的话题总是要比其他领域的药物有着更多的谬误、阴谋、偏见和误会。如果你想真正了解

4 免疫：科学的故事

"疫苗"，到谷歌搜索不失为一个好主意。推广疫苗的另外一个困难是我们需要对幼儿接种疫苗，而对于孩子来说，他们并不喜欢接种的经历，甚至在打防疫针后的几天内会有不良反应。成千上万的儿童每年接种疫苗，由于基数庞大，难免会有极少数的儿童在接种疫苗之后引起并发症。于是所有责任就都被归咎于疫苗。具有讽刺意味的是，疫苗与基础医疗设施和基本的医疗保健一样，是有史以来最廉价且最有效的医疗干涉措施。尽管如此，和其他医疗干涉措施一样，疫苗接种也是有风险/收益利害权衡需要考虑的，毫无疑问，与风险相比疫苗的收益性是巨大的。为了便于大家理解，顺便说一下，"免疫注射"和"疫苗接种"在医学上是可互换的。

索尔克脊髓灰质炎疫苗是先通过组织培养获得具有完全感染性的脊髓灰质炎（小儿麻痹）病毒，再通过福尔马林处理使之灭活，纯化得到无毒性脊髓灰质炎病毒之后给儿童注射。萨宾疫苗，是另外一种弱毒性活疫苗，可以在胃肠道细胞有限地增殖。灭活的索尔克疫苗必须通过注射接种，而萨宾疫苗只需要通过口服糖丸即可接种免疫。也正是因为萨宾疫苗所具有的活性，导致它可能会对极少数的婴儿，包括所谓的"培养箱婴儿"在内患有遗传性免疫缺陷疾病的人群构成危险。如果完全没有适应性免疫力，则弱毒性的萨宾疫苗会疯狂增殖，最终引起疾病。

脊髓灰质炎疫苗是通过激活产生特异性抗体来结合病毒表面的蛋白分子来发挥作用的。抗体和病毒表面蛋白分子互相作用的精确程度不亚于精密的锁匙机制，抗体结合到病毒的瞬间拉响了入侵的警报。免疫学家把抗体（钥匙）识别的病毒蛋白称为抗原（锁），经常会提及抗原-抗体复合物。抗原结合抗体之后，会由种类各异的机制中和病毒感染性，比如通过结合另一类来自机体的，对病毒有害的分子——补体，使巨噬细胞可以识别抗原-抗体复合物后吞噬消灭病毒，或者以更加简单的方式来阻止病毒进入上皮细胞或神经细胞，抑止病毒在这些细胞中的增殖感染。在脊髓灰质炎的例子中，病毒的感染能摧毁神经细胞，尤其是较大的运动神经元细胞而造成小儿麻痹症，抗脊髓灰质炎病毒的抗体在血液中阻断了病毒进入大脑和脊髓的路径，从而预防脊髓灰质炎的发生。

　　抗体是一类蛋白质分子，由制作"工厂"——浆细胞所产生。浆细胞是白细胞的一种，B 淋巴细胞（B 细胞）的后代。B 细胞的表面携带着抗脊髓灰质炎病毒的抗体的初级形式，并且在免疫接种后迅速增殖。这种特异性的细胞分裂或称为克隆扩充，发生于淋巴器官内，如淋巴结和脾脏，淋巴器官能够为免疫反应提供最佳的增殖环境。不论是疫苗的接种还是病原的感染，任何免疫应答都会引起淋巴结肿大和相关的一些反应，如嗜睡等。嗜睡反应大多也是由免疫应答细胞所分泌的化学物质（被称为"淋巴因子"）引起的，过量的淋巴因子溢出到血液，后被运输到大脑中。这就是为什么在接种疫苗之后婴儿可能会出现烦躁不安、嗜睡或颈淋巴结肿大等与呼吸道感染类似的症状的原因。

　　位于腋下、腹股沟及其他地方的淋巴结因身体不同部位被感染也偶尔肿大。青少年第一次感染疱疹病毒（EBV）时，有可能会出现一种被称为传染性单核细胞增多（俗称接吻病）的临床病症，传染性单核细胞增多症是免疫反应失控的一个例子，尽管这在想象或临床中都可能有一定危险，但患者大多能无须治疗而自愈。几乎所有的人都会被 EBV 病毒感染，但大部分人都会终身携带这种病毒却幸福地生活，然而 EBV 感染严重免疫抑制人群却会由此患上淋巴瘤。淋巴瘤、白细胞增生和白血病，都是用来形容各种各样癌症或血液、淋巴细胞异常增殖的字眼，这些都是不能自我痊愈的。导致这些致命的疾病的直接原因大多不是病毒感染。

　　在疫苗初级应答发生之后，脊髓灰质炎病毒特异性 B 细胞迅速分裂克隆产生更成熟的浆母细胞，开始从淋巴组织里释放出来，进入血液循环并最终寄宿在胃肠道、肺和骨髓等器官。在这些器官里浆原幼细胞最终演变成"终极分化"的浆细胞。这些浆细胞不再继续分裂，但是会多年持续性地产生特异性抗体。此后，长期存在于血液或肠道黏膜中的脊髓灰质炎病

4 免疫：科学的故事

毒特异性抗体成为免疫记忆性的充分证明。证明是否存在特异性抗体是很容易的，血清是在血液凝固之后还保留的液体组分，可以通过血清与所感染的病毒混合的方法，来检验其杀死组织培养细胞的能力。如果血清中含有中和抗体，那么细胞不会被杀死。反之，细胞将会被感染，变形之后死亡。

当抗体水平下降到一定程度时，就需要加强接种疫苗，加强接种会重新刺激脊髓灰质炎病毒特异性"记忆 B 细胞"，这些记忆 B 细胞就留在淋巴组织中，不需要像第一次一样起始浆母细胞/浆细胞的通路。强化免疫或称为二次免疫，一般情况下要比从来没有接种过疫苗的反应来得更加强烈。这是因为初级免疫时，脊髓灰质炎病毒特异性记忆 B 细胞已经大量增殖，远远超过了从来没有接种过疫苗的个体体内的 B 细胞的数量。大多数成功的接种，不管是抗脊髓灰质炎、黄热病、麻疹还是百日咳，与我在这里所阐述的过程，在本质上都相同。

到目前为止，我为大家讲解的抗体应答过程都被称为体液免疫。我个人的研究工作主要是细胞免疫，这是另外一种与 T 细胞密切相关的适应性免疫反应。T 细胞是由位于颈部的一种被称为胸腺（thymus）的淋巴器官制造出来的。与 B 细胞类似，T 细胞也会产生单一特异性的细胞表面受体——T 细胞受体（TCR），然而，T 细胞与 B 细胞在发挥作用的形式上有重要的差异。B 细胞受体（BCR）是抗体的前期存在形式，之后在血液循环中脱离 B 细胞成为独立的蛋白分子，与之不同的是，T 细胞受体自始至终都与细胞相连。简而言之，在体液免疫中，效应产物是抗体；而携带各种 T 细胞受体的 T 淋巴细胞本身则在细胞免疫的过程中充当其效应产物。病毒感染或癌变都会使细胞发生变化或修饰，T 细胞能识别并消灭这些变异了的细胞。这种作用又被称为免疫监视。

广义上讲，T 细胞分为两类：$CD8^+$——"刺杀"病毒感染细胞的 T "杀手"细胞；$CD4^+$——T "辅助"细胞。"CD"这个词是免疫学的专有名词，用来区分淋巴细胞和其他白细胞表面的成百上千的不同蛋白分子。$CD4^+T$ "辅助"细胞通过分泌不同的淋巴因子来促进（协助）抗原特异性 B 细胞及 $CD8^+T$ "杀手"细胞的迅速繁殖和分化。HIV 能够摧毁 $CD4^+$ "辅助"细胞成为艾滋病发病的首要原因：人类免疫缺陷病毒将 CD4 分子作为受体而便于病毒侵入细胞。一旦 $CD4^+T$ "辅助"细胞全部消失，其他的免疫系统会在顷刻之间瓦解崩溃。

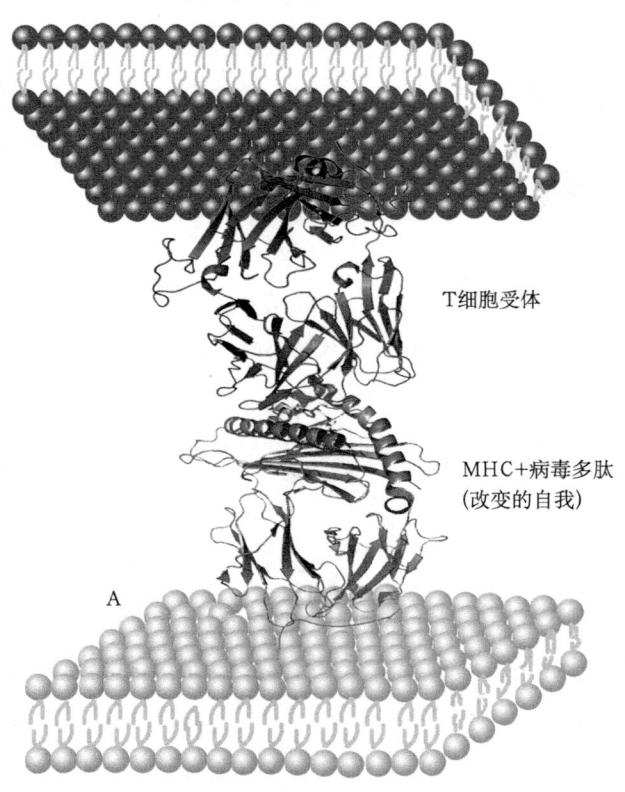

图 1　细胞毒性 T 细胞通过其 T 细胞受体识别被病毒修饰的 MHC 分子，从而识别被病毒感染的靶细胞

4 免疫：科学的故事

$CD4^+T$ 辅助细胞又可以细分为两个亚群：Th1 和 Th2。Th1 亚群的成员可以为某些类别的抗体应答提供帮助，在消灭病毒和细胞内细菌的过程中充当效应产物。Th2 细胞则在控制较大病原体，如线形动物的过程中协助抗体应答。多发性硬化症（MS）也可能是 Th1 细胞被自身蛋白非正常激活时所导致的；而 Th2 反应则会被随处可见的猫皮屑和尘螨排泄物这样的抗原激活，从而导致像哮喘一类的潜在致命的疾病。关于 Th1 和 Th2 的研究正在不断完善，会不会因此而赢得诺贝尔奖，让我们拭目以待。

免疫过程中的"杀手"——$CD8^+T$ 细胞又是怎样发挥作用的呢？$CD8^+T$ 细胞的作用机制相当复杂，我将用容易理解的文字来为大家讲解。病毒特异性 $CD8^+T$ 细胞就像老式的水雷一样，表面覆盖着很多外突的尖刺。这些尖刺也就是抗原特异性受体——TCR，每一个"杀手"T 细胞的表面都会产生大约 2 万个完全相同的尖刺。尽管外形看起来过时陈旧，然而，这些独特的"水雷"却是相当聪明机警。首先，尖刺在体内会有数百万种，而每一个"水雷"仅特异性地表达其中一种。其次，所有可能存在的尖刺均是唯一的钥匙。再者，假使 T 细胞"水雷"首次遇到某种"舰船"（病毒感染的细胞），它不会立刻消灭细胞，而是首先大量增殖分化，之后在血液中巡行，寻找并消灭所有具有相同特征的"舰船"。

$CD8^+T$ 细胞有着独特的易于移动的运动系统，加之其柔韧的外壳（细胞"壁"）能够变形，进而可通过各种各样的障碍物（如血管壁）来追捕潜在目标。不仅如此，当这些精明的 T 细胞（水雷）消灭掉所有目标群体完成其使命之后，幸存的 T 细胞将会程序性地收起各种有爆炸性的化学物质，然后作为休眠的记忆 T 细胞在血液及其他器官内巡行。当我们重新感染同样的病毒时，记忆"水雷"又将被重新激活，对相同类型的"敌军舰队"进行更加猛烈的攻击。

了解了 T 细胞"智能水雷"后，我们迅速意识到如果这些聪明精密的武器是针对我们自己的"海军"进行攻击，会造成多么严重的后果。这样的境况一直没有发生的原因在于，表达任何识别我方"舰艇"的受体（尖刺）被禁止了。早期免疫学家一直困扰于自体/非自体识别问题。实际上，早期有表达结合自身抗原能力受体（尖刺）的T细胞，在胸腺发育和分化的过程中都被淘汰了——后面我将会详细介绍。

"杀手"般的$CD8^+$ T细胞像"智能水雷"一样识别的是什么呢？想一想在未来的世界，每个人作为一个由无数个细胞组成的独立国家。国旗将成为历史，取而代之的作为国家之间的身份认证则由颜色各异的圆点所构成。每个圆点变化万千，可能使用上百种不同的颜色，每个国家最多可以使用六个圆点来组成自己的"国旗"。同一国家中每位成员（细胞）在显眼的地方佩戴着相同的"国旗"，这样的圆点也成为国家的唯一性和荣誉的衡量标准。任何人（国家）一半的圆点来源于母亲，另一半来源于父亲。在肾移植过程中控制移植的蛋白分子——组织相容性复合物，即可以用这样的圆点模型来解释，被移植的肾因为有不同"国旗"而被识别为外国"人"。我们每个人都有唯一的圆点，或移植蛋白分子的表达，当然也有例外，如在同卵双生子中。

让我们把$CD8^+$ T细胞作为"水雷"、人作为独立国家这两个比喻结合起来，在敌国舰队将突然袭击"移植"到本国领海时，$CD8^+$ T细胞的"水雷"表面的尖刺具有识别"敌国军舰"底部的"国旗"上的圆点（组织相容性复合物）的能力，除了某些$CD8^+$ T细胞被抑制的情况之外，"水雷"会对带着外国"国旗"的入侵敌舰（移植组织）进行强有力的打击并最终击沉敌舰，这对于战争而言是相当有利的。然而，在考虑某些生物学行为时，会出现一些令人费解的现象。最常见的自然"移植"是哺乳动物的怀孕。胚胎当然不会被识别为敌人，那为什么生物进化过程中会出现这样一种情况呢？因为母体的免疫系统很有可能会把胚胎中表达的来自父亲一方的移植分子（圆点）当成异国或非自身的细胞。那么，为什么会需要这样的系统呢？

4 免疫：科学的故事

这个问题由于罗夫·辛克纳吉与我的共同发现而得以解释。在病毒感染的过程中产生的 $CD8^+$ T 细胞，能够识别表达自身移植分子，即携带自身"国旗"的侵染细胞，但这些被感染细胞"国旗"上的圆点因病毒所修饰，容易被区分出是外国"国旗"。我们可以想象，原来自身圆点带着一个来自于入侵病毒的小段新肽链后，产生了一些新的曲线，而未被感染的细胞则会继续表达正常未被肽链修饰的圆点，这样会免于被攻击。自身的 6 个圆点（移植分子，组织相容性复合物）均有可能携带一个来自某种病毒蛋白的不同肽链。病毒自身无法阻止这样的事情发生。因为在病毒复制的过程中，病毒基因组中必然会有一些不适合的、损伤的蛋白不能用来形成新的病毒粒子，这样的蛋白会被碎纸机系统（蛋白酶系统）切成小片（小肽链），多余的蛋白在细胞质内被病毒抛弃。每个圆点可能有上百种不同的颜色，这种生物进化过程中所呈现出的多样性（专业上称为遗传多态性）使任何特异性入侵人体的病毒都可以在某些圆点上产生新的曲线，而无法逃过免疫监视系统的巡察。

其实，所谓的移植系统就是一个自我探测报警系统，这个系统就是在保证自身的"水雷"T 细胞能够被识别，并摧毁因病毒感染后"国旗"上圆点发生了改变的"舰船"（细胞）。被病毒"俘虏"（感染）的细胞，都被贴上了短肽段的标签，这就避免了对幸存的自己的"海军"（人体）构成威胁。从生物学意义上来讲，细胞免疫即是处理感染细胞的科学。否则越来越多的病毒粒子在体内复制，会造成感染的扩散，临床损伤也会加剧。从运作机制上来讲，免疫系统不能区分外源移植器官细胞表面的圆点和自身携带短肽段标签感染细胞的圆点。器官移植排斥，简单地讲是一种副产品，是这种正常自身检测过程的附带现象。因此，如果我们能先发现这样的机制，那么我们移植器官分子就应该被称为自身监控分子。这并不意味着在长期的生物学发展进程中，器官移植排斥的问题可以被忽略：哺乳动物胎盘的功能即是为防止胎儿被母体 T 细胞袭击。

通往**诺贝尔奖**之路

在本章，我将跟大家讨论我们完成的实验，为什么会做这样的实验，以及怎样来解释实验结果。不过首先让我讲完这段免疫学简介的课程。我希望大家能够理解我所讲的内容，虽然免疫学是一个相当复杂的学科，而且大部分的内容都被我省略掉了，我尽力为大家提供足够多的信息，使大家能理解我后面介绍的各位诺贝尔奖得主的研究内容。接下来讨论的内容涉及众多免疫学研究方向的诺贝尔奖得主。特别需要提到，很多伟大优秀的免疫学家，为免疫学的发展做出了无法比拟的贡献，但是他们并没有因此受到诺贝尔奖的青睐，而他们的功绩却不可磨灭。

1901 年，第一位因从事适应性免疫领域研究而赢得诺贝尔生理学或医学奖的是埃米尔·冯·贝林，尽管那时还不存在"适应性免疫"这种专业词汇。他被公众接受的原因是发现了一种对抗白喉细菌的血清疗法。血清疗法用现代医学词汇来解释的话，即从康复病人的血液里提取血清后用于治疗患有相同病症的人。埃米尔·冯·贝林的研究不仅仅局限在人的血清上，而且通过接种羊和马产生大量抗血清而大大扩展了这一技术。每个人被割伤之后注射破伤风疫苗，或者在被蛇咬之后注射抗蛇毒血清，其实都是类似的产物，不过对不同的毒素所产生的抗血清的特异性却不尽相同。

1908 年诺贝尔奖得主保罗·埃尔利希继续在免疫特异性方面获得重要研究成果。他与冯·贝林一样，都是师从 1905 年诺贝尔生理学或医学奖得主罗伯特·科赫。科赫不仅因发现了结核菌而获奖，对科学做出了卓越贡献，他更广为人知的是科赫法则——他提出一套科学的方法验证了一种特定的病原与病害的关系。埃尔利希被誉为"免疫学之父"，他最重要的研究是关于抗原/抗体（锁匙结构）的相互作用，是一项有着远见卓识的假说。实际上在自然界有大量的抗原存在，如果实际中所有的抗原均一一对应抗体的话，将会存在不计其数的抗体。埃尔利希对免疫特异性进行大胆的推测，并发展出一套"侧链"理论来解释如此之多的抗体是如何合成

4 免疫:科学的故事

的。虽然他发现并提出的免疫特异性观点具有相当的正确性,但是他给予解释的"侧链"理论,在以后的研究里被验证是错误的。

在研究免疫特异性相关问题的同时,埃尔利希还确定自身免疫性疾病的存在,如类风湿性关节炎和多发性硬化症等。自身免疫性疾病是由于免疫系统收到错误信息后,启动生产大量针对自身抗原的 T 细胞和抗体,攻击自己的机体组织所造成的,所以被埃尔利希描述为"恐怖的自体毒性"。全面进入老龄化社会后,自身免疫性疾病愈发成为临床医学的重要难题和课题。除此之外,埃尔利希还因"神奇子弹"的化学疗法而闻名于世,获得诺贝尔奖之后,埃尔利希团队发明"洒尔佛散"(Savarsan)① 疗法,这是第一种能有效治疗梅毒的药物。1915 年,埃尔利希死于中风(不要和最近逝世的美国科学家埃尔利希混淆)。

朱·博尔德进一步阐述了整个免疫过程中抗体所扮演的保护角色,他发现了一种血清物质,命名为"补体",能够与抗原/抗体复合物结合后给予霍乱弧菌以"致命一击",为此赢得了 1919 年诺贝尔生理学或医学奖。到目前为止,我们已经知道"补体级联"过程涉及众多不同的蛋白。但按照常规,诺贝尔奖对于某一学科的亚学科研究只会颁发一次奖项,所以在以后的 8 年里,尽管在鉴定"补体"物质方面取得了大量进展,他在这个方向上也没有再次获奖。朱·博尔德建立了一套抗体与补体相互作用的体系,他把兔红细胞(RBC)注射到豚鼠中,由此引起抗体与补体互作反应消除外源兔红细胞,豚鼠在清除外来的 RBC 方面和对抗入侵微生物的方式是一致的。另外,朱·博尔德证明了 RBC 注射入其他个体后能够引发其免疫应答,这对今后的研究产生了深远影响,1930 年诺贝尔生理学或医学奖获得者卡尔·兰德施坦纳发现人类 ABO 血型系统也成为免疫学研究的重要成就之一。

---

① 这是原书单词拼写,正确拼写应为 Salvarsan。——译者注

通往诺贝尔奖之路

阿尔内·提塞留斯是 1948 年的诺贝尔化学奖得主,他创造性地利用电泳技术分析血清组分,成功地分离出了包含抗体的 γ-球蛋白。随后在蛋白质生物化学和蛋白质测序技术(弗雷德·桑格,1958 年诺贝尔化学奖得主)得到了迅猛发展的基础上,罗德尼·波特和杰拉尔德·埃德尔曼通过解析 γ-球蛋白和抗体结合区域的化学结构,揭示拥有巨大的多样性抗体库的分子基础。他们的研究彻底颠覆了埃尔利希的侧链假说和尼尔斯·杰尼(1985 年诺贝尔生理学或医学奖得主)的推测。罗德尼·波特的诺贝尔奖获奖感言公开讲述了科学延续的过程:

> 1946 年,我刚刚成为费雷德·桑格老师的研究生,在迈入科学的殿堂时,卡尔·兰德施坦纳的著作《血清学反应特异性》风靡英格兰。书中概述了大量关于抗体特异性研究领域的重要研究成果,其中大部分是兰德施坦纳个人的研究成果,还有一些其他人应用兰德施坦纳的半抗原(已经定义的小抗原)抗体法制备抗体,来抑制抗血清和结合蛋白的免疫沉淀反应。这本书还介绍了在乌普萨拉(瑞典)的提塞留斯和佩德森与在纽约哥伦比亚大学的海德堡和卡巴特的合作研究,他们发现了所有的抗体都在血清蛋白的 γ-球蛋白中,并且计算出其分子量为 150 000。这种看似有不计其数特异性的抗体,竟然属于同一种类蛋白质,使我相当震惊,到现在也是如此。

罗德尼·波特的叙述中提到了两位具有相当大的影响力的免疫学家,埃尔文·卡巴特于 86 岁高龄、迈克尔·海德堡于 103 岁高龄时逝世。尽管两位科学巨匠没有得到诺贝尔奖的眷顾,但他们毫无疑义地获得了免疫学长寿奖。

尼尔斯·杰尼和他的同事阿拉斯泰尔·坎宁安、阿尔·诺丁使用朱·博尔德的 RBC 免疫模型首次完成浆细胞在单细胞水平的研究。我们已经知道,浆细胞是抗体分泌细胞,在 B 细胞途径中处于最终分化阶段。B 细

4 免疫：科学的故事

胞的"B"用来指代法氏囊，法氏囊是鸡抗体形成细胞的前体形成的场所。之所以称为"法氏囊"是为了纪念其发现者——意大利帕多瓦大学的法布里休斯教授。他是一位与威廉·哈维同时代的解剖学家，哈维研究了心脏的结构，同时发现了血液循环系统。法氏囊在禽类泄殖腔附近，泄殖腔是禽类消化系统和尿路共用的通路。哺乳动物没有类似的器官，B细胞的前体最初是在胎儿肝脏中形成的，而后在成年骨髓中制造。

坎宁安等通过单细胞抗体的分析进一步证明了每个细胞仅产生一种特异性抗体（锁匙——对应性）。这是麦克·伯内特提出的"获得性免疫的克隆选择理论"中所预测到的结果。伯内特分享了1960年诺贝尔生理学或医学奖，尽管不是授给了克隆选择理论，但这种理论被认为是麦克·伯内特对免疫学的最大贡献。他为20世纪60年代免疫学理论的发展做出了巨大的贡献，同时他所提出的克隆选择学说和免疫耐受性成为免疫学领域的理论基础。遗憾的是，我毕生只得到过两次与他简单交谈的机会，不过他在病毒学和免疫学方面的著作对我这个年轻兽医专业毕业生的职业生涯产生了深远影响。1968年他出版了一本讲述自己人生故事的书：《变迁的时代：一部非典型自传》（海涅曼）。1991年克里斯托弗·塞克斯顿为伯内特写了一本精彩的传记《时代的种子：麦克·伯内特爵士的一生》（牛津大学出版社出版）。

尼尔斯·杰尼、乔治·科勒和凯撒·米尔斯坦三人共同荣获了1984年诺贝尔生理学或医学奖。他们找到一种能够永久保存单个抗体产生的细胞的方法——应用杂交瘤细胞方式能够无限期地延长这些细胞的生命，进而达到产生大量单一特异性抗体的目的。这是生物学领域的革命性突破，这是因为单克隆抗体（单抗）提供了一种能够将特异性与特定结构抗原精确结合且可再生的试剂。单克隆抗体已经进入商业化生产，可以通过供货商直接购买。单抗就像《罗密欧与朱丽叶》中的童话女王马布一样，小巧机灵且具有神奇的魔力，单抗的注射提供了一种对抗癌症的有效疗法。

通往诺贝尔奖之路

1987 年，可能是抗体研究领域的诺贝尔生理学或医学奖故事的最后一章，利根川进发现了产生抗体多样性的遗传学原理。他解释了抗体分子的基因编码区是如何产生这些特异性变化无穷、功能相异的蛋白质的。如果抗体领域还会继续出现诺贝尔奖得主的话，那我推测应该是直接与临床医学相关的重要发现或应用。候选人可能出现在自身免疫或癌症免疫疗法领域，或者是创造性地提出一种新的理论或发明新的技术，能够生产出对抗结核病、艾滋病或疟疾的有效疫苗。

1996 年我们赢得诺贝尔奖的原因是"在细胞免疫特异性方面的重大发现"。我希望这是诺贝尔奖最近但不是最后一次涉及细胞介导免疫学领域的突破性研究。我再次强调，与抗体研究领域一样，在诺贝尔奖的历史轨迹上，细胞介导免疫学研究有着鲜明的承接与传递过程。

很多免疫学家认为，发现胸腺功能的人——杰克斯·米勒理应出现在诺贝尔生理学或医学奖名单上。他是一位瑞士裔的澳大利亚年轻科学家。20 世纪前叶，胸腺的功能依然是史上重要的谜题之一。这个问题的突破是在 20 世纪 60 年代，当时在伦敦切斯特比蒂癌症研究所工作的杰克斯·米勒为了研究病毒诱导的白血病，切除了幼鼠的胸腺，却意外发现切除胸腺的幼鼠成年后，失去了产生 T 细胞的能力，最终丧失了有效的免疫系统。几乎在同一时间，明尼苏达大学的罗伯特·古德和他的年轻助手马克斯·库柏发现切除胸腺的雏鸡也有相同的反应。

总体上看，T 细胞介导免疫领域的重大发明和技术进步之所以赢得的诺贝尔奖，全部是与器官移植和组织移植排斥相关。区分自体与非自体的问题是由埃尔利希的"恐怖的自体毒性"开始的，延续这个主题，麦克·伯内特和彼得·梅达沃因发现"获得性免疫耐受"而荣获 1960 年的诺贝尔生理学或医学奖。来自墨尔本的麦克·伯内特提出了"免疫耐受性"的理论基础；同时英国人彼得·梅达沃进行了一些关键性的实验，证明皮肤移植过程中的排斥反应的确是由特异性免疫机制所介导的。耐受性是指免

4 免疫：科学的故事

疫系统对外源入侵病毒或者寄生虫的刺激，表现为免疫应答并最终消灭非自身抗原，同时无视（忍受）自身抗原刺激。很多免疫学家仍然致力于研究自体/非自体抗原的识别过程。从 T 细胞的角度上来讲，意味着通过上述比喻中的 T 细胞"智能水雷"辨别出自身正常圆点"移植分子，组织相容性复合物"，与此同时，区分并消除所有的外源"圆点"和自身被病毒感染修饰的"圆点"。

免疫细胞前体在胸腺里发育的过程中"学会"了免疫耐受，从而避免免疫细胞对自身抗原产生应答，自身细胞表面上都佩戴着独一无二的由圆点组成的"国旗"。将胸腺假想成为一个制度严格的幼儿园，T 细胞在这样的环境里发育成熟。任何针对自身抗原、识别自己"国旗"的 T 细胞都在进入血液之前被消除。胸腺是有点儿像古斯巴达，将有缺陷的儿童扔下悬崖。这不禁使人联想到遭唾弃的社会达尔文主义，我们要警惕将生物学理论移植到社会实践中。

尽管胸腺的职责作为 T 细胞的"法官"和"行刑人员"的功能看似凶残，但是在整个正常发育的过程里，选择性的细胞凋亡却是正常现象。许多细胞都会像我们熟悉的器官如大脑、肝脏或肾脏一样的死亡。悉尼·布伦纳、鲍勃·霍维茨和约翰·苏尔斯顿通过对一种微小环形蠕虫——秀丽线虫（C. elegans）细胞程序性凋亡的研究，共同荣获 2002 年诺贝尔生理学或医学奖。这种对策可以称为"自我牺牲"，失去了细胞凋亡将不会再有持久的生命。所有的细胞都会程序性地死亡，而且在供过于求或细胞自身损伤的情况下确实会发生凋亡，这是一个正常生理行为，用来清除那些产生了危险的突变细胞，引发癌症的一个重要原因是该自杀过程发生了障碍（详见第 8 章）。我的研究对象——"杀手"T 细胞是自杀行为的"事前从犯"。它们的作用是通过转递某些特殊的分子信号，告诉所有病毒感染细胞发生程序性凋亡。相反，某些病毒在不断的进化演变过程中产生了对这种正常免疫系统的对抗机制。

自体/非自体识别的规则是不能简单通过遗传得到的,原因很容易理解,因为我们从两个遗传背景截然不同的父母处,随机得到了不同的六个移植分子"圆点"。因此,T 细胞在任何个体的发育过程中需要重复地"学习",不论人类、青蛙、老鼠还是鸡。就像所有教育形式一样,胸腺的选择机制是不完善的,所以才会存在 T 细胞介导自身免疫性疾病,自身免疫性疾病一般只在特殊的环境下才会出现,由于偏离我们的主题有些远,这里不再讨论了。

继 1960 年伯内特和梅达沃获得诺贝尔生理学或医学奖之后,细胞免疫领域的另一项诺贝尔奖于 1980 年由三位卓越的免疫遗传学家获得。他们分别是来自波士顿的巴茹·贝纳赛拉夫,来自巴黎的让·杜塞和来自缅因州的乔治·斯内尔。这三位科学家"发现了细胞表面调节免疫应答的遗传决定结构"。这里引用的这句诺贝尔评奖语,准确地概括了贝纳赛拉夫的工作。另外两位免疫学家的主要成就在于检定移植抗原和建立遗传控制的基本法则。接下来我将详细地介绍斯内尔是怎样以小鼠为实验材料阐明这个遗传法则的,杜塞则发现有些个体在多次输血之后会产生抗白细胞抗体,这使他意识到这将完全不同于卡尔·兰德施坦纳的 ABO 血型系统,从而导致了人类组织相容性白细胞抗原(HLA)的发现。

媒体报道经常混淆血型与白细胞抗原,血型仅仅是用来区分输血过程中红细胞相容性的,这与在皮肤、肾脏及白细胞上发现的移植分子是截然不同的。人类具有出色的理解复杂事物的能力,不过在谈及自己身体功能时,即使是接受过高等教育的人也同样缺乏应有的知识。在当今信息化高度发达的社会,大部分人可以通过上网搜索以了解基础生物学知识。即便如此,在临床和日常科学报道中依然存在相当严重的错误,因此有社会责任感的媒体公司应该起码有一名称职的科学记者,在此书前面的章节我已经提出过这样的呼吁——这只需要减少一名体育专栏作家就能做到。

20 世纪 30 年代,乔治·斯内尔刚刚开始涉足免疫学之时,决定深入

4 免疫：科学的故事

研究癌症的免疫机制。他将一只小鼠的肿瘤移植给另外一只小鼠后，惊喜地发现肿瘤会被清除。他很快意识到这种迅速的免疫应答直接来源于组织相容性（H2），也就是说小鼠之间移植抗原（即"圆点"）存在着差异，而不是特异性地针对肿瘤组织的。接下来，他计划繁育出近交系小鼠，以得到遗传信息相同的移植肿瘤受体和供体，寄希望于发现肿瘤特异性的免疫应答。但是，移植排除反应在试验中如此重复地发生，他很快下定结论：自己最重要的工作是攻克小鼠器官移植系统，癌症免疫问题要留给下一代科学家来努力解释。科学领域的"一代"大概是 10 年的时间。斯内尔显然没有预见到他的决定将最后揭示免疫系统怎样战胜传染病——我们的实验设计完全是建立在他和他的同僚的研究基础上的。

斯内尔繁育小鼠品系所应用的系统回交（兄妹交配）系统，在 20 世纪早期技术上已经接近成熟。他很容易地得到了具有接受移植其他小鼠尾巴皮肤能力的纯系小鼠。马萨诸塞州的阿比·莱思罗普女士是一位教师和有"业余爱好"的农夫，体弱多病的她不得不提前退休，并通过培育观赏小鼠来支付账单。19 世纪晚期至 20 世纪早期，"宠物鼠展"就像当今"威品德犬展"一样风靡全球。如果将斯内尔奉为"现代小鼠遗传学之父"，那么阿比女士理应被誉为"小鼠遗传学之母"。当然这只是个玩笑，我怀疑他们甚至素未谋面。乔治流传于世的个人照片很多，我却仅见过一尊阿比女士的雕像，雕像中的她深沉地凝视着鼠笼顶上的一团毛皮。目前，不管在墨尔本还是在孟菲斯我们小鼠实验中最常用的 C57B1/6 品系，即阿比女士的"宠物小鼠"之一的直系后代。我很想知道得知自己的爱好在医学发现及战胜疾病方面有如此巨大的应用时，阿比女士将作何感想。

保持物种的某一特定优良性状的途径是通过兄妹交配来得到纯系。这就是为什么赫尔福肉牛只像赫尔福而不像泽西乳牛的原因。当然这也存在一些问题，养犬的人应该知晓，达克斯狗这种短腿长身的猎犬椎间盘存在问题，爱尔兰长毛猎犬患有视网膜萎缩症。过度选择某些性状会导致一些不希望出现的后果。不过在医学领域，这可能不是坏事。小鼠繁育过程中，产生类似于特定人类疾病性状的非正常表型，这为医学研究提供了非常有帮助的模型。被称为"百万小鼠"——缅因州巴尔港的杰克逊实验基地，这个斯内尔度过他职业生涯的地方，为科学研究世界提供了大量不同种类疾病的模式小鼠。经过培训的饲养员每天的任务除了喂养小鼠、清理鼠笼之外，还能把培育过程出现疾病的小鼠挑选出来，给实验室内的科学家继续研究。巴尔港位于风光旖旎的沙漠山岛中，对不介意与世隔绝的人来说，是一个适宜工作的好地方，特别是冰雪封山的冬日。乔治·斯内尔曾说过这样的话："我穿着实验的工作服寻找了30年，一次也没有穿过缅因州旅游指南中的红色羊毛外套。"

最近，转基因/基因敲除技术的发展使得疾病变种小鼠的繁育周期变短、流程加快，传统繁育变种小鼠的方法逐渐被淘汰。这种技术简单来说是在胚胎早期，使小鼠特定基因失活，然后转入异常的人类同源基因。基因改良小鼠品系的获得使得许多医学研究变得越来越容易，如我们可以通过小鼠的模型简单地检查特定突变是否会促进肿瘤的发育。转基因/基因敲除小鼠在整个医学界包括我们从事的病毒免疫学领域都具有无可替代的重要性，绝大部分人认为该领域将会出现诺贝尔生理学或医学奖。例如，病毒感染实验中，各种不能产生抗体、$CD8^+T$ 细胞或 $CD4^+T$ 细胞的小鼠品系，为免疫系统组成部分的功能研究提供了强有力的分析工具。而杰克逊实验基地也因此成为保存这些非常有价值的小鼠品系的巨大仓库。

让我们回到之前提到的简单时代——繁育和回交的传统遗传技术盛行的时代，乔治·斯内尔及他的朋友，竞争者们利用传统小鼠品系作为试验的起点，创造了一系列的遗传重组子，从而在小鼠 H2 基因复合体中分离出三个不同区域（遗传子座），与"迅速的皮肤移植排斥相关"。同源的遗传位点 HLA 在人类基因组中的存在也已被证实。深入透析 HLA 体系不仅能够明确人类 T 细胞的工作机制，更重要的是几乎对所有医学领域的艾

4 免疫：科学的故事

滋病、癌症、自身免疫性疾病及器官移植的免疫排斥都有非常重要的指导意义。假使没有实验小鼠工作基础，阐明人类 HLA 器官移植系统的细节和功能都将变得难上加难。小鼠是医学研究的英雄之一。

巴茹·贝纳赛拉夫利用化学家保罗·毛雷尔人工合成的抗原，最开始在普通的豚鼠（杂合）身上进行了各种试验，他发现有的豚鼠可进行 $CD4^+T$ 细胞应答，而有的不能。这个系统是史上第一例由单一显性基因控制的免疫应答。就像命中注定的一样，著名的群体遗传学家和进化理论家休厄尔·赖特恰好在这时繁育得到两个纯系豚鼠，使得巴茹能够迅速证实免疫应答基因（Ir）的基因功能。斯坦福大学的休·麦克德维特利用小鼠很快将 Ir 基因定位于 H2 复合体，虽然不是之前推测的与迅速移植排斥位点相关联的位点。由于小鼠遗传学的发展为该领域提供了更为精密和明确的分析工具，接下来的工作进展得相当顺利。贝纳赛拉夫是一位精明的科学家，他很快转向更为高级的小鼠模型系统。

大多免疫学家可能不愿意成为 1980 年诺贝尔奖评审委员会委员，但是因为规则规定单个奖项最多只能三人同时获得，这意味着其他提名者将与诺贝尔奖失之交臂。英国科学家彼得·戈尔运用抗体应答的方法定义小鼠的 H2 免疫系统，但因为辞世没有参与奖项的竞争。除了上面提到的麦克德维特，德国遗传学家简·范·鲁德因其在 HLA 研究领域做出的突出贡献，也是一位有力的竞争者。在这种情况下论文发表的时间优先性成为判断的最终依据。"因此，刻意隐瞒个人发明或发现实非明智之举。"

临床移植医师约瑟夫·E. 默里（Joseph E. Marray）和 E. 唐纳尔·托马斯（E. Donnal Thomas）共同荣获 1990 年诺贝尔生理学或医学奖，"为了表彰二人开创性地使用器官和细胞移植手段治疗人类疾病"。约瑟夫·默里首次成功地完成了人类历史上第一例肾脏移植手术；唐纳尔·托马斯则是骨髓移植手术的先驱。后者在以大剂量药物和放射性疗法破坏癌症病人的免疫系统和骨髓之后，通过骨髓移植的方法重建这些系统。器官移植，特别是在免疫抑制药物的出现后已经成为一项常规程序；而骨髓重建也成为主要癌症研究医院的标准流程。

在詹纳给詹姆斯·菲普斯接种"牛痘"开创了现代免疫学的全新一页的 200 年后，我和罗夫·辛克纳吉共同荣获诺贝尔生理学或医学奖，获奖理由在于我们详细深入地阐述了淋巴细胞脉络丛脑膜炎病毒（LCMV）的细胞免疫应答反应。LCMV 这种病毒是一种非常奇特的病毒，在未建成有效免疫系统的刚出生的小鼠中，它能够引起持久但无表征的感染，小鼠在临床中也没有任何表型；但它对免疫系统完善的成熟小鼠却具有强烈致死性。罗夫抵达堪培拉之前，我已经开始这样假设：免疫 T 细胞在消灭中枢神经系统的病毒感染细胞时，也会摧毁自己的组织，引起小鼠的死亡，这种 T 细胞介导的破坏现象后来被称为免疫病理性。我的假说在 LCMV 研究领域逐渐流行。正如越南战争中我们的理念一样："拯救必须首先破坏！"

正常血浆中的蛋白质远远高于大脑脊髓液（CSF）中的蛋白质水平，浓度差异由被称为"血脑屏障"的结构来维持，然而，一旦抗 LCMV 免疫 T 细胞杀死血脑屏障中的病毒感染细胞后，血液中的蛋白质就可以穿越阻碍进入 CSF，CSF 中蛋白质浓度的上升直接导致内外渗透压不平衡，使得更多的液体进入到中枢神经系统，最终引发急性脑肿胀。这和车祸中人类大脑出现严重损伤，颅骨骨骼被外力挤压而出现急性的脑肿胀一样会导致死亡。我曾于爱丁堡大学作为一名神经病理学家对大脑和脊髓疾病进行系统化研究，这为我从事淋巴细胞脉络丛脑膜炎（LCM）实验工作夯实了理论技术基础。

罗夫来到澳大利亚本来是想和鲍勃·布兰登一起从事细菌免疫学研究的，不过恰逢鲍勃实验室人满为患，罗夫最后与我共用实验室。罗夫性格外向，喜好歌剧，与鲍勃的音乐爱好相去甚远。我还记得罗夫曾经表演过由莫扎特作曲的《费加罗的婚礼》中凯鲁比诺演唱的歌曲（还算差强人

4 免疫：科学的故事

意，只是用男低音来演唱失去了原作中女声的优雅感）。与罗夫志趣相投，我也是歌曲和古典音乐的爱好者。然而在科学问题上，我们偶尔会彼此争执。在瑞士巴塞尔，罗夫师从杰出（但非常谦逊）的苏黎世免疫学家让·林登曼，林登曼第一次发现了干扰素。完成学业后，罗夫搬到洛桑，接受另外一位著名瑞士细菌免疫学家亨利·埃斯莱克的指导，进行了短期的细菌免疫学（以兔子为材料）研究。多年以后，罗夫继承了林登曼的衣钵成为苏黎世顶尖的免疫学家。

言归正传，经过一番讨论，我们两人决定在 LCMV 研究中合作。我们将罗夫在洛桑使用新型细胞毒性 T 淋巴细胞（CTL）的检验方法和我的 LCMV 模型结合。这种新型 CTL 检验方法（当时还不叫 CTL）可以测定 $CD8^+$ T 效应细胞的功能。我们从 LCMV 感染小鼠脑髓液中回收"脑膜炎"细胞，分析其中 $CD8^+$ T 效应细胞的反应水平，第一次试验就非常成功地验证了我们的假说，大量"效应"$CD8^+$ T 细胞从血液迁移到了大脑，就像小玻璃试管进行的 CTL 检测中杀死病毒感染培养细胞一样，摧毁病毒感染的 CNS 细胞。这是我与罗夫的首次合作，我们的论文发表于 1973 年洛克菲勒大学著名的《实验医学杂志》上。

LCMV 研究领域的首席科学家，任职于加利福尼亚州拉贺拉市斯克里普斯研究所的迈克尔·欧德斯顿，曾与休·麦克德维特和格雷厄姆·米切尔合作并发表对我们的研究非常有启发性的论文。格雷厄姆·米切尔是杰克斯·米勒的得意门生，毕业后一直在斯坦福大学跟随麦克德维特教授工作。他们所发表的论文里提到一种 H2 相关的"Ir 基因"，在 LCMV 免疫病原性模型中可能有重要作用。我与罗夫决定用我们的 CTL 检验法来验证存在这种可能性，以在移植排斥研究中用的一系列 H2 基因的小鼠品系为研究材料，感染 LCMV 后我们考察了 H2 相关基因对 CTL 应答的影响。

实验结果非常出人意料，我们发现 LCMV-免疫细胞竟然仅仅是杀死具有相同 H2 抗原的感染病毒小鼠的细胞。这让我们欣喜若狂。在此之前，

通往诺贝尔奖之路

我们阅读了很多巴茹·贝纳塞拉夫的论文,以为我们所做的研究与巴茹的工作在很多方面有相似之处。但即使我们的工作是重复巴茹的研究,由于我们的研究涉及病毒的"真实世界"而非人工合成抗原,这也注定了这样的实验意义是重大的。最终的实验结果与开始所构想的截然不同,这将为免疫学史翻开崭新一页。附录1的论文是我们于1974年首次在《自然》杂志上发表的文章,该篇文章的发表要感谢英国首席免疫学家约翰·汉弗莱,是他将我们的论文推荐给了《自然》杂志的编辑,第二篇论文也接踵而至。我们两人合作在《自然》杂志发表了该研究相关的四篇短文。

我与罗夫紧跟这一幸运的发现,迅速收集所有能够得到的小鼠品系。在堪培拉恰好有一个突变体——A/J突变体,这个突变体系的获得可以帮助我们定位急性移植排斥中与T细胞识别相关的位点。A/J突变体本来是AJNTU的一位动物学教授用来进行一项规模庞大的鼠类"自然"进化实验的材料,他的一位研究生从繁育克隆群体里"转让"几只"多余"的给我们作为实验材料。我想他可能至今为止也没有意识到小鼠曾经"被盗"。在澳大利亚的文化中,偷鸡摸狗这一类事时有发生,毕竟澳大利亚这个国家最初就是由流放囚犯建立的,其中一些人是罪犯而其他人是罪犯中穿军装的。不管怎样,这些"借来"的小鼠成为我们实验成功的关键因素。又是一篇《实验医学杂志》的论文发表!这之后的一年半时间里,我们又进行了大量的实验,特别是利用了美国斯内尔和他的高徒们构建的一系列H2的遗传重组体。

对A/J突变体的遗传分析表明,该影响位点在小鼠H2基因复合体中的定位与以往贝纳塞拉夫、麦克德维特及其同事的研究模型相去甚远。这个结果让人激动万分,这意味着我们开拓了一个全新的领域。确凿的证据让移植领域逐渐转变了方向。H2抗原的关键性生物功能并不是在器官移植过程中被识别为外源抗原,而是被自我监控系统——"免疫监视",识别并排除异常的细胞,如被病毒感染的细胞。这成功地解释了生物学领域

4 免疫：科学的故事

一个重要难题。就像前文中我给大家讲的故事一样，直到我们的发现公之于世，全世界范围对移植排斥现象的存在还没有一个合理的生物学解释。免疫学领域的先驱——麦克·伯内特、尼尔斯·杰尼及乔治·斯内尔都提出过各自的假说，但是没有一人猜到了正确答案。

由于我们一直在研究病毒感染细胞，而病毒会掠夺正常细胞的功能，这让我们立即意识到病毒可能会通过某种途径来修饰自身的 H2 抗原。因此，我们提出这样的理论：$CD8^+$ T "杀手"细胞通过单独 T 细胞受体与"改变的自我"相互作用，识别的可能是病毒和 H2 的复合体或病毒诱发的 H2 移植蛋白改变的东西（详见附录 2）。巴茹·贝纳赛拉夫与休·麦克德维特共同发现的 Ir 基因对 $CD4^+$ T 细胞效应，可以简单地解释为有些外源病原体无法与特定的 H2/HLA 抗原分子正确结合。最重要的是，我们阐明了为什么效应 $CD8^+$ T 细胞识别并攻击的是被感染细胞（通过识别细胞表面修饰化的移植分子），而非自由病毒粒子（缺乏这些结构）。正如诺贝尔授奖致辞中所提到的，这成为探求"细胞免疫防御体系"的基础。尽管我与罗夫工作只有不到三年的时间，但是之后我们共同署名发表了相当数量的论文和综述。那段时间是超强度的工作，我们沉迷于实验，夜以继日地工作。对彭妮和凯瑟琳来说，这是艰辛困难的岁月。凯瑟琳和彭妮不仅有自己本职的工作，还要照顾年幼的孩子们和两个"疯狂"的丈夫。罗夫和凯瑟琳的儿子马丁出生于堪培拉，彭妮在帮凯瑟琳照顾安内利斯和蒂妮之外，还要照顾我们年幼的儿子吉姆和麦克。虽然我们的全家福照片有很多，但是几乎没有拍摄于那个特殊时期的。这也从一个方面反映出，我和罗夫在那段日子里几乎没有时间顾及家庭。所以，我们要感谢女士们的仁慈宽厚，是她们的任劳任怨成就了两个家庭的幸福美满。

对于任何有资历的科学家来说，如果隔壁的两名聒噪且不谦虚的"年轻鼠辈"在科学上有了些许发现，心情都会有些沮丧。我们占用了大量的资源，长期占用实验中心有限的 γ-计数设备用于实验中的定量分析。从理

论到实验，一切都进展得很快。罗夫做了所有的实验室工作，我的责任是写文章和做动物试验。现在回忆那段日子，我们两人在实验室就像心有灵犀一样，都完全陶醉于科研的乐趣里。对我们来说，最幸运的是研究所尊重我们独立的工作，排除了所有外界干涉。追溯那段岁月，确实是在一个特别的地方度过的特别日子！尽管这段时间相当短暂，尽管在漫长的科研生涯里，我有更高的成就和无数的惊喜发现，但是对我来说，这段日子是不可替代、无可比拟的。

20世纪70年代中期，我们所提出的"单TCR/自体改变假说"在当时并不流行，成为时代的"异说"。很多年以来，绝大多数的免疫学家都认为存在两种TCR：一种用来识别病毒组成成分，而另外一种用来识别H2抗原。有些人的实验似乎能够支持两种受体的假设。真理最终浮出水面后，一些人由于曾经发表过错误言论而自暴自弃，而其他人只是耸耸肩，沿着更加成功的道路继续前进。免疫学是一个如此复杂的领域，并不会对错误地解释生物原理有什么特殊的惩罚，尤其是对建立在相当具有挑战性的实验系统上的理论来说，错误是在所难免的。

"单一抗原受体自体改变"理论的证明是在20世纪80年代中期，马克·戴维斯、麦德华和其他人证实了T淋巴细胞表面确实会表达单一的双链T细胞受体，与抗体分子结构相似，这将会得到诺贝尔奖的青睐吗？阿兰·汤森德通过实验表明关键"非自我成分"（前面提到的曲线）是源于病毒蛋白的多肽。哈佛结构生物学家帕米拉·比约克曼、唐·威利和杰克·斯特罗明格发现，在人类白细胞抗原分子（圆点）的凹槽中存在的一个"拖影"，与汤森德证实的"非自我"肽一致，更进一步证明了我们的假说的正确性。"单一抗原受体自我改变"模型最终定义于1996年，斯克里普斯研究所的伊恩·威尔森和哈佛大学的唐·威利发表了TCR-H2（TCR-HLA）复合体蛋白共结晶的结构分析三维图。也是在那一年，我们成为诺贝尔奖的宠儿。T细胞识别的本质被刊登在澳大利亚科学院设计的

4 免疫：科学的故事

海报上，用来向一些非专业大众读者普及当年诺贝尔奖的基本研究。

我们通往1996年诺贝尔奖的研究轨迹是非常典型的：在成长的过程中，受到前辈们精心创造的知识体系和技术准则的熏陶。我很早就为麦克·伯内特的免疫与传染病著作所深深吸引。杰克斯·米勒、罗夫·辛克纳吉和我都相继就职于伯内特在澳大利亚创建的免疫学研究所。几乎所有获得诺贝尔奖的科学家所应用的实验技术和方法都建立在前辈们早期创立的理论基础上，当然，幸运还是会眷顾一些"命运的宠儿"。如果没有乔治·斯内尔这样的实验小鼠遗传学家，罗夫和我是无法探求到如此丰富的科研成果的，对T细胞免疫的研究也必然会延误一二十年。还要特别强调一点，诺贝尔奖会颁发给在某一领域做出巨大贡献的个人，然而，某一特定发现从开始到最终被接受并纳入普通科学体系还需要后来人作更多的努力。

自1901年设立诺贝尔奖以来，17位专业免疫学家名副其实地获此殊荣。盛大的免疫学会议平均每隔三年举办一次，超过5000多名来自世界各地的免疫学家们汇聚一堂，交流、分享经验教训。这是一个充满活力的领域，值得回答的问题是，免疫学在过去的大概几百年里到底为人类做出了什么贡献，而今后它的路又在何方呢？

毋庸置疑，免疫疫苗接种是免疫学史上对人类做出的最大贡献。19世纪末，发达国家的家庭规模远远超过当今社会。其中一个最主要的原因应该是婴儿存活率很低，众多婴儿死于现代医学领域可预防的疾病；其他的则受到小儿麻痹症，或者因麻疹导致的失聪等疾病的威胁。很多十几岁的青少年因为患有亚急性硬化性全脑炎（SSPE）而丧失年轻的生命。SSPE由一种缺陷型麻疹病毒引起，这种病毒早期潜伏于大脑细胞中，后来经过激活而重新出现，导致寄主瘫痪和死亡。SSPE在很多疫苗普及程度较好的国家里已经绝迹。如果西方国家的父母们没有那么多宗教信仰或是对疫苗的抵制，那么将会有多少无辜的婴儿可以免于白喉、百日咳、小儿麻痹症或麻疹的侵扰啊！当然，未能进行疫苗接种引发了关于信仰和社会责任方面的问题，尤其是对没有接种麻疹疫苗的幼儿给予保护，主要取决于"群体"免疫力能够保证这种病毒不在人群中传播。苏联解体后，东欧新独立的国家疫苗接种率下降到50%以下，引发了大范围的白喉疫情。

谈到疫苗时我们确实可以给出一些成功的案例，但是我们仅仅是解决了容易的问题。新的疫苗技术在发展，比如反向遗传学方法可以更为迅速地生产流感疫苗，遗憾的是，这些新的技术只能提供现有疫苗的加强版。免疫学最大的挑战是，在发展中国家存在的疟疾和肺结核病每年威胁着成千上万人的生命，而我们却束手无策。艾滋病病毒正摧残着无数的生命，而我们却无计可施。这些传染病有一个共同的特点，诱导免疫反应的病原产物处于"潜伏"状态，而不能有效地激活免疫应答，随之而来的是免疫系统的彻底崩溃。我们可以找到了症结所在，不过如果想要最终解决问题，还需要理念和技术上更大的突破和进展。

现代社会的人们无法想象生活在一个不能正确输血的世界，而成功的输血实验由卡尔·兰德施坦纳完成于20世纪前半叶。组织器官移植的历史可以追溯到古埃及，然而肾脏、心脏、肺和肝脏移植的成功与免疫学原理的突破性进展是相辅相成的，尤其是与细胞介导免疫学在过去50年的迅猛发展不可分割的。如何使人类能够在组织器官移植过程中不再需要持续性地使用免疫抑制药物，建立对移植器官的免疫耐受能力，成为器官移植领域的"圣杯"。美国国立卫生研究院（NIH）为此资助建立了庞大的"免疫耐受网络"，正是朝这个方向的努力。从理论上讲这应该是可能的，但显然我们还没做到。

移植领域另外一个热点研究课题是器官移植手术中使用其他物种的组织器官，很明显人类器官是相对匮乏的。应用遗传工程的方法，使猪的细胞表面不再表达某些引起移植排斥的分子。这种排斥不是免疫介导应答，但也简单反映出猪和人类之间的基础分子相容性。这个研究领域最大的疑

4 免疫:科学的故事

点在于,潜伏于猪体内的病毒是不是会伴随组织移植而在人类体内寄居并广泛传播,就像HIV这种来自于黑猩猩的病毒,目前已经在全球范围流行一样。我个人认为这样的情况几乎不会发生,当然也需要密切的监视。因此,假如将猪器官移植到人体变为现实,那么对于那些不喜欢猪的人,信仰与生存之间的抉择将让人拭目以待。

流 感

最严重的传染性疾病是流感,20世纪最骇人听闻的致命流感病毒暴发于1918~1919年,导致2000万至1亿人口的大规模死亡,死亡人数区间范围如此之大,反映出当时发展中国家缺乏专门的统计机构。当前,我们依然处于高度恐慌之中,而且可能局面会更糟糕。当今社会,借助喷气式飞机的出现,世界各地之间的交流日益密切;世界人口的数量也比过去增加了至少两倍,也使流感病毒的传播更为容易和迅速。这将成为明天突如其来的灾难。约翰·巴里的新书《大流感》用通俗易懂的语言讲述了1918~1919年的流感灾难,同时对流感带来的政治和社会影响给予了深刻评论。

现在的问题是:主要引起世界性大流行的甲型流感病毒可以在相当广的物种之间传播,从鸟类可以传染给马、海豹、猪、人,甚至更多其他的种群。虽然这种病毒属于广宿主病毒,但是对它们来说,依然是对初始宿主最具威胁性和传染性。近些年,亚洲国家正在饱受H5N1禽流感病毒的困扰。这种H5N1流感病毒传染性很强,发病突然、死亡迅速,是一种高致病性流感病毒。流感病毒命名中的"H"代表"血凝素","N"代表神经氨酸苷酶,这是两种存在流感病毒的表面抗原,可以被标准疫苗接种程序引发的保护性中和抗体识别。H5N1病毒具备自然传染给人类的能力,会引起感染者半数以上的死亡。幸运的是，这种病毒在人与人之间的传染性很低。

那为什么我们还会如此关注流感病毒呢？流感病毒的遗传物质由八个独立片段组成。举个例子，比如人或猪的肺细胞同时被禽流感 H5N1 和人 H3N2 流感病毒（香港流感病毒）感染，那么最终会出现一种"重新包装"的病毒，遗传物质部分来源于禽流感，部分源于人流感病毒。而像越南和柬埔寨这样的国家，严重缺乏人流感病毒疫苗接种，大批人畜与 H5N1 感染的禽类又生活在拥挤的院落里，那么这些高危人群很有可能成为新病毒大暴发的导火索。

由于人体内没有天然存在 H5 或 N1 的抗体，能在人体内生长传播的 H5N1 病毒将对人类健康构成非常大的威胁。历史上类似的事情已发生了多次：1968 年 H3N2 流感病毒大暴发实际上起源于一种鸭病毒。H3N2 病毒在中和抗体等选择压力下会产生相当多的变种（所谓的抗原漂移进程）。从 1968 年开始，每隔两年 H3N2 的变种都会引发全球性流感，在暴发季，2 万～4 万名美国人死于流感。毫无疑问，达尔文的进化论在流感病毒和艾滋病病毒的研究中得到了完美的验证。

我们将如何应对这严峻的考验？关键的问题在于我们无法预知 H5 变种在人类中将会出现怎样的"漂移"。使用相近的疫苗也许不能够使人类免于流感侵袭，但是有可能为人类提供一定的保护。应用新型反向遗传学策略，在实验室中把标准毒株中 H、N 基因用 H5 和 N1 变种替代，使用这些遗传操作过的产物来生产大众所熟悉的标准甲醛灭活"流感疫苗"。不过这种遗传修饰生物，作为首次对人类应用的新型病毒疫苗，需要经过全新的许可过程。

然而，即使新型疫苗得到许可，新的问题是能否在短时间内获得足够的设备来使这些疫苗产品化，及时满足需求。还有另外一种我们称之为"设计药"的治疗防御措施——瑞乐莎和达菲，这两种药物的靶蛋白是流

4 免疫：科学的故事

感病毒 N 蛋白。以澳大利亚为首，很多国家大量储备达菲。然而，从储藏的开销、药物有效期和流感暴发的概率等因素综合起来看，大多数的国家储藏量很有可能并不足以救治所有患者。

至今，我们有了科学技术的强有力的武器来对抗流感大灾难的突然暴发，这与 1918~1919 年面对流感时有了很大的不同（1933 年，我们才分离出第一株流感病毒）。即便如此，根据最近一份世界卫生组织的报告预测，在疫苗能够正确制造、接种的情况下，仍然有接近 7000 万人的生命悬于一线。面对流感疫情，未来还有很多的不确定性。

单克隆抗体——神奇的单抗，有着非比寻常的重要价值，广泛应用于各种生物学的标准化检测，以及各种快速简单的医学临床诊断中。这些诊断及标准化试验，大部分应用了罗莎琳·雅娄发明的免疫分析技术（最初是用来测定血液中低浓度的荷尔蒙）。我的个人研究经常用到单抗，以确定免疫 T 淋巴细胞表面各种蛋白的表达，并通过流式细胞仪得到鉴定和分离 T 淋巴细胞。科学家正在努力将单抗与电子学紧密联系起来，希望研制出由生物学和物理学组合起来的纳米设备（芯片等），微型生物仪器将应运而生。

沿着先驱冯·贝林一个世纪之前开创的抗体治疗道路，"人源化"遗传单抗越来越多地被应用于癌症的治疗。赫塞汀、美罗华和阿瓦斯丁等单克隆抗体的药物如雨后春笋逐渐占据市场。这一领域在未来几年将得到长足发展。一旦单抗与肿瘤在分子水平相互作用的本质被阐明，那么随之用化学方法设计和生产小分子"模拟物"也就成为可能。这是理性药物设计领域的一个关键所在，我将在第 8 章中详细论述。

免疫学的发展使我们能够对多种自身免疫性疾病，比如多发性硬化症、全身性红斑狼疮（系统性红斑狼疮或狼疮）、重症肌无力（即严重的肌肉衰弱）等有更深入的认识。举例来说，我们知道，重症肌无力是由自身抗体对体内神经肌肉传递通路中的乙酰胆碱受体产生应答，而引起皮肤粗糙和变红的红斑狼疮则归因于自身抗原/抗体复合体的沉淀。我们了解的这些信息并不意味着这些疾病已经被攻克。利用单克隆抗体中和肿瘤坏死因子（由自身免疫 $CD4^+$ T 细胞分泌的一种淋巴因子）对治疗部分患有风湿性关节炎的病人很有效果，但对另外的人群则没有效果，目前我们不清楚失败的原因。尽管我们已经在多发性硬化症的研究中做出巨大努力，但是对免疫 T 细胞的靶细胞具体位于大脑哪个部位却还无法证实。自身免疫领域的研究任重而道远！

利用抗原特异性的 $CD4^+$ 和 $CD8^+$ 细胞的肿瘤免疫治疗，是当今众多活跃研究的焦点之一。在圣·裘德儿童研究医院，有些病人因癌症治疗而处于高度的免疫缺陷状态，通过移植部分 HLA 匹配的骨髓，可以恢复他们的造血系统及免疫系统。但后面的治疗需要经历数月，在此期间，一部分非常敏感的儿童由骨髓捐献者携带的 EB 病毒感染而引起了致命性淋巴瘤。克里昂那·鲁尼、海伦·赫斯洛普和马尔科姆·布伦纳（分别来自爱尔兰、新西兰和英格兰）找到了这个问题的解决方法，他们从骨髓捐献者中扩增纯化的对 EBV 反应 T 细胞，将其转输给即将进行或已进行过骨髓移植的受体儿童。从广义上讲，同样的方法对清除成人体内的固体肿瘤效果并不理想，不过黑色素瘤则成为一个成功的例子。目前面临的一个巨大挑战，即是解决治疗效果为什么会因人而异的问题。

老龄化免疫力毫无疑问是一个越来越受关注的研究领域。随着老龄化时代的到来，人体免疫力下降，传染病的威胁也就越来越大。SARS 肆虐期间，老年人死亡率远远高于平均水平。流感病毒最容易侵袭两大人群——没有任何病毒感染经历的儿童和体质虚弱的老年人。从 55 岁起应该每年接种流感疫苗。流感因为经常悄悄夺走孱弱多病、生活质量低下的老人的生命，过去常常被称为"老年之友"。带着呼吸道感染的孩子去看望奶奶，后果可能不堪设想。即使孩童时代的奶奶也曾经受到呼吸道感染的侵扰自身产生了抗体，而且她的子女也曾经感染过呼吸道合胞体病毒而

4 免疫：科学的故事

使奶奶再次接触病毒产生免疫记忆，但是多年以后，她的免疫记忆细胞行动会变得很缓慢，不能迅速对抗原应答，从而将会导致灾难性危机。为了让越来越多的老年人能够享受快乐、高效又丰富多彩的生活，我们会竭尽全力找寻能促进和保持高效的免疫记忆力和免疫保护力的方法。无论是对何种年龄段，保持持久高效的免疫记忆力也是当今疫苗发展策略的另一个焦点。

除了我所提到的各种医学应用外，还有很多有趣的基础概念问题等待解答。其中一个最让人费解的问题是：免疫系统怎样维持相对恒定的大小？与大脑本身被头盖骨密封不同，免疫细胞遍布全身且移动迅速，而整个系统却保持相对的平衡。免疫力的调节还远没有被解析清楚，尽管众多实验室都将其视为工作重心，尤其是那些沉迷于哮喘和自身免疫性疾病的研究者。

毫无疑问，在新的技术推动下，在不断涌现的各种新兴领域（如成像、生物信息）的带动下，免疫学世界必然会有更多发现和实质进步。我们也同样完全确信，假如 21 世纪末有人总结了过去 100 年免疫学的发展史，作者在书中一定会说"当时他们根本不知道有多少问题，更不用说问题的答案了"。生物学本身是异常错综复杂的，而免疫学又是生物学中最为错综复杂的领域。引用丘吉尔的话就是——"我们才到达起始的终点"。

5 个人的发现与新的使命

与摇滚巨星们不同,诺贝尔奖获得者逛街去买一杯牛奶、一包炸土豆的时候是不会成为记者和路人围追堵截的对象的。然而,他们做出了选择,并且在更加重要的方面找到了自我价值表达和实现的方式。时间永远不够用啊!在诺贝尔奖项宣布的瞬间,立即有许多支持者用"宠儿"来形容我,与此同时,另外一些更值得关注的团体,尤其是科学教师和科学的传播者们向我寻求帮助和支持。我在与各种各样的社会团体接触和交流过程中陷入了深深的思索,我决定把今后的工作重心转移到更加有益于社会的事业上。

科学实验依然是我工作的重中之重,我年轻的同事们在实验中取得的任何进展和有趣的数据都能让我兴奋不已。我仍然在科学发现的荆棘之路上长途跋涉。但在某个阶段,我将退出实验室工作,这要由我的智力和精力而定,我将把余生奉献给遥望海浪或者描绘科学的"宏伟蓝图"。艾滋病和流感是困扰人类之两大难题,如果有一天我感觉自己力不从心,在解决这两大难题的研究中不能发挥重要的作用时,我将"急流勇退"。长期以来我一直奉行的理念,打个比方来说,那就是资深科学家应该找个合适的机会把自己的移液器永远地悬挂起来,就像"辛辛那图斯"帝王一样,力挽狂澜拯救了罗马之后,归耕田园。没有人是必不可少的,我经常会向

5 个人的发现与新的使命

我的同事们询问自己是不是已经过了"保质期"。资深科学家们(如同政治家们一样)有时会因为走得太久而失去了(科学)洞察力:年龄会给我们敏锐的思维带来无法避免的灾难。

尽管我已经不再担任圣·裘德儿童研究医院(位于孟菲斯市)的免疫系主任,但还是在那里保留了一个小小的活跃的实验室;同时,在墨尔本大学的实验室研究方向却与之截然不同,这样我可以在不同研究方向上尽情地享受科研生涯。就像我之前所说,每一个研究机构都专注于自己特定的研究方向。墨尔本大学与很多北半球的研究机构及澳大利亚的其他研究机构一样,是一个高水平的研究型机构。但是,"圣·裘德"是独一无二的。这家私立的儿科研究医院促进了临床和实验科学的顶尖医学的研究。来自美国各州和全世界其他国家患有绝症的儿童在这里得到治疗,这些儿童有很多来自俄罗斯、中东地区及南美国家。

众所周知,"圣·裘德"是绝望处境的施援圣人,这所医院以"圣·裘德"的名字来命名最恰当不过,已成为带给患有潜在生命危险疾病的儿童美好生活的希望。不仅如此,从另外一个小的视野来看,这样的机构也进一步促进了一些宗教信仰和国际协议在全球范围的发展。圣·裘德儿童研究医院的创立者——丹尼·托马斯是一位黎巴嫩裔美国籍的天主教信徒,他同时是一位著名的电视演员和制片人(《哥里干岛》《戈默·派尔》《安迪·格里菲斯秀》);圣·裘德儿童研究医院也只能在 20 世纪的美国得到良好的发展。任何怀疑美国普通民众的慷慨与善良的人都应该到这所医院来参观。

不论这些病患的儿童是否有医疗保险,这所医院都会为之提供免费的治疗。在美国,一个持久的、严重的社会问题是有 4000 万居民没有医疗保险,其中包括很多家里有孩子的工薪家庭。在澳大利亚和欧洲存在有覆盖全民的基本医疗保险体系,因此生活在澳大利亚和欧洲的人可能无法理解这样的现实,一个如此信仰基督教的国家为什么能容忍这样的悲剧发生呢？一部分的原因来自于美国人对于个人自立的热忱，对像英国国家健康服务机构实施的"配给"方式的医疗保健体系的不屑。另一部分原因是庞大的政权和共同利益的驱使，在这种情况下，以营利为目的医疗保障组织日益统治了美国公众的观念。

圣·裘德儿童研究医院不仅为年幼的患者提供免费治疗，还承担陪同人的旅费和住宿费，与此同时为亲属提供心理咨询和治疗，诸如此类的开销相当可观。这所医院有一个专门募集善款的基金机构，2004年，募集基金总额超过3500万美元。诺贝尔奖的获得让我有机会在电视及其他公共媒体中"抛头露面"，帮其募集到更多的善款来用于这所医院的建设和发展。毋庸置疑，我会投入全部的热情并为之奋斗终生。

同时我也积极地参与为其他儿童医院和儿童疾病研究机构募集基金，包括位于墨尔本、悉尼、佩斯等城市的类似机构。当然，这需要很多时间。从长远来看，我今后的主要目标在于尽我最大的能力来改善儿童的医疗环境。也许在他人看来，这是无关紧要的，世界上的财富都被权高位重的人掌握着。成年人有选举权，而儿童没有选举权——尤其是来自贫穷家庭的儿童。在这个民主的社会，儿童却极少有话语权。儿童的存在似乎仅仅是为了维持社会文化的发展，并转移他们的想法，从眼前的利益转移一部分到身后遗留的问题上来。

为动物健康和兽医谋求公平的待遇成为我的第二使命。我获得诺贝尔奖的消息宣布之后不久，来自法国阿尔福尔市法国兽医学校的查尔斯·皮莱特教授主动同我取得联系，对我成为历史上第一位拥有兽医资格的诺贝尔奖得主表达感言。事实确实如此，而随后在全国及全球的兽医会议上，我发表了演讲，并且在很多兽医学院的毕业典礼上致辞。与我的学生时代不同的是，以往粗犷而干练的男性为主的班级已经被时尚成熟的女性主体所取代。

从20世纪80年代中期到1992年，在肯尼亚首都内罗毕，我以在国际

5 个人的发现与新的使命

家畜疾病研究实验室（是国际家畜研究所的前身，简称 ILRAD 或 ILRI）董事会成员的身份接触了兽医学分支——热带动物健康专业。国际家畜研究所的使命即是寻找非洲家畜主要寄生虫病的解决方案，这些寄生虫病能使家畜体力衰弱进而死亡。非洲有句俗语叫做"如果家畜死去，人类也会死亡"。在 1998 年 4 月，我重返内罗毕为 ILRI 做新闻宣传时，有幸结识了一个主要由非洲研究生和博士后组成的年轻有为的小组。成为科学家的经验之谈都是千篇一律：不管他们是非洲人、高加索人还是亚洲人，全部表达了对于思想和发现同样的兴奋感和责任感。我认为，只要能够提供公平的教育机会、充足的研究经费和研究平台并远离政治干扰和腐败，毫无疑问，强大的科学群体在任何国家都可以建立起来！

"未来收获大使"也是我引以为豪的头衔之一，由总部位于华盛顿的管理机构"国际农业研究咨商小组"（CGIAR）发起的 ILRAD（或 ILRI）项目，旨在提高世界上贫困国家的粮食供给。我的大使同事中包括三位诺贝尔和平奖获得者——吉米·卡特、诺曼·布劳格和戴斯蒙德·图图，同时还有环境学家和动物福利倡导者比利时王子洛朗、约旦王后努尔、摇滚乐队"胡蒂和河豚"（Hootie the Blowfise）及穆罕默德·尤努斯。穆罕默德·尤努斯是伟大的孟加拉国乡村银行的创始人和首席执行官。乡村银行找到了一条能够有效缓解贫困的道路，即为贫困家庭提供"无抵押"的小额贷款。230 万贫困人口获得了超过 20 亿美元的贷款，其中大部分受助者为非常贫困的妇女。尤努斯的工作告诉我们怎么能做得更好，最有效的方式是帮助人们自力更生改变现状，使生活变得富裕和美好（如果这些大使能有机会真正在一起共事将会是一段有意义的经历。虽然这很难实现，但每位成员在缓解饥饿、贫困和由此引发的传染病联动问题上尽力发挥各自不同的作用。本书的出版也是行使大使职责的一个方面，不过，在应答政府首脑时，真正的外交大使们往往在言辞和行为上会更加谨慎）。

除了一般意义所指的科学和学术世界，特别是免疫学领域，另外让我毕生奉献的即是我的祖国澳大利亚。我一直保留着澳大利亚国籍和情感，就像丹尼·托马斯曾经说过的："否认自己血统的人即是没有血统的人。"1996年11月，我早已承诺安排去墨尔本参加我们的大儿子吉姆·杜赫提与凯特·费希尔的结婚典礼，二人均是受墨尔本大学教育出身的律师。但是，刚刚当选总理的约翰·霍华德得到我的获奖消息之后，便与反对党代理领袖加里斯·埃文斯在澳大利亚庄严而宏伟的新国会大厦共同主办了一次隆重的招待会，在这座雄伟建筑的高雅宴会厅里，一起招待了所有能够如期到达堪培拉的澳大利亚资深科学家和国会议员。这是政界要人与科学家的第一次聚会，当然对我来说是一次全新的体验。约翰·霍华德和加里斯·埃文斯表示了他们对科学的崇敬和支持。

圣诞节前夕，我得到让我出乎意料的消息——我被遴选为"年度澳大利亚人"。这也就意味着在澳大利亚国庆日即1997年1月26日我必须驻留于墨尔本，并且访问六个州的首府。1997年，我和彭妮三次从美国飞往澳大利亚，会见了众多杰出的澳大利亚人：小说家大卫·马洛夫、运动员诺威·珀里斯·尼本、演员鲁思·克拉克尼尔，以及所有我们到访城市的市长，包括布里斯班市市长吉米·苏澳里和阿德莱德市市长珍妮·罗曼斯·史密斯（一个病理学家），还有各州的州长，以及现任总督、时任西澳大利亚总督的迈克·杰弗里。还有很多媒体界的朋友：时事评论家菲利普·亚当、ABC广播电台的玛格丽特·索罗斯比、喜剧演员罗伊和HG，以及金融大亨理查德、珍妮·普拉特、琳赛和保拉·福克斯。

在被选为"年度澳大利亚人"的一年及以后的很多时候，我都竭尽全力地以积极的面貌示人，而不希望自己成为一个吹毛求疵的人。在悉尼的一次商务午餐上，我坦言在澳大利亚缺乏有关科学领域投资和风险资本的专业知识。一篇评论这样写道："年轻的会计师和管理者可以效法生物技术等专业的科学家，到美国工作一到两年，把先进的技术带回来。"这是一篇主流日报上以"诺贝尔奖得主奉劝年轻的科学家，去美国吧！"为标

5 个人的发现与新的使命

题的文章。我想这位副主编应该是想要写一篇抱怨学术界的负面文章,所以把我的话简单地剪接之后去迎合他的主题思想。我非常气愤,坚持发表了一篇反驳的信函——而后意识到简直是浪费时间。有一次,我谈论美国自由的大学教育理念,于是一些文章的标题又成了这个样子:"诺贝尔奖得主提倡一个'假装无所不知'的社会!"

我很惊讶,当地的媒体竟然把我的讲话全盘记录下来。媒体对我赢得诺贝尔奖的浓厚而持久的兴趣成为我人生中最重要并且经久不息的奇异事件。很快,我掌握了应对的方法——每次公共演讲之后我总是会提交书面说明或者摘要。如果没有这种记录或者摘要,隔日的媒体报道将会面目全非——至少有很大的风险会让媒体人士轻视或者做负面的杜撰。偶尔无法逃避痛苦的学习曲线让人意识到,唯一能够控制自己所言的新闻媒介即是你自己直接面对空中电台或者电视观众。

"年度澳大利亚人"一年宝贵的阅历,以及之后在全世界范围抛头露面的公共演讲,极大地冲击了我的思想和行为方式。像我一样从事科学研究的科学家生活在一个循证的世界中,以限定性的一个或者多个问题为目标,设计实验并验证,或者在形式上,证明与之相悖的"无效假说"的错误性。听起来稍微有些晦涩难懂,但是经常得不到最终证明。我们就是这样不断在不确定性中前进的。

科学家没有那么愚钝,甚至迟钝到不明白他们不能像应付一个实验一样去体会爱、美丽和快乐。尽管成功的科学家也能像正常的理性人一样在社会中生活、养育家庭等,不过他们经常能通过循证现实的镜子看到复杂问题的本质。大体而言,基础科学家很有远见,就基本的道德和伦理准则而言,最不容易被政治术语所吸引,也最不会被低俗的政治和宗教民粹主义者所影响。鉴于他们自己的世界是强调发现、发展和进步的世界,科学家对于那些看起来后退的、拥护反动派以及引起分歧的观念是极其不感兴趣的。从科学家齐聚的鸡尾酒会上的谈话能够强烈地感受到这样的态度。

不仅如此，与政治家不同，科学家的脑海里可以同时存在两种相反的观点。这并不奇怪，与同事在一起用午餐期间就某个深刻的社会问题各持一个观点而争论，而第二天他完全可能站在对立的立场上来继续讨论这个问题。科学家的大脑里经常萦绕着纷繁复杂的问题，并从所有可能的角度来思考。与经过培训、实习、临床等的医生一样，医学科学家在公共场合的演说更加均衡和慎重，因为他们对于人类怎样看待问题的其他方面有更多的思考。

刚开始接受电视和电台采访时，我对反对意见考虑得不慎周全的地方会像平时与同事交流讨论时一样，一针见血地直接指正出来。毕竟，与我日常交往的人都至少是和我一样坚强且有着智力弹性的。在思想意义上，你可以尽你最大的能力来将我打成重伤，而我会像狗追逐球一样视之为一项有益的运动方式。如果讨论变得陈腐乏味，我会像扔掉一块破布一样丢弃这个满是口水的球，去追逐让我感兴趣的其他事情。归根结底，至少我们充满热情地做任何事情的一部分原因是为了躲避令人厌烦的事情。

试图让具有不同人生阅历和观念的人都接受同一个明确的、基于证据的世界观，结果往往会适得其反。第一次的经验教训让我学到了，至少对于科学家而言，和媒体互动是交流的基础。尽管娱乐和争论是很好的事情，但是如果你不能使得人们审视自身的假设，工作即是失败的。

这样的思维方式相应地引导我重新审视自己秉持已久的信念和偏见，这也是为何我会在本书专门列出一章用于讲科学和宗教的相互作用的原因。在公共传播中，我们需要记住希波克拉底誓言的前几行："首先，不伤害。"羞辱他人无法获得任何有用的东西。触怒了被击倒的可怜个体，同时你也疏远了那些亲眼目睹这场表演的大众。记住，输掉一次偶尔的战斗是为了赢得更值得的整个战争的胜利。

接下来是与政治家的相互影响的问题。政治家当然会向科学家就某个专业的方面寻求建议和意见。引用温斯顿·丘吉尔的话：专家从来都是随

5 个人的发现与新的使命

传随到而且从来都只是从属。这个"从来"很可能是指科学忠诚于循证的现实。如果丘吉尔仅仅是把证据摆在民众面前而不是发表了众多具有崇高政治感染力的雄辩言辞,那么大不列颠王国还有可能立场坚定地在第二次世界大战期间发挥重要作用吗?那些伟大的演讲,比如:"我们要保卫自己的家园,不论付出多少代价!我们永远不会投降……"在需要有一点点梦想的时候,领导者的远见卓识就显得越发重要。

政治家的性格和思想价值观的表达方式决定了其公私两面性。比如一位澳大利亚的政治家如果同时是一位精力充沛的知识分子,那就不得了了。澳大利亚前总理鲍勃·霍克是一位顶级知识分子,曾获得过罗氏奖学金,但是同时他隐藏了自己另外的身份——一位民俗文化的研究者和对任何形式的体育运动都着实痴迷的人。用澳大利亚的黑话说,他是"没有教养的鲍勃"。另外一位罗氏奖学金获得者——比尔·克林顿,相当聪敏和自信,这是政治行为寄予他的外在表现。另一方面,如果乔治·W.布什突然开始吐露他是耶鲁和哈佛教育的典型产物,那么很可能他会和他的政党支持者一起陷入麻烦中。

因为诺贝尔奖,我有了与很多政治家进行非正式交谈的机会。不论在公众面前是怎样的,他们中很多人都是有着清晰见解且忠诚坚定的人,面临重大议题时,专业的法律素养为他们带来清晰明确的思维。他们会开诚布公地听取他人相异的想法并会发问,但是你所提出的见解和问题并不一定会被采纳。比如,尽管关于二氧化碳排放量的问题澳大利亚已在《京都议定书》上签字,但当选的代表本人在全球变暖的问题上依然需要投入更多的兴趣和关注。

我认为越来越多的澳大利亚公众也已经意识到全球变暖和环境保护的重要性。很多社会团体,比如塔斯马尼亚州的伐木工人,虽然感觉到促进自然环境保护措施会威胁到个人利益,但是从整体上而言,保护古老的森林确实是一项有益于人类的善举。澳大利亚有相当高的整体教育水平,其

通往**诺贝尔奖**之路

文化背景却使任何人在解决复杂问题的时候都希望能有民主对话的机会，而不是仅从学术的角度或者奥林匹亚山之类的方面来考虑。在我漫长的人生旅程里我在中学和大学的假期里曾经做过商店雇员、货车司机、下水道清理工、拉动水车生锈的管道的工人、农场里的兽医，从与实验室的保洁员和玻璃器皿清洗工人打交道到与研究所的所长、董事等的沟通和交流，以及作为诺贝尔奖得主在广播里发言和在公共场合发表演说，这种种丰富的经历使我坚信，大众的求知欲及其世界观都建立在个人教育和生活经历的基础之上。

总体而言，澳大利亚人对专家提出的该做什么是有抵触情绪的，不过他们会记录经深思熟虑后提出的循证观点，记叙科学及科学是如何运作的，我希望能够对澳大利亚民众有所帮助并能为之提供信息。特别是政治家及其顾问，与广大民众在全球变暖等日趋严重的问题上的沟通显得异常重要，尤其是需要从科学的角度来理解这些亟待解决的问题。最终，对现实的观望是无法产生任何有用的结果的。现实的存在不需要你编造理由，也不会因为争辩而消失，欺骗最终会成为灾难。

政治家乐意思考的是"人过留名，鸟过留声"。谁又愿意为了全球灾难来承担一部分的责任，并因此而在历史纪事上受到应有的谴责呢？任何政治领袖或者商业首脑都不愿意招惹任何程度上的公众的憎恨，如查尔斯二世要求，将克伦威尔的尸体悬吊、砍头和车裂，最后遗弃于坑中。奥利弗·克伦威尔，这位嗜杀和弑君的政治家，并没有给英国带来长期的伤害；然而毫无疑问，更多的是爱尔兰人民所承受的残忍待遇。与几个世纪前的克努特国王一样，克伦威尔面对海洋和潮汐无能为力。克努特，这位明智的丹麦人厌烦了他的朝臣的阿谀奉承。一次，他坐在特伦特河岸，徒劳无功地命令迎面而来的 6 英尺高的潮水停下来，当然结果是全身湿透。他用这个经历来教育他的属下当前权力的局限性。或许应该由联合国授权制定一个国际性的假期，称为"克努特日"，来发起北方夏季的促销节。

5 个人的发现与新的使命

大型商场可以销售泳衣和水下摄像机；而在南半球的商场里可以买到潜水服。选民和公司雇员们可以给他们的政治领袖和首脑泼凉水，使他们至少可以从一定程度上反思历史学家阿克顿勋爵的话："权力导致腐败，绝对的权力导致绝对的腐败。"

虽然政治家在一对一的讨论中相当坚韧和现实，但是一旦谈及公众及同事的看法和意见，他们也一样会变得相当敏感。特别是对于议会体制下的内阁总理，这更是一个真理。选票和支持率在这两种情况下即是一切！照耀在理性和道德的明亮刺眼的灯光下，缺乏吸引力的政策将使他们迅速凋零，而且会引起公众永恒的敌意。政治家也是人啊！在领袖的命令下或者在他们所代表的政治立场下，会实施事实上他们并不感兴趣的观点。他们越不热爱自己的所作所为，就会越来越痛恨那些举着镜子的人！

假如并不能有任何实质性的作用，那么从对各种各样的政策直言不讳的吹毛求疵中得到的道德和智力的满意度就毫无价值可言了。科学家期盼着有一位杰出的同事能与政治家进行良好的沟通，尤其能够让政治家们深刻地理解到科学技术的重要性，从而提高科研经费水平。我估计，国家卫生与医学研究委员会和自然科学机构澳大利亚研究理事会（ARC）在澳大利亚的科研预算增加了一倍，这无疑得益于诺贝尔奖的获得及积极参与的公众活动。更多的个人、组织及当时的两位部长——卫生部长迈克尔·伍尔德里奇和科学教育部长布兰丹·尼尔森是整个过程的主要推动人物。

假如个人口齿伶俐，诚实并且有趣，那么诺贝尔奖的获得确实会引来长期的公众评论。然而，应该尽量避免成为与主流思想相悖的墨守成规的"怒呵的人"。在某种程度上，澳大利亚最伟大的科学家之一——核物理学家马克·奥利芬爵士的经历与前面所言相当吻合。马克先生逝世于2000年，享年99岁，这位充满激情、身材健壮的物理学家受教育于阿德雷德，后成为伯明翰大学物理学教授，在第二次世界大战期间以研究组长的身份

 通往**诺贝尔奖**之路

参与了"曼哈顿计划"——成功制造了世界上第一颗原子弹,这颗原子弹的投放为太平洋战区战争的胜利做出了不可磨灭的贡献。他回到澳大利亚成为物理科学研究学校(与我工作的 JCSMR 及堪培拉的 ANU 属同类机构)的创始主任,后来成为南澳大利亚的总督。我曾经在 1996 年遇到过他,当时恰逢我与罗夫一起被 ANU 授予理学荣誉博士学位。罗夫在 1975 年即获得了哲学博士学位,而我用了 21 年的时间才于 ANU 获此殊荣。与马克先生闲谈时,谈及科学家的公众角色,他说了这样的话:"当他们有所需要的时候,从盒子里把我拉了出来,然后把我遗忘到了角落。"这太可悲了!我希望能避免这样的情况出现。

当有两种对立竞争的矛盾时,一定要爽快地讲出来。就像亚伯拉罕·林肯的名言:"与其像个傻子一样保持沉默,不如毫无保留地讲出来排除所有的疑惑。"当然,林肯做到了毫无保留地表达自我,并且最终为了他的信仰和功绩献出了生命。还有 18 世纪英国政治家埃德蒙·伯克的一句名言:恶人获胜所需的唯一条件是好人不作为。当然,如果真的有完全邪恶的存在,那么它将会剥夺人类的所有。路德教友会的主要代表之一神学家和牧师迪特里希·朋霍费尔勇敢地站出来反对教堂里的纳粹分子,他参与了反对希特勒的秘密计划。以克劳斯·冯·施陶芬贝格为首的暗杀行动失败之后,朋霍费尔被捕并于 1945 年 4 月在费罗森堡集中营被处以绞刑。遗憾的是,这种水平的暗杀行为不成功便成仁。朋霍费尔和纳尔逊·曼德拉的所作所为告诉我们,要选择正确的方式来达到目的。朋霍费尔和施陶芬贝格在 20 世纪壮烈牺牲,但庆幸的是,世界还拥有曼德拉,他在忍耐了 27 年的牢狱之苦后,最终带领南非走向了新的时代!

幸亏在民主社会里大部分的问题并不是完全的黑或者白。可能看起来 80% 是糟糕的,但是 20% 却是给人惊喜的。与大多数的科学家一样,我一直对于美国总统罗纳德·里根不是很感兴趣,但是对于他的一些激进的军费支出和行动还是表示赞同的。里根总统对苏联的解体起了重要的作用。

5 个人的发现与新的使命

这些人里不乏来自东欧和俄罗斯的很多生物学同仁。

比起接受那些诺贝尔文学奖或者和平奖获得者的立场观点，倒不如采纳绝大多数民众的态度。和平奖得主几乎不可避免地会成为公众人物，本国及其他国家的政府有可能不会采纳他们的意见和建议。想到这些，或许只有富有的慈善家才能成为真正的个人人道主义者，这样的人能够为社会做出巨大的贡献。当然，那些选择默默无闻的富商们心安理得地把财富据为己有。国际反地雷旗手乔迪·威廉姆斯（荣获 1997 年诺贝尔和平奖）或者反对核武器的倡导者莱纳斯·鲍林（荣获 1962 年诺贝尔和平奖）在军事/工业复合体系（如艾森豪威尔总统所说）的时代里，都没能够取得实质性的进展。昂山素季（1991 年诺贝尔和平奖得主）依然身陷囹圄（于 2010 年 11 月 13 日软禁期满获释——编者注），为妇女儿童谋求利益的律师希林·伊巴迪（荣获 2003 年诺贝尔和平奖）也同样生存在伊朗的长期压力下。

文学奖得主直接地批评社会政治问题，甚至有时候他们会相当愤怒，这都可以被大众所接受。像维迪亚达尔·苏雷吉普拉萨德·奈波尔（2001 年诺贝尔文学奖得主）和索尔·贝罗（1976 年诺贝尔文学奖得主）都是已经在国际舞台上成为家喻户晓的人物之后才获得诺贝尔奖的，而像君特·格拉斯（1999 年诺贝尔文学奖得主）这样的用非英文写作的文学家们，他的作品早已有各种语言的译本流传于世。伟大的文学作品让我们从崭新的立场上重新认识自我及个人存在的价值。像最理想的科学研究一样，伟大的文学作品也探索基本真理。我想任何政客都不会指望从一位大文豪那里读到关于自己的正面评论，而流行文化一般也会受到严厉的批评。其他文学奖得主如爱尔兰诗人沙默斯·希尼（1995 年诺贝尔文学奖得主），用积极的声音和爱的语言描述人类经验的核心和社会形态，而不是混杂着尊重和担忧。

澳大利亚文坛上出现过唯一一位诺贝尔文学奖得主帕特里克·怀特（1972 年），目前南非作家柯慈（2003 年诺贝尔文学奖得主）也定居澳大

利亚。柯慈的最新作品《伊丽莎白·卡斯特罗》以澳大利亚的一位女性小说家为主人公,塑造了其困难重重的人生。帕特里克·怀特也一样擅长创作出操纵欲望强烈的女性,同时在个人前途上也不断受到困扰。近期在澳大利亚国家肖像美术馆(位于堪培拉的爱德华时代早期的议会大厦)里展出了所有与澳大利亚有直接关系的诺贝尔奖得主的相关材料。出自布雷特·怀特里之手的帕特里克·怀特(卒于1990年)的肖像画被挂在一个角落里,生动地描绘了怀特的爱与恨。我发现自己与怀特的爱恨有众多相似的地方。假如怀特先生还健在,并能在今天说出他的那些"憎恨"的话,那么媒体只会欣然接受并不以为然地说:"帕特里克·怀特又说话了。"如果我做了相同的事情,却会陷入焦头烂额的境地:我就会失去原来公众接受的角色。我可以付出努力并改变这种情况,但是能够获得什么呢?

至少目前来看,我思想的重心依然是在努力地获得好的结果而不是赢得一分。尽管不是至理箴言,但外交言辞、讨论、说服和妥协会比火药味十足地到处招惹是非有效得多。站在战争最前线的人是消息最闭塞的,往往这些人被新晋分子冠以"市民卫士"的高帽子。

我有一种强烈的直觉,那就是欧洲儿童智力启蒙运动和理性时代,坚守着现代社会越来越需要保护的价值理念。具有讽刺意义的是,拥有不同凡响的独立宣言、宪法和人权法案,拥有信奉启蒙思想的托马斯·杰斐逊、詹姆斯·麦迪逊和同僚的美国,应该是这次冲击看上去最危险的地方。指望着一个诺贝尔奖获奖者能用权威的口吻说出最平淡无奇的观点当然是荒诞的。这样做的压力很大,并且要遭受西方社会的迫害,通常这是因为缺少了公共知识分子的缘故。当然,媒体从揭露这些人的伪装中获得的满足感和一开始宣传他们的观点一样多。公众的声音应该被明智地运用。

对媒体守信的责任促使我更加苛刻地审视自己的基本假设。在下一章我讨论了一些让我着迷的观点,作为一个科学家,我已经见识了太多被新

5 个人的发现与新的使命

证据颠覆的"在直觉上显而易见的"结论可以接受,甚至是毫无错误的。尽管一些受蒙蔽的灵魂视自己为主教,但是科学家既不是神也不是教皇。在某些不可避免的场合下,保持一种第六感和坚持一下自己的"谬论"也不一定就是坏事。正如美国的老布什总统简洁明了的总结:当你深陷困境的时候,当你我行我素的时候,最好环顾一下四周,它可以帮助你拥有一种幽默感。

6　下一个还是美国的世纪吗？

诺贝尔奖的颁发向来秉承的理念之一是科学无国界。有益于人类的巨大贡献和技术领域的巨大进步都有可能受到诺贝尔奖的青睐。不过实际上，各国对科学技术发展创新给予的支持和鼓励存在天壤之别。这种差异不仅影响个人前途，而且决定了整个民族的命运；从整体上来看，对整个人类进步产生深远影响，甚至关乎人类的生死存亡。

综合看来，人类文明在 20 世纪飞速发展，取得日新月异的进步，大多数人生活质量日趋改善。然而，在诸多关键问题上，科学的组织形式却依然残存着旧时代的糟粕。现代科学家就像古欧洲泥瓦匠一样，从一个城市迁徙到另一个城市，从一个国家移民到另一个国家，流传下当世为之称奇膜拜的宏伟殿堂。不论是泥瓦匠还是科学家，不管使用的工具是石头、玻璃、集成电路还是分子基因工程，大凡胸怀大志、能力超群的人都希望自己有良好的工作环境，享有丰富的资源，充满机遇和挑战。因此，有创造性的卓越科学家多被实力雄厚、资源充裕的研究中心所吸引。不过，在这个崭新的世纪，任何国家都希望经济繁荣昌盛，吸引并接纳高端人才，而重点在于"开放、教育、创新和知识"。发展发明创新的文化体系——

6 下一个还是美国的世纪吗?

在科学上赢得诺贝尔奖——中心就是：如何能做到最好？

过去50年里，美国无疑引领着这种文化热潮——事实上，20世纪即是美国的世纪。相对宽松的移民政策、刻苦努力的价值观、强烈的个人使命感加上创新精神，以及新技术迅速产业化，使美国在20世纪的经济实力和综合国力在全球首屈一指。高水平一流大学的发展和资金雄厚的基础科学研究基金为科学的迅猛发展奠定了坚实的基础。从美国人获得诺贝尔奖的整体情况可以看到成效明显：20世纪前半叶，美国诺贝尔奖得主占有率还不到30%，后半叶却飙升至高于70%的水平。与此同时，德国、英国和法国的占有率则从之前的30%、10%和15%下降到后来的11%、9%和3%。虽然部分源于欧洲大陆遭受纳粹和战争的残酷侵袭，但是对科学研究的支持和投入力度显然是其中重要的因素。

可能有人会问，21世纪依然是美国的世纪吗？很多国家相继效仿美国的成功经验，加大对基础研究的投入，希望建立独立自主的科学体系。随着全球工业国际化进程的加快，人类生活水平随之迅速提高，充满活力和生机的经济命脉需要更多有洞察力、创造性和想象力的卓越人才。即使美国这个全球知识创造和技术革命中心，也需要对此加以重视。人力资本是最重要的资本！成为银行家和会计师固然很好，但是，如果大家都以此为目标的话，可能将重蹈维纳斯和佛罗伦萨的覆辙，最终沦为中世纪艺术和旅游的中心。失去科技这一发展动力，经济也必然随之衰退。

分析近20年来诺贝尔奖的获奖情况可以看出，欧洲新兴起诸多理学和生命科学方面的高水平研究机构，只是欧洲科学的发展存在两个限制性因素：一个是相对于美国而言，刚开始科研生涯的人想完全独立开展工作难度巨大；另一个是有些欧洲国家的政府对科研活动过度调节，并对现代生物技术和生物医学研究的核心——"基因工程"存在文化敌视。

再来看一下亚洲和太平洋地区的情况。过去10年，我到访过的亚洲国家都强调科学技术是第一生产力。新加坡创建分子生物学重要资源研究中心——生物研究城；1986年诺贝尔化学奖得主，中国台湾研究院院长李远哲为台湾科学技术的蓬勃发展做出了杰出贡献。总体而言，亚洲各国家和地区政府将赢得诺贝尔科学奖作为衡量国家科学实力的标准。事实上，日本是最为自豪的国家，因为在过去的一个世纪，共计有12名日本人赢得了诺贝尔奖。过去五年里，三名真正在日本工作和居住的诺贝尔奖得主像时尚名人一样被当街追捧（两位已年逾耄耋，早已退休）。

不幸的是，亚洲国家人才流失现象相当严重。16年来，我任职于孟菲斯圣·裘德儿童研究医院，目睹数量急剧增长的来自亚洲的年轻研究生和博士后，中国和韩国学生居多，大部分人希望能移民美国。但自"9·11"事件后，严格的旅行和签证限制使得移民定居过程日趋漫长。这种情况可能会得到自然调节，一旦调节不成功，在全球竞争日益激烈的今天，美国将逐渐丧失其在科学世界的领袖地位，精明的亚洲人也会逐渐离开。

尽管很少有亚裔移民至此，澳大利亚依然从"天才"亚裔移民那里获益匪浅。这个进程始于早期的"科伦坡计划"——类似于欧洲的"马歇尔计划"，旨在帮助东南亚-太平洋地区建立现代经济体系。高级学者只需通过简易的手续即能得到澳大利亚居留权，结果导致欧洲科学家比例急剧下降。遗憾的是，澳大利亚也同样存在人才流失问题。大概有100万澳大利亚人目前居住在欧洲、美国或其他国家和地区。

迄今为止，多数澳大利亚科研和学术圈仍然残留着东南亚地区文化传统的影子。澳大利亚于1788年由白种人建立后，科学革新的探索和发展一直与北半球同步进行。大多数早期澳大利亚科学家都把自己研究的重点放在植物学、动物学和景观学方向上，接着致力于塔马尔小袋鼠的基因组测序和大堡礁生态环境的保护工作。自1901年组成联邦以来，澳大利亚创立了很多实力雄厚的大学和高水平科研机构，涉及多个学科领域，包括农业学、采矿学、无线电、光学、天文学、医学和分子生物学等。

澳大利亚有很多世界知名的医学研究机构，最为著名的是位于墨尔本

6　下一个还是美国的世纪吗？

的沃尔特-伊莉莎·霍尔医学研究所（WEHI）。在国家和国际基金的巨大赞助支持下，它从 20 世纪初的一家小诊所成长为全球同规模最大的研究所之一。WEHI 的蓬勃可持续发展可归因于两个关键性因素：获得附加资源的能力和英明的所长制定长期政策保证了高质量的产出；另外，WEHI 地理位置优越——正好位于墨尔本大学的必经之路上，吸引众多年轻的墨尔本大学生物医学研究生毕业后继续在 WEHI 为完成博士学业而进行深造。

直到 1950 年，联邦政府在堪培拉创建澳大利亚国立大学时，澳大利亚才开始授予博士学位。其中部分原因来自于英国牛津的澳大利亚裔霍华德·佛洛里（1945 年诺贝尔生理学或医学奖得主）给予政府的建议和意见。霍华德工作在牛津大学，因为在盘尼西林（青霉素）方面的杰出工作而荣获诺贝尔生理学或医学奖。澳大利亚国立大学得到政府巨额资助，成立了很多独立研究学院，旨在培养博士生和赶超同领域国际研究水平。我与罗夫·辛克纳吉及神经生理学家约翰·埃克尔斯爵士（1963 年诺贝尔生理学或医学奖得主）均任职于约翰·柯廷医学研究院。

虽然约翰·柯廷医学研究院是澳大利亚产生诺贝尔奖得主最多的研究院所，但它在 20 世纪 80 年代却经历了极其艰难的岁月。主要原因在于预算下降、强调短期董事制，以及薪金平均分配和严格的大学任职制度。研究院状况目前得以改善，正在逐步恢复活力。现任总裁朱迪·惠特沃斯广纳贤才。痴迷古典音乐、热爱体育，尤其是热衷于板球运动的朱迪，同时是一位肾脏生理学家，他会马上炒掉墨守成规和厌恶体育运动、个性呆板木讷的科学家。

毫无疑问，澳大利亚已经确立了其在太平洋地区体育运动项目上的领导地位，但是这个国家目前最应该关注的是确保其人才水平的领先优势。新加坡积极进取发展分子生物学技术预示着澳大利亚的领头羊地位或将不保。不仅如此，马来西亚和泰国也异军突起，成为全球主要制造业中心，

这大都归因于各自大学教育体制的不断完善和发展。为数众多的科学家正在忧郁低吟"醒来吧,澳大利亚!"的挽歌,时而歌声高亢,时而被舒适、轻松、享乐的沙滩社会文化所淹没。

毋庸置疑,欣欣向荣的研究文化发展最为核心的即是资金。国家必须认真考虑科学技术发展目标,理论上,至少在科学领域需要投入国民生产总值的2.5%。包括所有公立和私立研究机构在内,政府应用税收减免和合同机制来鼓励企业积极主动承担更多的科研经费。目前澳大利亚政府承诺将国民生产总值的1.6%应用于发展科技,与此同时英国承诺于2014年增长到2.5%水平(目前水平为1.9%)。目前美国在科技上的投入大概占到国民生产总值的2.7%左右。尽管这些数字并不完全可靠,因为在不同国家的文化概念中,对科学的定义分类存在差异,然而数字本身依然为我们的比较提供了合理的基础。谈及科学技术转化为生产力时,公立和私立的研究机构不约而同地勾勒出了未来前景图。这里,美国又做了一个榜样,大学或研究所的发明创造会很快转化为私营公司的生产力。这种情况可能是科学家们自己着手成立新的生物技术公司,也可能是大药厂在看到治疗应用前景之时就很快介入。这也正是第一批治疗艾滋病药物诞生的真实写照。

其他国家的科学发展能力取决于两个方面:基础科学的政府基金水平及成熟的投资和商业运作模式。美国政府为基础科学,尤其是生物医学研究提供庞大的联邦政府资金支持。美国人考虑财富创造时会关注股票市场动荡与否,这是根深蒂固的风险意识使然。简单社会完全不存在类似的技术分析和风险资本家所秉持的此种亚文化。赚取丰厚资金的精明人士乐于把金钱投资于高风险的初创公司作为其"天使投资"。就我的经验来看,大多数商人爱好与科学家进行开放的互动,在他们眼中,科学家是完全新奇的物种,在佩服科学家不懈努力的坚韧的同时感叹科学家对所从事事业孜孜不倦追求的热情,最重要的是,他们惊异于如此非凡出色的卓越科学

6 下一个还是美国的世纪吗？

家竟然仅能领到微薄的薪水。但在他们的金融、电影行业中，这样出色的人才的薪水远比这些科学家要多得多。

尽管2000万澳大利亚人追求发达国家的生活方式，然而现实却与之相悖，因为整个国家的财富来源仍然依靠澳大利亚广袤的大地（澳大利亚国土面积与美国相当）：旅游、采矿和农业。地方百万富翁大多是运输业大亨、地产商或者建筑商，而非技术师或者高新技术产业企业家。个人投资也大多集中在房地产领域而非股票市场，大部分国家财富被高额退休金套牢。退休金被禁止进入高风险甚至均等风险投资行业。这最终导致商业文化中严重匮乏活力和技术含量，与欧美经济的差距逐步拉大。相比而言，澳大利亚本国农业和矿业的技术越来越成熟，当今，更加紧迫的是集中力量建设"探索"的创业文化。一方面，科学家要对所从事的发明创造最终产业化有更清醒的认识；另一方面，高瞻远瞩的人和风险投资专家则要对潜在产品的市场价值给予客观评价。澳大利亚国内市场很小，但是我们可以看到，澳大利亚依托科学产生的公司之———联邦血清实验室（CSL），在北半球占据了可观的市场份额。

澳大利亚联邦和各州政府逐步意识到缺乏创新的私立研究机构危机重重，于是积极采取措施预防危机的发生。其中一项初见成效的举措即是对高技术产业企业大规模退税，但是当出现对该举措的滥用后，退税政策迅速被叫停；另外一项措施是创立由联邦资助的合作研究中心，用来促进大学和产业界的合作，加速新产品产业化。

重点问题主要是，虽然开明的政治家和官僚可以利用必要的税收杠杆和投资政策增加风险投资和技术创新，但受政府的职责所限导致其并不适合过多驾驭此类活动。资金当然有用，但是就一般情况而言，公共部门的资金试图投入并引导商业运营时，结局大多是虎头蛇尾，"雷声大雨点小"，最终草草收场。政客可以为科技发展创造便利条件，但必须适时脱身。毕竟工业生产与政治不同，工业生产必须创造现实价值而非意识流产品，至少要保证稳定可持续的收入，绝对不会像政客一样每三四年要抽出一天时间去投票选举。

澳大利亚政府自20世纪30年代创立 CSIRO 以及后来设立 ARC 和国家卫生与医学研究理事会（NHMRC）以来，合理适度地支持基础和应用科学研究成为其追求的目标。迄今为止的科研成果表明该项措施略见成效。国内为数不多的基础和应用科学研究部门大多处于世界领先水平，更值得骄傲的是三位澳大利亚本土医学科学家凭借其出色优异的工作而赢得了诺贝尔奖。

公立和私立研究机构的各国科学家共同不懈努力，对造福千万妇女的人乳头瘤病毒（HPV）疫苗发展做出了巨大贡献。许多首席科学家，包括来自海德堡德国国家癌症研究所的哈德尔豪·楚尔·豪森以及来自剑桥大学的玛格丽特·斯坦利等，逐步阐明了 HPV 变种引起女性宫颈癌的机理。伊恩·弗雷泽最早于20世纪90年代投身研究开发 HPV 疫苗。伊恩·弗雷泽是一位苏格兰医学博士，在 WEHI 工作时自学免疫学，目前在布里斯班的昆士兰大学和亚历山大公主医院工作。

弗雷泽首次应用"复制子"策略进行疫苗研发工作，在联邦 NHMRC 和昆士兰癌症协会的基金资助下，他最终自主研发出 HPV 疫苗，并与墨尔本 CSL 进行商业合作。然而试验经费远远超出 CSL 的预算，于是产品被卖给美国默克公司。目前看来，弗雷泽开发的疫苗具有相当的市场前景，并且已经进入大规模试验的第三阶段。疫苗一旦试验成功，千万妇女将从此不再受到 HPV 感染的威胁。默克公司也将因此获得丰厚的利润回报，当然，伊恩·弗雷泽也将受"益"匪浅，澳大利亚政府也可以通过专利使用费成倍收回公共投资。如果确立适当的合作关系，这样的"故事"在任何发展中国家都能再次上演。简单举例来说，经过对本地植物产品的活性组分进行系统分析确定其药用价值，可以最终研发新型治疗药物。

澳大利亚科学基础建立的过程中，经验和教训并存。创建世界一流大

6 下一个还是美国的世纪吗?

学体系,同时将理学和经济学结合以增强各个学科之间的理解和互作是颇为成功的举措之一,除此之外,政府还积极引导税收和投资结构合理化。很显然,对科学仪器和试剂征收营业税与关税已成为科学发展的桎梏之一,毕竟很多科研耗材和试剂必须通过进口途径获得。在资源受限的情况下,地域问题和机遇则理所当然地成为焦点。

在发达经济的背景下,美国分配联邦研究和发展基金的模式无疑是最为成功的典范。美国国立卫生研究院设立专门的研究部门,每年进行三次评价并审核拨款申请,审核过程不考虑地域和政治因素,客观严谨地评价课题和经费实施及使用状况。如果通过申请,一般会将经费资助延长5年。延长拨款期限主要取决于高水平期刊论文发表情况以及项目完成情况。当然,如果该项目已有实际成果或成功申请专利,那么对延长经费时限也会有所帮助。

经费审评员多为有所建树、事业处于上升期的研究人员和学者,这些人兼职4~8年,期间必须每年至少抽出一个月服务于调研部门,以预防出现某些学科"学霸"掌控经费的现象。美国国家科学基金会(NSF)也如法炮制,在物理学、化学、数学和语言学等诸多科学领域采取同样的评审赞助流程。不过即使这样严格规范评审制度,我依然对联邦政府资金流向持谨慎怀疑的态度,资金分配是否存在更为完善的评审标准或更公正的道德基础?一旦涉及昂贵仪器(如光学显微镜和空间望远镜)的购买和使用,评审过程必然染上浓厚的政治色彩。

NIH和NSF推崇的同行评议的"小科学"机制,最终结果是使众多优异、聪慧、年轻的美国科学家脱颖而出,迅速独立自主地开展研究工作,同时依照其科技创新能力建立自己的研究团队。当然不仅仅是个人从中获利,所有经费预算都有相应配额的管理费用,而这部分管理费用将直接由个人所在单位获得。一般管理费率为40%,也就是说,个人获得100万美元研究经费时,其所在大学管理部门将有40万美元管理经费入账。

因此，大学校长和学院院长们青睐有影响力和竞争力的医学科学家也情有可原。反过来看，虽然大部分的工资是通过科研经费来支付的，优秀的科学家仍然钟爱这种活跃的就业市场和相对较高的个人收入。

在美国工作，我有一种成为明码标价的商品的感觉。所有人都把潜在的诺贝尔奖得主看做是热门财产。不同国家大学的水平参差不齐。世界顶级大学大多将科研岗位留给才华横溢的人，这部分人最有可能创造最多的经济价值。二流院校则可能通过聘任明星来提高其影响力。一流研究所的学术生涯是一场较量激烈的游戏："晋升或退出"规则导致一些无法达到初级水平的研究人员被强制遣送回低级联盟，比如，从助理教授晋升到副教授即适用这样的规则。在哈佛大学这类一流院校，这种鸿沟几乎无法逾越。一些明智的科学家到二流研究所工作后，反而继续从事实质性的研究。尽管美国这种学术体系高效推动了诺贝尔奖得主的诞生，但是从某些角度来看，这种模式过于"目的驱动"和"忙碌"。

尽管大学文化各异，英国和澳大利亚的研究模式与美国的专家评审模式如出一辙，只是科研资金总额和人均占有额远远小于美国，同时较低的间接花费可能与科学家个人成绩没有直接的联系。后果是，在古老的英联邦，科学家与管理人员的互动表现为一种不同的更为稳定的动态形式。相比于美国的研究所，做出杰出的引人瞩目贡献的英国科学家往往得到数额较少的经费和薪酬。

其他国家，特别是日本和德国，科研经费相当充裕，但是面临巨大挑战——传统体制庇护下僵化的大学等级制度。近来一部分年轻的日本和德国科学家初期在美国创业，晋升为高级研究人员后回国，回国后成为科学界新秀。日本和德国的一流科学家在美国求学立业的经历使其清醒意识到陈旧体制严重阻碍新世纪科技的发展，必须对大学僵化顽固的等级体制进行革新。

部分国家盛行中央拨款（core-funding）营运模式。在中央拨款体制

6 下一个还是美国的世纪吗?

下,资金首先分配到研究所,继而经由所长将资金分配给独立研究团队。倘若所长精明能干、集思广益并能不计个人得失的话,这种模式未尝不是一个更好的选择。然而现实情况却大多与此相悖,果断英明的领导颇为鲜见。

这类模式的危机来自于很多人贪图安逸享乐,将科研抛于九霄云外,而且辞退或解雇这类人员困难重重。中央拨款模式成为独立科研机构发展的羁绊。不同于大学里的教学岗位,献身科研事业的全职科学家一旦失去工作岗位,很难找到其他工作。因此,研究所和大学里的科研岗位的任期和聘用是一个难题。

众多由中央拨款扶持的研究机构中最为成功的案例莫过于庞大的美国 NIH 内部综合实验室。该大型综合实验室位于人烟稀少的马里兰州中西部城市贝塞斯达,曾经出过 5 位诺贝尔奖得主。NIH 外部经费(extramural)所资助的生物医学科学家中有超过 80 位诺贝尔奖获得者,这些人通过激烈竞争获得经费支持,我也是其中之一。另一个主要的成功案例来自 LMB——英国医学研究委员会分子生物学实验室。LMB 是一所由具有丰富科学实践经验的、优秀人才所领导的中央拨款研究机构。LMB 为 12 位诺贝尔奖得主提供了在剑桥大学工作的良好环境。这些人中,弗朗西斯·克里克和詹姆斯·沃森赢得了 1962 年诺贝尔生理学或医学奖,马克斯·佩鲁茨作为该实验室的创始人获得了 1962 年诺贝尔化学奖,弗雷德·桑格是史上唯一一位两次荣获诺贝尔化学奖的天才,他分别于 1958 年和 1980 年发现蛋白测序方法和 DNA 测序手段。姑且不谈经费投入,LMB 无疑是目前为止世界上独一无二的最成功的基础生物医学研究机构,继往开来,LMB 在成功的道路上将越走越远。

超过 50 所中央拨款研究所由德国马克斯·普朗克学会(简称马普学会,1945 年前为凯撒·威廉学院)资助,这部分研究所采取典型的中央拨款资金分配方式,睿智的领导将研究经费慷慨拨付给年轻有为的同事。马

通往诺贝尔奖之路

普学会号称在所有科学领域拥有 16 名诺贝尔奖得主，同时还有 14 位诺贝尔奖得主被确认为凯撒·威廉学院成员。阿尔伯特·爱因斯坦于 1915 年发现相对论，那时他正是凯撒·威廉学院物理研究所的所长。1941 年，理论物理学家沃纳·海森伯（1932 年诺贝尔物理学奖得主）被任命为同一研究所所长。第二次世界大战后，海森伯来到哥廷根，继续在更名后的研究所工作至退休。

先进的基础科学能否在专制的中央集权社会里繁荣发展？很显然，应用军事科学技术必然会首先得到迅猛发展。纳粹科学家研发出喷气式战斗机和很多高效战争武器。纳粹分子将无数优秀科学家驱逐出境（比如爱因斯坦），后来，无数有犹太血统的科学家比如马克斯·佩鲁茨因其血统而遭受歧视，这些伪雅利安人大肆宣扬文化价值观和信仰使医学遗传学甚至血液科学领域的真理追求成为泡影。他们深信雅利安血统和犹太人血统存在本质区别，更糟糕的是，纳粹分子在死亡集中营里从事残忍暴虐的伪医学，对外则鼓吹伦理道德和同情心。科学发展不能建立在倒退和谎言的基础上。

苏联遗传学界也出现过类似事件。斯大林欣然接受植物育种专家 T. D. 李森科的建议，李森科认为后天获得性状也可以遗传，这是 18 世纪法国科学家让-巴蒂斯特·拉马克提出的观点，这种观点迎合左倾主义者的极权主义思想。荒诞的是，李森科建议加强农业生产走速成路线。李森科取代 N. I. 瓦维洛夫成为苏联科学院遗传研究所所长，而瓦维洛夫则悲惨地被发配到遥远的西伯利亚。事实上，这种举措导致遗传学研究至少倒退 20 年，后来苏联粮食紧缺也使得苏联共产党处境窘迫。

获得诺贝尔生理学或医学奖的俄国人屈指可数，圣彼得堡军事医学科学院的伊凡·巴甫洛夫和任职于巴黎巴斯德研究所的埃黎耶·埃黎赫·梅契尼可夫分别于 1904 年和 1908 年荣获诺贝尔奖。尽管有一段时期，巴甫洛夫对共产主义政权和斯大林持批评态度，但是经过 1918 年俄国革命他

6 下一个还是美国的世纪吗?

幸运地活了下来,于 87 岁高龄自然死亡。巴甫洛夫狗的条件反射研究显然吸引了"铁汉"(斯大林)的注意。尽管巴甫洛夫研究的一些技术和方法后来被应用于治疗心理疾患并有泛滥趋势,他本人却是一位体面、正派、勇气可嘉的科学家,在苏联科研体制下,不应因滥用精神病治疗方法而对他进行指责和惩罚。

1953 年斯大林逝世后,苏联开始悄然变化。自 1958 年起,10 位苏联科学家成为诺贝尔物理学奖得主。亚历山大·普罗霍洛夫 1916 年出生于澳大利亚北部的泰布尔兰,俄国十月革命后的 1923 年随双亲定居俄国,并于 1964 年荣获诺贝尔物理学奖。苏联共产党致力于发展物理学及其应用技术,科技的繁荣发展使苏联领先美国成为第一个进入太空的国家。相应地,这也激发了美国发展科技的热情,同时增加对科技的投入。美国总统约翰·F. 肯尼迪及时向国民表达决心——要将美国人送上月球!

我主要向大家详细讲解一下我所熟悉的苏联医学界研究成果,苏联医学家主要在两个亚领域做出了杰出贡献:一个是发展流感疫苗;另一个则是阐明春夏高发的蜱传感染的流行病学原理。当然,苏联人具备高水平研发生物恐怖武器的能力。尽管这些研究计划已经被终止了,但是苏联人所储备的大量致命遗传修饰天花病毒仍然是世界的焦点问题之一。目前,其工作重心从威胁人类群体安全的生物武器研发转移到保护人类抵御疾病的医学研究上,2002 年签署的《禁止生物武器公约》旨在延续这种良好状况,该公约得到 147 个国家和地区的拥护和支持。作为世界大国的领袖,美国早已严令禁止使用生物战争策略,从基础军事设施建设转向对抗危险疾病,如马尔堡病毒和埃博拉病毒等新出现病原。像马里兰州的福特·迪特里克综合研发中心即是针对此类问题而创立的。这类生物安全实验室还承担着其他重要使命,尤其是研究对抗生物恐怖主义的策略和试剂,目前普遍认为生物袭击有可能来自孤立的狂热分子而非任何政府和国家。"9·11"事件后美国随即流行炭疽病的实例使我们清醒地意识到,虽然正常情况下生物试剂不会被看做高效生物武器，但是可以有效加快毁灭进程（类似于该情况下的邮政系统），同时引发公众恐慌。

不论国内是否有众多大学和科研部门，国际合作均能从多方面推动和促进国内科研的发展。农业畜牧业社会盛行家庭和部落信仰，传统模式和价值观风靡，这样的社会很难建立以科学为基础的文化观和世界观；另外还存在"名人"现象，即将仅有的短缺的资金秘密存入瑞士银行账户，使慈善机构沮丧失望。要想建立真正卓越的研究体系，则必须依赖家庭或部落关系网的瓦解或消失。规避这种关系网的途径之一是增强与实力雄厚的国际机构的合作，建立全球合作组织，只有这样才有可能最终消灭结核病或者疟疾。比尔和梅琳达·盖茨基金会设立"巨大挑战"基金的目的也是联合发达国家众多研究所，请各国研究中心来共同解决发展中国家主要传染病问题。

巴黎巴斯德研究所与中国及韩国政府达成协议，创立一种基于北半球的非营利私人基金会与新近发展起来的位于亚洲的国家投资企业相互联合的新模式。中国科学院上海巴斯德研究所于 2004 年 10 月正式举行揭牌仪式，由法国科学家杜文圣任所长，中国科学家任联合所长。韩国首尔巴斯德研究所也于同年正式开始运营，所长为法国科学家乌尔夫·内巴斯。在这种模式下经费支持由所在国家提供。巴斯德研究所在各国建立分支机构始于 1981 年，迄今为止，全球共有 20 家巴斯德研究所，包括分别创立于 1961 年的贝宁湾巴斯德研究所和 1972 年的象牙海岸巴斯德研究所。

巴斯德研究所创始人，伟大的微生物学家和人道主义者路易斯·巴斯德，卒于 1895 年，恰恰早阿尔弗雷德·诺贝尔一年离开人世。自 1908 年梅契尼可夫赢得诺贝尔奖以来，相继有七位巴黎巴斯德研究所本部的科学家荣获诺贝尔生理学或医学奖，这些人中有共同荣获 1965 年诺贝尔奖的三位科学家：弗朗西斯·雅各布、安德鲁·洛沃夫和杰克斯·莫诺，他们的科学发现奠定了现代分子生物学的基础。巴黎巴斯德博物馆被众多现代

6 下一个还是美国的世纪吗?

研究实验室紧紧环抱,在其中一个实验室能将巴斯德生前住所一览无余。巴斯德私人居所位于走廊的一侧,走廊另一侧是巴斯德个人实验室。巴斯德研究所有多种途径的经费来源,大约一半的资金是通过法国政府的专家评审系统和慈善机构资助获得的。

位于里昂的营利性机构——梅里埃研究所对科学技术实际应用做出了巨大贡献。科学技术转化为现实生产力在整个科学发展过程中起了关键性的作用,诺贝尔奖也相当重视科学技术的实际应用,最具代表性的例子是1990年两位美国医师——乔伊·默里和唐纳尔·托马斯共同荣获诺贝尔生理学或医学奖,这两位医师是器官和骨髓移植手术的"先驱"。诺贝尔生理学或医学奖甚至曾经颁发给成功开发黄热病疫苗的马克斯·泰勒(1951年诺贝尔奖生理学或医学得主),这无疑证明基础科学产业化应用在科学界举足轻重的作用。

梅里埃研究所是当今世界最大的疫苗生产商,安内特-巴斯德公司也积极与美国康诺特疫苗开发生产企业合作,过去10年,合并、兼并成为大型制药公司奉行的政策。制药业裁员、兼并、全面重组,使很多药理学领域的研究人员境况窘迫,大型制药企业甚至在实际上撤销研究部门,而依靠公共研究机构的大量发明创新,同时吸收中小型高新技术创业公司的研发成果。

过去的情况则截然不同,获得诺贝尔奖的研究多数来自私立研究中心,这些研究中心本质是追求经济利润的。诺贝尔生理学或医学奖被授予1982年就职于位于英国贝肯纳姆的惠康研究实验室的约翰·范恩与瑞典科学家毕·萨缪尔森、苏尼·伯格斯特,以表彰他们在前列腺素方面取得的关键性成果。1988年诺贝尔生理学或医学奖被授予惠康研究实验室学家格特鲁德·克里恩、北卡罗来纳州的研究三角园区的乔治·希钦斯和伦敦国王学院医院医科学院的詹姆斯·布莱克,以奖励他们阐明药物治疗的重要原则。其他一些私立研究机构,如美国贝尔实验室,涌现出大批诺贝尔物理学奖得主。他们在电子、计算机和通信领域的巨大科学发现和技术发明使现实生活发生了翻天覆地的变化，他们大多与顶尖一流大学的科学家共同分享该奖项。

贝尔实验室由贝尔电话公司直接赞助运营，贝尔电话公司为科学家提供最大限度的自由——从筹集资金到追求各自的研究方向。与此类似，瑞士巴塞尔免疫研究所也是一个独立自主的基础科学实验室，完全由瑞士制药公司霍夫曼-罗氏公司赞助。在30年的运营过程中，巴塞尔免疫研究所为众多杰出科学家提供良好的工作氛围和生活环境，其中一部分科学家后来移民美国。遗憾的是2000年巴塞尔免疫研究所被关闭，霍夫曼-罗氏公司长期以来为科学发展慷慨而无条件地提供支持，这种精神值得称赞。

巴塞尔免疫研究所的创始人尼尔斯·杰尼潜心于理论研究而不再领导实际实验项目，除了杰尼之外，研究所内不存在等级分化和阶级制度，这也是巴塞尔免疫研究所的独特之处。所有科学家不分年龄和成果，都是该所的一员，理论上地位平等。我很赞同这样的观念，只是实践中，尽管所有人地位平等，但是就像奥维尔动物农场里的动物一样，有些人依然不可避免地要比其他人更加优秀和出色。

该研究所的遗传学家利根川进赢得1987年诺贝尔生理学或医学奖，尼尔斯·杰尼同另外两名科学家赢得1984年诺贝尔生理学或医学奖。杰尼对早期免疫学发展贡献巨大，在第4章中已介绍过他在事业晚期提出的至今仍然颇具争议的免疫调节"网络理论"。

惠康研究实验室随即也进行合并整合，目前为葛兰素-史密斯-克兰公司附属实验室。1936年，继亨利·惠康辞世后设立惠康基金会，成为惠康实验室持续运营的重要因素。惠康基金会卖掉其宝威制药公司的股份后资金实力迅速膨胀，该基金会成为欧洲最大的慈善机构，通过专家评审和对大型项目给予特殊支持相结合的助学金和奖学金制度来分配资金。惠康基金会桑格研发中心的基因组项目每年可以得到超过10亿英镑的赞助资金。北卡罗来纳州的伯勒斯基金，每年为美国和加拿大生物医学研究贡献超过

6 下一个还是美国的世纪吗?

2500万美元的资助。

另外一个由企业家遗赠建立的著名的科研机构是霍华德·休斯医学研究所,这位企业家是一位古怪的隐居的亿万富翁。作为一个虚拟研究所,它每年投入基础生物医学研究的资金超过5亿美元。研究所的管理机构位于马里兰州,而所属科学家则遍布美国各地一流大学和高水平的研究机构。虽然休斯基金绝大部分用于美国国内科研发展,但同时也为国际合作研究提供帮助,例如,澳大利亚、东欧等国科学家领衔的针对传染病和癌症的国际合作项目也得到了休斯基金的慷慨资助。

休斯研究所不愧为名副其实的精英组织。顶尖科学家应集中精力进行科研,而非奔波忙碌于申请课题和基金——这是该机构的核心理念。首席科学家和年轻有为的研究人员一旦有机会进入该研究所,将会得到巨额资助。在获准进行"晋升或出局"规则后,他们的表现将会被定期考核。截至今日,共有13位霍华德-休斯研究所科学家获得诺贝尔奖项,其中,2004年凭借揭示嗅觉的神经学基础而获得诺贝尔生理学或医学奖的琳达·巴克和理查德·阿克赛尔即归属该机构。

孟山都公司的威廉·诺尔斯(2001年诺贝尔化学奖得主)和德州仪器的杰克·菲尔比(2000年诺贝尔物理学奖得主)均是来自于营利机构的科学家,不过,这两位科学家于20世纪80年代末期就已退休。至今,最近一位(2002年)诺贝尔化学奖得主——日本岛津公司的田中耕一是一位依然在工作岗位上兢兢业业搞研究的科学家。这预示着未来的发展方向。鉴于之前我所提到的原因,美国大型制药公司逐渐削减对创新科技研究的投入和对公司内部研究的支持,大的制药公司精简研发部门中的研究部分(如施调、临床、试验部门等),这样做还是有一定道理的,因为现代分子技术的应用使得大发现不可能在任何地方发生,而事实上经常会在意想不到的地方发生。但是,大型制药公司的参与和利益动机的驱使,对于发明发现的取得并最终造福人类至关重要。

通往诺贝尔奖之路

从 20 世纪 70 年代开始,生物技术工业逐步兴起,振奋人心。1953 年沃森和克里克发现 DNA 双螺旋结构以及 DNA 重组技术的关键酶——DNA 限制性核酸内切酶的发现使生物技术工业蓬勃发展。尽管大部分科学奠基者是大学教授,但是其中颇为成功的人同时还有着良好的商业头脑和领导才能。早期的企业家,像基因泰克公司、DNAX 公司和纳克斯公司的领袖们,取得了巨大的创新成果,因此将诺贝尔奖颁发给这些做出巨大贡献的科学家在情理之中。

所有入驻重点大学和研究机构的城市:马萨诸塞州的剑桥、布里斯班、新德里、英国的剑桥等均有相应的生物技术集群,生物技术集群由数以百计的小型创业公司和较大的公司组成。这些组织机构有诸多拥有自主产权的技术和产品,能够吸引制药公司来购买产(成)品或者投入资金购买自主技术。一些薪水微薄但是能力出众的科研人才通过这种手段发家致富,诺贝尔奖不再是研究型科学家赚钱的唯一途径。

公共经费充裕的国家,自然会涌现出一批小型生物技术机构将部分研究成果商业化。实力稍逊一筹的国家也寄希望于充分利用其有限的生物技术资源来刺激经济增长。比如在古巴,公共机构积极推动科研成果产业化,同时为年轻有为的科学家提供便利的创业机会。

科学技术产业化的能力与各国经济实力分布一致,呈现"南北"不平衡的趋势。昂贵的仪器设备,比如高能物理研究中应用的价值过亿的加速器一般只有北半球经济实力强盛的国家才具备购买实力。最近,德国汉堡建成的特斯拉加速器共计花费 6.84 亿欧元。巴西的同步加速器是一个例外,这是一款小型加速器,除了其他应用之外,马克斯·佩鲁茨和罗莎琳德·富兰克林这两位科学界的泰斗使用这种加速器来确定蛋白结构。澳大利亚也正在积极开发同步加速器,但是目前的境况是,澳大利亚结构生物学家是一个个"提着箱包的科学家",经常出差到成田、汉堡或者芝加哥完成关键性实验。这样不仅麻烦费时,而且在生物恐怖主义日益猖獗的

6 下一个还是美国的世纪吗？

今天，严格的出入境制度使得携带此类非活体生物材料的手续也越来越冗繁。

位于南美安第斯山脉双子座天文台的两架八米望远镜是"南北规则"的特例，分别位于智利帕琼山和夏威夷的莫纳克亚山。多国参与的国际合作伙伴机构为之提供设备支持。智利的拉塞雷纳附近有诸多与天文望远镜研究相关的大学，光学天文学家往往属于深沉平静的类型，喜欢静静坐在山顶思考，因此这两架望远镜的选址恰到好处。南部天空显然是各种各样的澳大利亚天文台观测的焦点，无线电和光学天文学历史悠久、实力强大，是澳大利亚科学界的主流学科之一。

疟疾在贫困地区肆虐横行，在为诸如此类的传染病寻找科学对策时，国际合作就显得至关重要。应对艾滋病仍是全球重要课题，仅 2002 年就有大约 300 万人因此病丧生，其中有 120 万名妇女，60 万名儿童。艾滋病候选疫苗必须在高发区实验，所以，科学家、伦理学家、医保部门、管理部门，以及与监管部门沟通的新生代专家要结成联盟，形成协同互助的网络。美国开发的候选疫苗要同时经过 FDA 审核，并取得进行试验的国家药物管理部门的批准，实验方案也必须满足疫苗开发机构受试人实验委员会的要求并获得接受国授权。

发展中国家仍然面临结核、疟疾之类的灾难性传染病的巨大威胁，国际合作与资助对此问题的解决则有"一箭双雕"的效果。参与非营利性基金和政府支持的援助机构的主要优势体现在有利于培养本土科学家并为之提供良好的发展机遇。前面提到过，我曾是内罗毕的 ILRAJD/ILRI 研究所董事会成员。这个得到国际资助和领导的研究所主要研究非洲锥虫病（嗜睡病）和泰累尔梨浆虫病；后者主要是由一种类似于疟原虫的寄生物感染白细胞而非红细胞，这就使此病具有扩散性。这类疾病的标本少，资源有限，导致研究过程相对艰难，在对抗该类疾病的过程中，ILRAJD/ILRI 培养了大批年轻的一流非洲分子生物学家和流行病学专家，这部分人目前在各个相关领域从事研究工作。

总之,年轻科学家理想中的能够抓住机会发挥自己潜能的全球性公平竞争的环境在现实中并不存在。在哪里可以受到最好的训练,又终将在哪里进行独立研究?——这些重要问题对于那些生于美国或欧洲开放经济体之外的人来说很难回答。资金不足难以支撑那份科研激情,许多在发达国家大学或研究所工作的发展中国家科学家很难再返回祖国。

但是分子生物学和生物技术对实验室和经费的要求相对较低,却有解决粮食危机和人畜卫生疾病的潜力,所以对发展中国家意义非凡。如果想让社会有既得利益,高科技产品和方法更易被大众接受,资金援助和国际合作安排更确切的目标无疑是建立该类机构以增加本土专家的民族自豪感。

科学尽其所能,可造福整个人类。若科学发现和进步能属于全人类,那么将更容易实现国际形势的积极变迁。"所有权"意味着理解和感悟,即个人要参与科学发现和发展过程,而不是被科学所利用。单单教育还不够,更要重视培养本土科学文化:不但为年轻有为的人提供工作机会,更应拓展个人、企业家和政府迎接挑战与把握机遇的能力。在我看来,挑战和机遇不过是矛盾共同体而已。

在全球范围内,财富和研究资源分配不均的问题一言难尽。然而,发挥地区优势,开展国际合作,进行有目的、谨慎的科研可以为在一个或多个领域独占鳌头提供强劲动力。如果发展中国家的科学家在疟疾、艾滋病或粮食供给短缺方面有巨大突破,便很可能荣膺诺贝尔生理学或医学奖或是诺贝尔和平奖。我想颁布该类奖项,特别是科学方面的奖项,更能让瑞典和挪威诺贝尔奖委员会感到欣慰。

与此同时,有些国家则要付出更多以保持已有优势,如美国、澳大利亚。然而,由乡土观念、政治及媒体误导引发的反科学、反知识分子观点,加上狭隘的原教旨主义及对大公司的偏爱,使美国的科学发展受到强

6　下一个还是美国的世纪吗？

大阻挠。尽管美国公众的态度和做法短期内剧烈摇摆，但是所有美国学生都敏锐地观察到，美国是如何在周期性创新过程中获得巨大成功的。

太平洋南端人口稀少的澳大利亚，需要利用丰富的自然资源建立先进的高科技平台。一旦矿业和农业面临危机，阿诺德·汤因比的历史预言就将成为现实：危机和极端困境中创造性的思维成为前进的动力源泉。继而经济的复苏繁荣足以警示世人，即要在保持经济持续稳定健康发展的同时长期在国际舞台上充当重要角色，首要任务则是积极全面地建设创新文化。本书的目的之一就是使越来越多的人关注这个问题。约翰·霍华德总理曾对我说过这样的话：如果你想影响政治进程，要做的第一步就是让有选举权的民众密切关注并积极参与。

7　透过不同的视角：科学与宗教

是否以信仰为基础的世界观会不可避免地与科学和发展新知识发生冲突？是否遵守宗教传统的做法限制了一个国家或个人接受新观念的意愿和看待世界的方式？伴随着科学文化的不断发展，社会呈现多样性，是否会对宗教信仰构成威胁？科学发现和理论与宗教信仰能否相协调，或价值系统之间能否进行有益的对话？

科学是适合那些提出问题、验证思想、善于思维和运用哲学分析发现的人群所从事的活动。目前在科学中没有绝对的真理：任何信仰或理论如果不再适应现有的证据都将被抛弃和被遗忘。科学和宗教文化的差异在于宗教信仰是基于信念的、抽象和难于理解的。进化论因被认为"仅仅是一种理论"而一度受到质疑，但事实是，进化论是医学科学领域近50年被诺贝尔奖认可的支撑很多关键性突破的唯一重要解释模型。

媒体经常把科学和宗教之间的公开辩论推到风口浪尖，给公众制造了肤浅的认识，即崇尚一方自然就是对另一方价值观和实践的挑战。事实上，虽然二者没有达成妥协，这种状况也很少波及限制科学的普遍意义。这两种文化可以广泛和谐共存，21世纪人类将面临大量的问题，二者必须

7 透过不同的视角：科学与宗教

能够对话。

借用《圣·约翰福音书》里的话——科学是一个有许多"豪宅"的"大教会"：容纳无数信仰各异的人。我自己成长于推崇阅读和教育的家庭。父母在儿时都曾参加当地的卫理公会教堂，现在回想起来，母亲的精神世界充盈着钢琴和玫瑰，而父亲则全身心投入共济会。祖母是一位坚定的卫理公会教徒，丈夫早逝的痛苦被教会的宽容仁慈所抚平。祖父是一个落魄的天主教徒，离开教堂以后继续虔心阅读《圣经》。根据家族传言，祖父当年离开家乡——维多利亚市巴拉腊特以后，不久再次回归故里，发现他个人的藏书部分被当地牧师焚烧。我的外祖母自幼受到贵格会文化的熏陶，求学于著名的贵格会寄宿学校，这所学校位于埃塞克斯市的赛弗朗·沃尔登。我记事时，她已经放弃宗教信仰，并心甘情愿地承担起家庭主妇的职责，照顾她的家庭、孩子，养护她的花园。

我曾以"三天打鱼，两天晒网"的状态参加卫理公会礼拜天学校，因为只要参加就可以得到一份年度图书大奖，这是我在医学研究领域频繁得到国际大奖之前所得到的唯一奖项。与其他同龄人一样，青春期时我也曾对宗教痴迷，也曾参加福音会教堂组织的集中宿营活动，也曾疯狂追捧1959年葛培理在澳大利亚的布道演讲，并且自此后避免出现任何类似"人群动态主导"的情形。

青春期是一段充满激情、矛盾同时又易受周围环境熏陶的特殊时期。那时我还报名参加见习军官宿营，在军营里我学会使用具有杀伤力的武器——埃菲尔德·李氏来复枪。我经常津津乐道地回忆起在国防军的卡纽恩格拉丛林训练中心，使用欧文冲锋枪击中突然从树后跳出的"人体"靶子的情形。虽然当时年仅15岁，我所接受的训练却是高度专业性和职业化的。枪可不是用于游戏的玩具，而是用来恐吓、致残甚至屠杀的。我所经历的种种"上帝与枪"的真实体验让我无法理解某些极端主义者的卑劣行径。情理之中，枪和宗教在我的大学时代就终结了其历史使命。虽然最

终我选择科学作为自己的人生目标,但是对那些拿起武器保卫和平与稳定和为信奉某种宗教信仰而奉献终生的人们,我依然会致以深深的敬意!

大学前我广泛涉猎各种知识初步建立起模糊的世界观,不过直到进入大学我才第一次正式接触那些真正有素质、有思想的高级知识分子。大学期间也是我开始生物学生涯的重要阶段,众所周知,达尔文进化论是现代生物学的重要基础。之前我曾提到后期进化的"获得性免疫系统"即是达尔文进化论的具体体现。早期的免疫系统类似于沿街乞讨、衣不遮体的街头青年,而后期进化的免疫系统类似于身着优雅高贵的名牌套装的完美贵族。在我眼中,免疫学不是所谓的"智能设计"的东西。

一旦转换成"循证"的思维方式,就很难再遵循以往的断言和教条。于是我就像被诅咒一样,永远地陷入迄今为止人类文明史上得到的所有严谨的数据、因果关系和自省之中。不过这并不意味着我全盘否定早期新教文化的正面影响,我也同样意识到,在某些宗教信徒眼里,这种以事实为基础的世界观就像来自地狱的噩梦。

时至今日,我依然能朦胧地记起儿时背记过的《钦定英译本圣经》中的《四福音书》。偶尔想起还妄图引用《圣经》原文在美国南部的教会朋友面前炫耀一番,尽管大多时候引用得不合时宜。我认为,《圣经》是一本重要的记录耶稣和早期基督教众所有智慧和故事的书籍。最古老的《四福音书》——《马可》首次出版于耶稣辞世后40年。我比很多美国宗教信徒对其中的观点记忆要深刻得多,比如,"财主进上帝的王国比骆驼穿过针眼儿还要难"(马修19:24),"去卖掉你所有的财产,赠给穷人"(马可10:24),"不要论断别人,否则将会被别人论断"(马修7:1)。与很多有宗教背景的人一样,我会从教义中精选一些言辞来形容我的遭遇和世界观。大部分人提到宗教的时候,总能在第一时间想起儿时去教堂做礼拜的经历,这是一种古朴狭隘的观念,完全忽略大量存在的神学学者和神学理论。

7 透过不同的视角：科学与宗教

卫理公会教徒为唱诗班的发展做出了巨大贡献，我有时会将自己曾经的不幸归咎于唱诗的发展。加入伟大的欧洲天主教会为我深深烙上了基督教的印记，深信上帝无所不能、无处不在，也同样使我找到内心最终的平静——当然这是基督教的教义之一。笃信宗教的奶奶离开人世之前的那段日子，至今依然历历在目。死神将要到来时，奶奶平静地诵读着23诗篇，"愿主指引我，我不应奢求……"这样平和冷静的"咒语"回响在我头脑中，特别是在被俗事困扰难以入睡的时候，这些咒语成了催眠良药。一遍遍地说"om"对我毫无用处，而且"数绵羊"这种套数也不适合我，然而一个多年前在伯利恒旅游商店里买到的耶稣基督手持明灯的橄榄木雕像却能够使我安然入眠。耶稣基督谦逊虚心的精神和单纯为保护弱者而奉献的信念一直是我对基督教最美好的印象。

在此我需要特别强调，宗教环境里培养出来的人才与成为科学家没有必然冲突。1988年诺贝尔物理学奖得主杰克·施泰因贝格尔的父亲是一名唱诗班领唱同时也是一名教会老师，而1958年诺贝尔生理学或医学奖得主乔希·莱德伯格是一位犹太教祭司。众所周知，迈克尔·毕肖普（诺贝尔生理学或医学奖，1989年）、艾德·克雷布斯（诺贝尔生理学或医学奖，1992年）、鲍勃·柯尔（诺贝尔化学奖，1996年）及2002年诺贝尔生理学或医学奖得主约翰·苏尔斯顿分别是在路德教会、长老会、卫理公会和英国圣公会的培养教育下成为社会栋梁之才的。然而，对于有"原教旨主义"背景的人而言，成为科学家则困难重重，毕竟原教旨主义所强调的是把《圣经》文字全盘接受。一个人怎么可能在坚定信奉一种信仰的同时又追求以现代分子医学为基础的科学生涯呢？面对这样的情况，应该采取相对理智的态度正视大量进化论和自然选择的证据。

二三十年前科学方面的书籍鲜有讨论宗教信仰的部分。西欧大部分国家逐步进入"后基督教文明"的时代，也同样包括宗教附属——"自助餐店式的基督教"等。德国哲学家弗里德里希·尼采曾宣扬"上帝已死"，

该观点与1963年出版的英国圣公会主教约翰·罗宾逊的巨著《对主诚实》不谋而合，产生共鸣。事实上，很多美国知识分子反对"美国中部"那些有着深刻原教旨主义烙印的信徒。1930年，诺贝尔文学奖得主辛克莱·刘易斯塑造了卑鄙下流的牧师埃尔默·甘特利，在此之后，再也没有一位美国大作家去涉及美国中心地域基督教的外部局限性问题。也许创作出类似吉米·斯瓦格特、塔米·法罗和吉姆·贝克这样的杰出完美人物形象已经成为不可能完成的任务了。

从20世纪90年代起，大量客观分析宗教原教旨主义的新书如雨后春笋般迅速出现。我阅读过最有借鉴意义的书籍是凯伦·阿姆斯特朗的《为上帝而战》，该书从理性的角度深入剖析三个亚伯拉罕诸教——犹太教、基督教和伊斯兰教。琼·卡拉克尔的《在天堂的旗帜下：一个暴力信仰的故事》是一本引人入胜的好书，详细记录了近代摩门教的起源，同时该书重点阐明摩门教信仰体系内最大的历史倒退。卡拉克尔还一并记述了原教旨主义与自由主义哲学结合的全过程（自由主义者认为个人没有义务缴纳税款和取得驾驶证）。原教旨主义一旦与自由主义结合，再加上美国枪击文化，即引发了1993年韦科市的悲剧：76名极端邪教组织成员在与政府的冲突中流血身亡。

2004年的美国总统选举明确表明，宗教原教旨主义是主要政治力量之一。从某种程度上讲，对其他国家和地区而言这种现象是无法理解的。美国有着浓厚的宗教传统，是一个以犹太教和基督教为主的国家。乔治·W.布什总统使世人深信，绝大多数美国公民认为自己是"重生"的基督徒。

科学与宗教之间冲突最大领域的无疑是以"创世科学"著称的信仰体系。有些宗教人士仅是无法接受人类是从简单的生命形式进化而来的思想观点，而另外一部分宗教人士则更为极端，全盘接受《圣经》文字的真实性，也就是说，按照日期推算，人类世界仅有6000年的历史。在极端的

7 透过不同的视角：科学与宗教

宗教观点下，"神创论者"必须合理解释生物学和地质学记录发现，或者将其划为某种有神论伎俩，或者是信仰的考验。宗教信仰的另一群体则支持"智能设计"理念，这些人接受进化理论，但是同时认为进化不是随机发生的，而是来自上帝的指示。生物学家和相信"智能设计"的群体至少可以相互交谈，但我怀疑，他们可能不会谈得来。

科学为什么要被"神创论者"的诡辩过分干扰呢？这场辩论已经持续近150年，显然不会用理性的讨论最终解决。科学进步的民主社会同样平等对待宗教信仰自由，只要该宗教信仰不会引发妇女、儿童被虐待，或其他危险和非法行为。当然，如果有人愿意相信有所谓的"创世科学"，这与他人无关。我个人认为，无论如何，我在与原教旨主义者的对话中了解到，他们大多数道德行为模式比"神创论者"更加重视传统道德价值。一些受过良好教育的人因为痴迷于神创论而境况窘迫。信仰神创论难道真的只是信仰的测试，还是要求放弃追求真理呢？

美国很多地区存在很多根基雄厚的基层团体，这些团体强行在高中科学教师阶层里推广其所谓的"神创论"——这确实是一个巨大难题。这必定在所有场合和地区遭到强烈抵制。"创世科学"对科学标准和准则的发展毫无用处，这我已经在第2章中解释过。"创世科学"是一个信仰体系，归属于教堂的神职人员。任何笃信该信仰的人都会经常参加礼拜活动。原教旨主义者的教堂无法阻止神创论观点的流行，但是在自己的领地中大加宣传即可，又何必非要入侵校园呢？

我猜想非科学是其他事物的"特洛伊木马"：渴望宗教庆典在公立学校获准举行，或者为宗教学校争取到公共税收的支持，抑或二者兼而有之。以欧洲启蒙精神为基础起草的《美利坚合众国宪法》，被美国最高法院阐释，指出教会与政府之间明确划分界限，彼此互不干涉。与美国其他法律一样，该条款强制执行。一个建立在强大基督教传统和创始朝圣者理论基础上的国家禁止圣诞颂歌，禁止装饰圣诞树，并且禁止所有公立学校和公立机构的圣诞庆典。否认他们所见的是他们的传统，这是激怒许多普通的正派美国人的分歧点。

有无神论或非基督教信仰背景的美国人，心中也偶有恐惧，这种恐惧来自于担心由宪法强制分离的教堂和政府可能有一天会被强大的政治力量所侵蚀。大多数欧洲国家和澳大利亚没有特定地划分两种群体的界限，所以从很多方面看来，社会被合理合法地称为"后基督"社会。从某种角度而言，我自己可能是个奇特的杂合体；我的观点是，可能宗教与政治领域的界限不那么分明，反而更利于文明的发展和进步。

在人类历史上，宗教是不可或缺的重要组成部分。西方民主社会的每一名学生都应该适当接受宗教教育，在某些国家的文化传统形成过程中，宗教信仰体系和实践发挥了重要作用。如果允许宗教信仰在公立学校体制下占有一定位置的话，那将会发生些什么？澳大利亚缺乏国家所属的教堂，国家和政府为私立教会学校和公立普通院校提供大量的税款。不仅如此，至少在我的儿童时代，当地的神父和牧师每周都会来到昆士兰公立学校给予一小时的"宗教指示"。有些人不信英国圣公会、长老会、卫理公会、浸礼会或公理会，那么，他们可以放假去做其他的事情。一般来说，天主教徒仅参加教会内部的特殊学校。目前，澳大利亚的人口组成越来越多元化，公立学校也需要适应时代潮流允许拉比（犹太教祭司）、阿訇，以及信奉各种宗教的教师加入。

很显然，学校一并教授"创世科学"与分子遗传学、进化生物学、地质学、化学和物理学必然会让聪明的孩子发问："这些人是谁？他们在说些什么？"原教旨主义者并不愚蠢，因此他们鼓励家庭式的教育方式，同时建立自己的学校和"大学"。智慧的年轻人，不论各自的信仰是什么，应该为自身的发展选择开放、充满激情挑战的好大学。父母也应该尊重子女，给予其足够的自由来做自我决断。他们拥有丰富的知识，再加之正确的信念，将在激烈的竞争中生存下来。

7 透过不同的视角：科学与宗教

宗教在澳大利亚的推动力要弱于其在美国本土的作用。尽管澳大利亚也存在着有组织的信徒团体，而且原教旨主义也在社会中占有一席之地，但是大部分与宗教信仰没有太大瓜葛——不过他们的伦理道德、价值观念属于广义上的基督徒，或者更为贴切地说是 2300 年前雅典民主理念和亚里士多德理论的延伸。许多人自诩为"天主教徒"或"正统教徒"，但是他们往往与种族和文化一样有着明显的宗教烙印。就墨尔本来说，这座世界第三大希腊城邦，有着古老的希腊东正教会标签，希腊东正教为该社群的成员提供交流联系和传统递延的空间，但是与众多历史悠久的基督教教派一样，他们正在逐步丧失年轻信仰者，因为年轻人大多不愿按期参加教堂礼拜。

新教这类开放的宗教文化起初在西欧占主导地位，之后在澳大利亚殖民时代也一度流行，总体上来说对科学研究的发展有着积极正面的作用。实用主义而非智力内省往往更能代表英国哲学传统。英国圣公会（在美国称为美国圣公会）在 19 世纪曾经与科学界发生大规模的冲突，这种冲突始于博物学家托马斯·赫胥黎与萨姆·威尔伯福斯主教的对峙。

争论的焦点是关于 1859 年出版的《物种起源》一书中查尔斯·达尔文的自然选择和进化论学说。达尔文在 1831～1836 年接受英国圣公会神父的邀请，作为一名博物学家参与了"小猎犬号"的环球航行。他对人烟稀少的加拉帕戈斯群岛的生命形式进行研究，得出科学的结论，也就是之前我提到的作为现代生物学基础的进化论。威尔伯福斯主教因为颇有辩才，是个教会辩手，所以被称为"油嘴的萨姆"。1860 年 6 月在牛津的英国科学促进会上，主教在对进化论肆意歪曲一通之后，转向坐在旁边的赫胥黎，以讥讽的口吻问道："我要请教一下坐在我的旁边、在我讲完以后要把我撕成粉碎的赫胥黎教授，请问那个声称人与猴子有血缘关系的人，究竟是他的祖父还是祖母是从猴子变来的？"赫胥黎转向身边的本杰明·布罗迪爵士，他大声说道："主已经把他交到了我的手中。"因为不赞同世界的有神论观点，赫胥黎的语气有点不敬。他对威尔伯福斯的答复是：

> 我声明，我再重复一下，一个人没有理由因为有一个大猩猩作为他的祖先感到羞耻。真正令他感到羞耻的是，他的祖先是这样的一个人，他不是利用他的聪明才智在自己的领域去获得成功，而是利用他口若悬河的言辞、偷梁换柱的雄辩和求助于宗教偏见的娴熟技巧来分散听众的注意力，干涉他自己不懂的科学问题。

一般认为，赫胥黎赢得了那场辩论。

赫胥黎与主教针锋相对、短兵相接的辩论之后，开明的圣公会与天主教会一样，在随后的几年里逐步摒弃唯有《圣经》才能解释生命起源发展和自然世界的观念。正如之前我所提到的，早期科学的崛起是由文艺复兴、宗教改革，和随后17世纪弗朗西斯·培根的哲学巨著，以及一系列思想启蒙运动的历史事件所造就的。因此，虽然许多英国科学家是不可知论者，但是其他人却驾轻就熟地协调科学与相对开放的宗教之间的关系。

与美国的情况相似，澳大利亚也受到爱尔兰热潮的强烈影响，而后是意大利的影响，再后来是天主教的影响。我的理解是天主教等级制度总体上与现代科学或进化论没有激烈的矛盾，只要科学研究没有触及"神圣的生命"这一中心理念。天主教自始至终固执地反对人工流产及与之相关的胚胎干细胞研究。如果出于个人伦理道德的考虑，从事生物医学研究的科学家最重要的是需要意识到，此类科学的主要内容与人类胚胎物质的相互作用毫无关系。不仅如此，那些没有道德禁锢从事干细胞研究的人员也在寻找新的策略，就像对产后脐带血的应用前景一样。

长期以来，基督教会坚信其教义能解释世界的物质本质。1633年，伽利略·伽利莱的"日心论"被教皇否认后强行撤回，直到350年后才得到教会的公开致歉。然而，客观地讲，基督教会依然以其智慧和科学的历史为荣。即使是在17世纪，反对伽利略运动也与教会政治立场息息相关，

7 透过不同的视角：科学与宗教

但却没有抵制伽利略的发现。众多国际知名的欧洲大学——牛津大学、剑桥大学、巴黎大学和格拉斯哥大学等大多保留其基督教前身机构，甚至很多美国基督教堂至今依然保留着重要的学术机构——如印第安那州的南本德圣母院大学、密苏里州的圣路易斯大学和芝加哥的洛约拉大学。目前，澳大利亚天主教大学还开设远程网络大学。

2000年我被维拉诺瓦大学授予孟德尔奖章，提醒我个人的天主教教徒身份。维拉诺瓦大学是一个由奥古斯丁教团掌管的杰出的费城研究机构，格雷戈尔·孟德尔是一位奥古斯丁教团的教士，也是现代遗传学的创始人。孟德尔著名的豌豆种子杂交实验即是完成于奥地利布尔诺，结果首次发表于1866年，并于1900年被欧洲三位植物学家重新发现，获得同行广泛认可。

引用孟德尔奖章里的文字如下："孟德尔奖章是为了表彰在科学发展道路上通过自我艰苦奋斗，促进科学技术前进的科学家，同时向世人揭示真正的科学和真正的宗教能够相辅相成，相互促进。"我不想与这段饱含激情的文字进行任何争辩，除了孟德尔奖章得主有些名不副实之外。事实上主要问题在于，尽管很容易对真正科学的广义特征达成一致，但是宗教信徒们很难完全包容真正宗教以外的科学定义。因此，宗教教徒如想在科学的道路上有所建树的话，关键的问题在于灵活地掌握笃信教义的深度和广度。

澳大利亚与北美地区原教旨主义盛行的原因同出一辙。19世纪和20世纪早期欧洲国家一些信徒们无法忍受过于刻薄的教条世界观。这部分人渐渐移居国外。20世纪主要教堂的分裂冲突造就了大批无所事事的牧师、教堂及教派余党——被称为"Wee Frees"，目前聚居于苏格兰高地。苏格兰地区充斥着长老会制的教堂，扮演着各类茶水间和旅游礼品商店的角色。30多年前，我们曾居住在苏格兰高地地区，我们所熟悉的一家教堂里甚至豢养了很多猎犬。还有一部分牧师移民国外。

通往**诺贝尔奖**之路

　　在这个不确定的时代,原教旨主义对澳大利亚的影响越来越大,试图寻找更加稳定完善的世界观。但是,原教旨主义者在政治上所发挥的作用与其在美国的境况相差甚远。原教旨主义的"家庭第一党"很小,在"特殊加比例代表制体系"下,仅有澳大利亚参议院的一个席位。据我所知,"家庭第一党"真诚地关爱贫困家庭,而且也会对无家可归的人伸出援手,提倡戒毒、保护儿童和赡养老人。那些可以取悦于美国极端原教旨主义者的所谓"世界末日"和"十字军远征"之类的场景,却丝毫没有出现在"家庭第一党"出版的宣言手册中。不仅如此,在其宣传手册里没有任何关于科学或者创世科学的言语,同时"家庭第一党"还竭力推崇环保的理念。

　　澳大利亚有组织的极端原教旨主义者的政治影响力很小,大概有两个方面的原因。一方面原因是大部分澳大利亚人不认同基督教原教旨主义者所谓的"生命的权利"。尽管人工流产本身会引起一些人反感,但绝大多数人完全支持选择的权利。有人曾经对4000多名澳大利亚人做过这样的调查"女人是否有选择人工流产的权利",93%的无信仰者给予肯定回答,77%的其他教众及70%的天主教徒、53%的新福音教徒都给予了肯定的答复。另一方面的原因在于澳大利亚实行强制投票选举政策。除非以宗教信仰为由不参与注册,否则所有澳大利亚公民在选举当天都必须出现在选举现场并取走各自的选票。当然,如果不想投票的话也可以撕毁选票,但是必须参加选举。1922年开始强制性投票,因为当时投票人数的比例下降到59.2%的水平,而91%水平的投票人数比例被认为是正常情况。因此,少数有组织的宗教团体很难在众议院获得有决定性作用的席位,不过参议院中会为部分宗教团体保留相应的席位以平衡各组织团体势力。我相信澳大利亚政府会不惜一切代价维持强制性选举政策。可以肯定的是,民主体制最佳的体现形式即是选举者的高参与率。

　　尽管西方思维方式已经固定成型,但是还依然有一些宗教能够与科

7 透过不同的视角：科学与宗教

学相互依存、相互促进、共同发展。在伊斯兰教的信仰体系里，国家的主要权力被宗教力量所把持。2001年的"9·11"事件以后，包括入侵阿富汗与伊拉克战争，使世人意识到西方世界对宗教领袖和信徒的教育是多么的荒谬和失败，低估了宗教势力的影响力。从电视画面和故事中我们看到，阿富汗和巴基斯坦西北边境省的城镇和社会结构都还延续着中世纪的模式。枪支随处可见。这与西方国家不同，那里的权力的核心依然是以家庭为单位，与家族对抗就像莎士比亚的《罗密欧与朱丽叶》中两大家族的斗争一样。当然这仅仅描绘的是伊斯兰世界外边缘的生活境况。游览现代伊斯兰教国家——马来西亚，使人很容易感受到科学、宗教、技术和创新的完美融合。

在欧洲基督教处于黑暗时代之际，伊斯兰教社会的教众开明平等的受教育和自由思想的传播，使得伊斯兰教在此期间成为科学文化和文学艺术的领头羊。阿拉伯学者保留了很多古希腊文本，创造了很多新发明，如便携罗盘，并且引入至今依然沿用的阿拉伯数字。当然，有时候还是有可能找到回归早期积极进取传统的方法的。例如，亚历山大图书馆在1500多年前被烧毁，近来亚历山大图书馆的重建让世人看到境况好转的一丝希望，重建的经费绝大部分来自埃及和周边阿拉伯国家政府。

很多诺贝尔奖得主早年成长于犹太家庭，特别是生理学或医学奖这种以实验数据为基础的传统科学。虽然犹太人中涌现出120多位诺贝尔奖得主，但是我认为他们大部分信仰无神论。就我的理解，尽管犹太教的中心思想是神圣文本（《圣经》）中记载的教条，并且任何人无权修改其中的条款，但是秉承教义的精髓却需要与时俱进，批判发展。结果犹太人之间的谈话充满质疑和批判，这正是现代科学体系的精华所在。1997年诺贝尔物理学奖得主克洛德·科恩·坦努吉生活在阿尔及尔的一个虔诚的犹太家庭，他曾经总结犹太家庭的传统特点：乐于向他人学习和与他人分享知识。可能还需要增加一条——质疑。

通往诺贝尔奖之路

19世纪和20世纪初,犹太人被排除在文化体系之外,特别是医学和法学。拥有聪明才智的犹太人大多成为宗教学者。俄国大屠杀和德国纳粹主义肆虐引发的大移民给欧洲的文化体系带来了巨大冲击。这使得美国,特别是纽约在此移民过程中获益匪浅。澳大利亚也一样从中获益,很多国内巨商、慈善家及学者都有犹太血统。

尽管如此,问题是科学家到底对宗教信仰持何种态度呢?1998年佐治亚大学的爱德华·拉森发表于《自然》杂志的调查研究表明,在世的美国科学院院士中,仅有5.5%的生物学家、7.5%的物理学和天文学家及14.3%的数学家信仰上帝(有趣的是具有抽象思维的数学家反而对数据不感兴趣)。美国大部分的科学团体中,60.7%的人属于"怀疑者"。

作为澳大利亚科学院和英国皇家学会选举委员会委员,同时作为在美国科学院外籍院士选举过程有发言权的我,在选举科学院成员过程中,从来没有考虑过候选人的宗教信仰问题。不管最初是不可知论者还是无神论者,也不管他们到底对什么领域最感兴趣,只要在科学,尤其是自然科学领域取得高水平的成就,就不应该因其宗教信仰而被全盘否定。

这并不是说所有科学家的标志之一就是缺乏宗教信仰。1997年凭借发现激光制冷而荣获诺贝尔物理学奖的比尔·菲利普在其自传中写到,自己是在卫理公会教徒的抚养和教导中长大的,因此将终身信奉卫理公会。同年他被选为美国科学院院士。另外一位著名的美国科学院院士弗朗西斯·柯林斯(他还没有获得诺贝尔奖),是人类基因组计划的首席科学家,这位医学专家在公共场合从不避讳谈论个人的宗教信仰和对进化论的认同。柯林斯有着理智的新教徒背景,克莱夫·斯特普尔斯·刘易斯的著作对其有强烈的冲击。不过恐怕对我来说,阅读克莱夫·斯特普尔斯·刘易斯的著作会有相反的效果。

弗朗西斯从事多种与人类疾病密切相关的遗传异常鉴定和相关功能研究工作。他坚信有资格评判上帝的人是在自然选择和进化过程中通过个人

7 透过不同的视角：科学与宗教

努力创造奇迹的人。这是很多基督徒信奉的理念。但是对那些完全照本宣科地信仰上帝的人来说，这种思想并不可取。

我所熟识的众多顶级科学家也属于偶尔会去教堂做礼拜的天主教徒。神经生理学家约翰·埃克尔斯，这位美国科学院外籍院士曾于1963年获得诺贝尔生理学或医学奖，与其他教徒不同的是，他是一位"教皇骑士"。在诺贝尔奖颁奖礼上，他用"愿上帝保佑您"这样的言辞来结束其获奖感言。埃克尔斯与哲学家卡尔·波普尔私交甚密，二人曾经合作出版书籍《自我与大脑》，这本书言辞晦涩，阅读难度很大。相比较而言，波普尔的独立著作《猜想与驳斥：科学知识的成长》则深入浅出，浅显易懂，遗憾的是，诺贝尔奖没有设立哲学奖。埃克尔斯在很多著作中，创造性地提出"二元互作论"思想。我所理解的"二元互作论"思想即"自我意识"是由物质大脑升华而来，而非大部分生物学家所认为的思想是大脑物质的产物。我在与熟悉埃克尔斯的人聊天中得知，埃克尔斯逐渐摒弃了"二元互作论"思想，并在瑞士安度晚年，享年94岁。

由于有着澳大利亚和美国南部的生活经历，我对宗教内外的生活有着深刻的了解。确实有些信徒虔诚笃信宗教，但是大部分并非如此。科学家要谨慎对待宗教信仰，避免陷入狭隘、世俗的原教旨主义泥潭中不能自拔。但是非议他人信仰并不是科学家的本职工作，不过在宗教信条有可能导致灾难性后果时，科学家需要摆出正确事实说服公众，防止悲剧发生。众所周知的一个例子即宗教传统认为给濒临死亡的儿童输血是有违圣意的行为。在这种情形下，不管面临多大的障碍，医生都必须竭尽全力反驳父母所秉持的愚昧思想。

在疾病防控、疫苗接种、环境保护等需要密切关注的问题上，科学家要义无反顾地及时告知民众，同时对公众观念和公共政策施加影响。不过尽管我们对宗教组织试图自奉为社会伦理道德的守护者心存怀疑，但是人类社会守护者的角色确实不仅仅是科学家所扮演的角色。成年人有选择宗教信仰的

权利,也有决定是否信仰宗教的权利。当然任何人是否平等地拥有这种权利与其出生和成长的环境、家庭影响、个人经历、教育水平及内在精神世界等密切相关。就像凯伦·阿姆斯特朗在《螺旋楼梯》中提及的一样,自我发现的过程是一个痛苦煎熬的过程。科学家则是在事实证据基础上提出问题、解决问题。我们所仰仗的任何权利都需要拥有真实性和有效性的基础。

关于"原教旨主义"的复兴,有一种说法是越来越多的宗教团体畏惧科学事实,担心自有信仰体系受到冲击,于是画地为牢,循规蹈矩地片面强调否定事实和开放的高等教育。从西欧宗教机构所发生的一系列事件来看,这种可能性是存在的。

然而,如果将福音派和其他原教旨主义信徒看做是代表某种集团的利益,那就大错特错了。特别是在美国南部,分布着众多的福音派教堂(黑人与白人教堂相对独立)和其他宗教机构数量相当。美国与澳大利亚或西欧的社会福利体系不同,不存在终生受益的社会福利。教堂则承担起福利救济的责任,乔治·W. 布什总统在职期间更是大力塑造教堂社会慈善机构的角色。毕竟,此类免税慈善组织无论如何也需要为其信徒负责。

最近的调查显示,这些庞大的、近乎大的购物中心的教会组织——有些信徒甚至超过两万人,仅有不到30%的信徒入教之后会定期或不定期地做"礼拜"。现实生活中我接触了解的一些教会信徒,包括那些宣称字字句句信仰《圣经》的经学主义者,大部分确实阅读过《圣经》并号称将其作为生活基础。当然也有一些看起来对神学丝毫不感兴趣的。尽管如此,他们在加入教会后,心理和情感大多都得到很大慰藉。在困难时期,教会成员的相互关心帮助比专业的精神病治疗花费要少很多。

但是,有时信仰会变得危险而又不负责任。防范艾滋病有 ABC 三条原则:禁欲、忠诚、安全套。教会对前两条原则不存在异议,但会直接反对第三条。我们从事行为科学研究的朋友们,正在进行用他们自己的话讲叫做"伤害减少政策"的活动,试图将非洲艾滋病病毒的影响控制在最低

7 透过不同的视角：科学与宗教

程度。他们告诉我，最重要的就是要维持对话状态。当然最好是能够说服宗教领袖尽量减少教义中对安全套使用的抵制程度，但是如果这条路走不通的话，那么尽量说服他们在仅限于教会范围内反对安全套的使用，而不要公开表明立场来抵制使用安全套，因为这会引发公众的怀疑和迷惑。该情况最可行的解决办法是营造医学专家和宗教领袖之间进行相互信任的平等对话的氛围。近期尼日利亚岌岌可危的小儿麻痹症和麻疹疫苗接种计划，即被平等互信的谈话所顺利扭转，用事实证明了对话的重要性。

投身于公众事业的科学家在积极促成某项举措时，一定要致力于建立共识。这与延续了几个世纪的罗马主教或者奥利弗·克伦威尔的作风不同，需要的是对话、理解和协商。某些宗教团体会将与科学相关的所有事宜视为教会的威胁，但是其他一部分宗教团体对科学持欢迎或者中立的态度。任何医学传教士面对突如其来的全新高效的艾滋病疫苗或者流感疫苗都不会感到不安和震惊，即使此类感染都具备典型的特点：病毒能够迅速击溃自然选择压力而继代繁殖。如果宗教组织站在真理的一方，那么他们将成为强大的盟友。我们不应该自以为是地把原教旨主义团体归为对所有事务都顽固地否认证据。

建立在信仰基础上看待世界的理智的人，必定也会赞同以科学发现为基础的科学家的意见。维持人类生存和发展，同时保护绿色大自然和这个欣欣向荣的星球，对所有人来说都意义非凡。不管是上帝的旨意还是人类进化的需求，我们都需要手牵手一起承担起这神圣的使命——为了人类的幸福生活而努力。尽管各自信仰不同，但是我们义不容辞，努力奋斗，为了美好的未来而携手共进。

固执地坚持上帝的恩典或人类种族自我繁衍生息的观点重要，还是使两极分化的观点逐渐融合，为即将到来的新的世代创造生存的机会和空间更为现实和理智呢？如果我询问我的教会朋友们，他们会在投票尤其是在国家大选时，对各政党在全球可持续发展方面推行的政策感到无比困惑和茫然。

8 探索未来

在 1996诺贝尔奖颁奖典礼后,我们参加了由乔纳森·曼(CNN)主持的"诺贝尔思想"节目。之前的夜晚是短暂的,我们都没能在凌晨3点前入睡。新的获奖者们围坐成有些间隔的半圆形,就21世纪的新挑战问题进行了探讨。最重要的议题是:"科学发展的下一步是什么?"我记得我谈了艾滋病和解决世界饥饿问题。不过研究化学和物理的几个获奖者把话题转向了生物学。例如,化学奖得主理查德·斯莫利谈到了微型机器和纳米技术的医学应用潜力。

使用纳米技术可以制成尺寸比头发丝还细的小分子机器,这种小分子机器就像是一个连着"线路"的微芯片,小分子机器在医学中有许多用途,例如,我们可以把小分子机器植入体内将因神经损伤而丧失的大脑和肌肉之间的联系重新建立起来。可能大家都熟悉更大的装置,如心脏起搏器和"仿生耳",小分子机器从一定意义上说是同一个主题的进一步延续。纳米技术还是一项新兴技术,许多方面还处于理论的推测阶段。科学家们正在开展许多探索性的研究,如建造一些可以注入血液的微分子装置,用于除去积累在动脉壁上的胆固醇累积或者是直接杀死那些传播(转移)性肿瘤细胞,你可以把小分子机器想象成电影《奇异的旅程》中的那些微型潜艇和船员们,只是更小数百万倍。

8 探索未来

纳米技术这样的令人兴奋的技术正在兴起，但科学家们对未来的预测真的不见得会比其他人更准确。虽然大多数专家们可以预测到某些既定的趋势，那些划时代的改变还是常常使大家目瞪口呆。在过去的 500 年里，人类不得不反复面对这些突然而彻底的革命性进步，就如 40 年前，没有人可以预见到现在互联网的巨大发展，也没有人能提出全球化、电子化的商业模式。但对健康和长寿（个人和这个星球）的挑战却已经是很明显和有预兆了。

真正说起和我们密切相关的科学，像其他人一样，我也认为自己最感兴趣的是生物学领域和医学领域。我们在 1996 年的获奖正反映了这一点：在生物学特别是遗传学和分子医学领域所完成的工作可能会对全人类有巨大的贡献。事实上，当人们回顾 21 世纪的科学发展时，我想他们会将它形容为生物学的世纪，化学和物理学也与生物过程紧密相连。当然，在 20 世纪相关领域也有巨大的进步：从移植手术、抗生素、心脏病药物，到核磁共振成像（MRI）等。然而，影响人类生活条件的最大的变化很可能来自于把物理学和工程学应用转化到运输、劳动、通信和令人遗憾的武器方面。

展望生物学的未来，我相信人们的兴奋还会持续很长时间，也在迎接更大的挑战，因为我们现在获得了从在微观上非常细微地观察某一生物过程到在宏观上综合考察周围的化学环境和所有生命的互相依存关系的能力。一方面，我们可以逐步解析非常精确的分子事件，这将为开发更好、更特异的化疗治疗试剂（药物）提供基础；另一方面，解决错综复杂的网络问题也在成为可能，这是我们有效控制免疫应答，大脑反应，人类及所有的生命形式（生物群）之间和空气、水与我们的地球的相互作用等方面的中心环节。

目前所有有关遗传学领域的发展都十分令人振奋，在未来 100 年看不到有减弱的趋势。这里有一个简单的例子，吉姆·唐宁、比尔·埃文斯、玛丽·瑞凌和圣·裘德儿童研究医院的同事们，最近用基因组的手段开发出急性淋巴细胞性白血病（ALL）的新分析方法。这种恶性白细胞癌，曾经宣布了90%的被诊断患此病的孩子死刑，在化疗和放射治疗的进步下，进入圣·裘德儿童研究医院治疗的孩子的成活率超过80%，但这仍然是一个非常令人痛心的问题。圣·裘德儿童研究医院的使命是使"所有的孩子能完成自己的生命旅程"，但彻底征服这种白细胞癌还有很长的路要走。

圣·裘德的科学家和医生自20世纪60年代开始就预见了未来。地下室中摆满了一排排的超低温冰箱，保存了过去40多年中每个被治疗过的儿童的血液和肿瘤组织。医院对患者从治疗开始到15～25年的生存期结束，都进行了详细监测，保存着非常全面的临床记录。我们的遗传学研究小组又回到了对这些样本及其相关临床信息的分析研究上。

蛋白质是构造细胞的基本建筑块和细胞的调节分子，而信使RNA（mRNA）承载着制造这些蛋白质的指令，研究小组把mRNA从解冻的肿瘤组织中提取出来，覆盖在商业化基因芯片上，以确定哪些特定的DNA片断在各个癌症患者中被读出，然后，将这些信息与相关的病历相联系，来产生一个遗传和临床结合的命运图谱。这在医学上的应用才刚刚开始，但长期的结果将是这种基因表达图谱将为医生提供强大的洞察力，当一个病得非常厉害的孩子来到医院时，在一两天的时间里通过一个简单快速的基因筛选就能迅速判断出病因。

我希望在10～20年后，世界级综合癌症中心能在开始治疗前首先详细分析血液或活体切片样本，以根据患者的不同的遗传特征和不同的癌症进行个体化治疗。尽管每一种肿瘤可能有不同的特性，但急性淋巴细胞性白血病的研究显示，可以根据遗传性质的不同把癌症患者分为不同的家族，并用相应的方式处理。此外，了解患者个人的基因组成也会告诉医生，哪些药物可以被患者耐受、是否有效及药物影响程度在什么级别上。世界各地的研究人员目前正在收集脑癌、乳腺癌、胃肠道和生殖系统肿瘤

8 探索未来

等几乎所有肿瘤的类似基因组信息。与儿科急性淋巴细胞性白血病不同，这些属于影响范围比较大的肿瘤，不需要用40年的间隔来积累足够的样本和病史。

在上述急性淋巴细胞性白血病的研究中提到的基因芯片，是基因组学的直接产物。从人类全基因组测序中发展出来的基因组学是现代医学的基础，是20世纪结束时科学发展的一个重要里程碑。例如，昂飞（Afrymetrix）公司正在销售的两种小芯片（看起来很像一个数码相机背面的那种）就包含了能编码人类细胞所需的全部3万多个基因。除了用传统的方法让精子使卵子受精外，我们不知道该怎么做，绝大多数理智的人也都不愿意看到这种情况有所改变。但同样，利用我们对决定器官发育的分子相互作用的特定序列的了解，如果我们能从自身骨髓细胞中采集一些干细胞，在实验室中制造出新的肾或胰腺的话，那么对移植医学的发展将是极其伟大的贡献。当然，我们距离这样的情形还很远，几十年也许是几百年。

无疑，在未来20年，分子遗传学和基因组学方法的应用，将大大促进毒性更低、副作用更少的新型抗癌药物的发展。通过运用结构化学和分子模型，第一个"设计"药物已产生了。举例来说，工作在有培养箱、显微镜、离心机等"湿"的实验室的分子生物学家，发现了某种重要的蛋白质和蛋白质共同相互作用，在细胞质中这种蛋白质和蛋白质的结合决定着细胞进入开（分裂增殖）/关（静止）状态。这些蛋白质会在某些特殊的化学条件下从溶液中结晶出来，一旦合适的"开/关"蛋白质复合物晶体形成，就会被传递给结构生物学家，他们的任务是生成这些分子的图片，告诉我们这两种蛋白质究竟如何相互作用。

传统的结构生物学家是用X射线晶体学来解析分子结构的，这项技术首先由威廉·布拉格和劳伦斯·布拉格（1915年诺贝尔物理学奖）发明，随后由一系列诺贝尔奖得主，包括马克斯·佩鲁茨、约翰·肯德鲁、莫里

 通往**诺贝尔奖**之路

斯·威尔金斯（1962年诺贝尔生理学或医学奖）和多萝西·克劳福特（1964年诺贝尔化学奖），对这项技术进行了各种改进，使之更适于分析生物系统。新的结构生物学家，像赢得2003年诺贝尔化学奖的罗德里克·麦金农应用了小的直线加速器，该同步加速器（我在书中提到过）能分析更复杂的内部相互作用而极大地推动这一科学领域的进展。现在，在罗莎琳德·富兰克林时代看上去不可能的结构都可以迅速被解析（罗莎琳德·富兰克林，为沃森和克里克揭开DNA双螺旋结构提供最关键的X射线晶体学照片，但她本人却在1958年因癌症去世）。

一旦了解了分子界面的结构信息，化学家们就可以设计出在结构上与结合位点互补的小分子（药物），来阻断蛋白的相互作用。现代的计算机模拟技术对解决这种复杂而困难的化学问题是有很大帮助的。任何一个痴迷于计算机设计的年轻人都可以考虑学习化学，也并非所有的医学研究都需要处理令人作呕的血液和内脏。这种开创性的研究不仅在格局上非常合理出色，也是非常令人兴奋的，在该领域中进行深入科学的研究可能会对提高全人类的健康水平有很大的帮助。这种以计算机模型为中心的研究就是我们所说的"干"实验室。在当今医学世界，使用高负荷计算的"干"实验室的另一大增长点是数学和统计信息科学，现在被广泛用于整理由基因组、基因芯片等方法产生的复杂庞大的数据信息。

格列卫是第一个按照上述药物设计方法研究出的抗肿瘤制剂。它是一种酪氨酸激酶的抑制剂，能阻碍癌症细胞不受控制地增殖。到目前为止，癌症化疗基本上使用药（毒）物无差别地杀死分裂中的细胞，结果是造成脱发、免疫系统被破坏等许多副作用，这使病人很容易受外界病原物的感染。像格列卫这种药物就有更好的特异性，没有这些副作用。

格列卫也存在类似与其他癌症治疗药物一样的问题，即耐药性的出现。在讨论这一问题前，有必要介绍一下癌症的本质。由于肿瘤类型及产生原因的不同，下面的讨论可能有些过于简单，但应该足以提供一些基本

8 探索未来

的知识来让人大致了解肿瘤是如何摆脱药物控制的。

除了少数癌症是由病毒感染造成的之外,绝大多数肿瘤是由基因突变引起的。基因突变是指在细胞分裂过程中,基因出现的一个差错,只要不是致命的,这个错误的基因将被传递到子代细胞中,在大多数情况下并不会产生什么异常,这个过程也被称为"背景的体细胞突变",我们每个人时刻都在发生着,一般基因改变了的特定细胞也不会选择性地扩增。但如果突变正好破坏了细胞生长的控制基因时,这些突变细胞就可能不停地分裂增殖,最后根据不同的组织部位和细胞的生长速度,最终产生有相应特点的肿块(肿瘤)。一般需一次或多次连续的突变才会触发这一癌变过程。紫外线(皮肤癌)或香烟的煤焦油(肺癌)也是通过诱导DNA损伤和突变作为促癌物质来发挥作用的。

在遗传方面,肿瘤可以说是自私和愚蠢的。肿瘤基因的自私性表现在它完全不考虑周围组织器官等的需要,由于基因的变化,肿瘤不再受身体正常的"社会调控",丧失接触抑制而进入无限度的繁殖状态。这种细胞,从一定意义上说,像是一个疯了的企业家。从另一个角度上讲,肿瘤基因也是"愚蠢"的,因为它不"知道"它的过量增殖会最终引起为自己提供营养的生物体的死亡,完全是一种自杀性的行为。

由于肿瘤基因是完全自私的,它会通过产生变异的方法来挫败机体的任何类型的抑制机制。格列卫或任何治疗药物,只是施加了额外进化"压力",将有利于产生新的、具备逃逸药物作用的突变体。传统的癌症治疗方法是同时使用多种不同作用机制,针对细胞内部多个靶点的药物进行复合化学治疗,这有点像监狱里用高的围墙、单人牢房、球和铁链等多个方法防范罪犯逃跑一样。因为癌症细胞不太可能通过突变的方式来击败两个或两个以上不同的控制途径。如果我们是要发展无毒和长期有效的癌症治疗方式,就需要多一点像格列卫那样的"设计"药物。考虑到科学进步的速度和研究策略已经接近成熟,我们可以期望未来几十年内在药物设计领

域会有重大的进展。

在 21 世纪到来之际，研究用"设计"药物来攻克疾病的名单里，也包括了多种传染性疾病。尽管总是存在病毒产生突变而不再结合这些化学抑制剂导致药物逃逸的危险，但这样的化合物已开始用于控制流感和艾滋病病毒/艾滋病。除了药物带来的选择压力之外，为对抗人类的免疫系统艾滋病病毒和流感病毒的新的突变也在不断涌现。我们所面对的病毒这种生物实体，它们不是完全自私或愚蠢的。病毒的命运与肿瘤"死胡同"的命运不同，为了成长和生存，它们必须能够从一个个体释放出来并传送到其他的个体中去。这需要许多种不同的分子运作机制，而其中任何一个突变，都可能会使病毒逃避药物和免疫系统的控制。达菲和瑞乐莎是治疗流感的两种"设计"药物。在正常的条件下，病毒依靠自身的表面蛋白神经氨酸酶从被它们感染的细胞中释放出来，进一步感染其他细胞。达菲和瑞乐莎是这种神经氨酸酶的抑制剂，能结合神经氨酸酶有效抑制病毒在体内的增殖。这两种化学抑制剂现在已经使用了几年，目前还没有迹象表明传染性很强的抗性突变体已经出现。如果致命的 H5N1 禽流感病毒真正适应了从人类转移到人类，那么达菲将是我们抗击病毒的第一道防线（见第 4 章）。

我们可以全面开发一系列的抗病毒药物，如针对引起青少年义膜性喉炎的抗副流感病毒药物，但是存在以下三个问题：首先，任何通过呼吸途径迅速散播的传染病在开始发病期和有效治疗期之间的时间都非常短暂。对于类似流感的这种存在潜在致命危险的传染病而言，开发一系列的抗病毒药物是相当重要的，可谓"生死悬于一线"，如果及时给予药物治疗，患者将摆脱死神的威胁。此类药物可以作为常备的预防药物，在全球性流感暴发时可以供老人和儿童等特别易感人群使用。其次，此类针对病毒"设计"的药物特异性很强，治疗时需要对症下药。而使人虚弱、呼吸道感染的病毒类型多种多样，迅速地诊断测试是此种治疗方式得以扩展的前提。最后，也可能是最严重的问题——药物研发和测试过程的巨额经费开

8 探索未来

支。比如,想要设计一种专门对抗癌症的药物来治疗一些罕见的儿科肿瘤时,经费问题最为突出和紧迫。

我们已经看到了经济条件对当前艾滋病流行的巨大影响。发达国家可以使用昂贵的三联药物疗法,使诊断出感染艾滋病不再等同于宣判死刑。当然我们还没有理由自满,因为艾滋病仍是一种令人感到震惊的疾病,终日以药物维持生命也会带来相应的副作用,例如,缩短寿命。然而,由于无法支付巨额的医药费和基础医疗设施的匮乏,艾滋病在发展中国家的死亡率相当惊人。整个社会范围内的教师、农民和政府官员因此大量失去宝贵的生命。当父母和儿童的生存状况无法得到最基本的保障时,未来只会成为虚无缥缈的泡沫。尽管平价药物正得到越来越广泛的应用,但是仍然有很多人承担不起,因此艾滋病的流行对人道主义来说依然是一种巨大挑战。一个令人乐观的发现是来自泰国、塞内加尔和乌干达等国家的经验,促进行为方式的改变可以减少艾滋病的传播。

面对艾滋病,如何开发一种廉价有效的预防方法是医学工作者面临的巨大挑战。人们已经尝试过几乎所有的方法,从时下盛行的"柠檬汁"疗法到更为复杂的预防艾滋病在女性中传播的配方,还有很复杂的艾滋病疫苗。之前我曾提到,目前开发的试验疫苗效果不大理想,似乎该问题的解决必须在关键理念上有突破性进展。我个人已参与到三个不同的艾滋病疫苗开发项目中,分别是澳大利亚和美国主持的,不过目前的进展都不顺利。

流感病毒能够在大规模暴发一两周之内被彻底消除,与之不同的是,艾滋病病毒不仅顽固持久而且通过变异逃避免疫控制。另一个问题在于没有合适的实验小鼠模型来廉价、迅速地找到新的合理的免疫策略,艾滋病病毒的类似病毒可以感染非人灵长类动物,但它们并不能完全模拟人类疾病的过程。即便如此,这种实验已经是目前条件下的最优选择,因为在实验动物体内,无效的候选疫苗对人的艾滋病病毒免疫成功的可能性也非常

低。现在新型艾滋病疫苗的最佳检测往往是通过人体试验，在艾滋病重度传播的流行地区接种这些艾滋病疫苗，只是这样的研究不仅需要非常昂贵的经费，而且涉及复杂的政治和体制等问题。

我希望在我的余生中更好地研究流感和艾滋病病毒感染免疫反应进程。最近，世界卫生组织有关潜在的大规模流感的研究估计：一旦 H5N1 禽流感病毒突变在人际传播会导致全球性的大流行，即便在现代药物和疫苗技术提高的条件下，死亡人数仍可达到 7200 万人，按 2002 年的死亡率测估，将等同于 24 年因艾滋病死亡的总人数。对这些非常重要的问题的研究是我前进的动力，只要同事们觉得我还能做一些新的工作，我将坚持我的研究。

传染病治疗的另一紧迫问题在于迅速出现的抗生素耐药性，如顽固性结核病菌、金黄色葡萄球菌，以及能引起坏死性筋膜炎的链球菌（分布广泛的 A 型链球菌的"食肉型"变种）。我在这个问题上持相当乐观的态度，原因是所有常用的抗生素其实都来源于数种细菌和真菌的自然防御分子。自然界中有成百万种的微生物有可能提供与其作用机理完全不同的新产品，此外，传统的还原论科学方法和现代基因组学方法相结合，也使我们能够从多种多样的微生物中鉴定出全新的防御体系。利用现代生物技术，相应的编码基因可以被克隆，在细菌中表达为蛋白质，并进一步检测筛选其对周围各种微生物的影响。

战略科学家克雷格·文特，曾经为人类基因组计划做出了巨大贡献，目前他正乘着游艇环游世界，从世界不同地点的海面以下两米附近处采集各种各样的生物标本。他所带领的团队首先需要与采样地点的各国政府谈判生物样品所有权的问题，利用基因组测序技术对不同地点的样品经一定大小的过滤网过滤，再对过滤后的浮游生物进行宏基因组序列分析。其实，在研究的早期阶段，他们就发现了一种新的光合作用机制，可能蕴涵着将阳光无污染地转化为能量的革命性进步。也许分子生物学家们可以利

8 探索未来

用这些全新的浮游生物基因,创造把光能转化为氢气燃料的细菌,进而来制作燃料电池。从更宏观的角度来讲,文特小组的研究也将为对抗全球变暖提供非常有价值的海洋生物群的基本信息,并且在未来的一个世纪也能继续跟踪这些海洋生物群的变化。

医学的有些分支学科并不需要依靠现代分子遗传学和基因组学的技术进步来发展。尤其是中国,中国正回过头来仔细寻找研究传统中草药中的活性成分。近来开发出的青蒿素就能够非常有效地对抗疟疾,这是一种从中国和越南本土中草药中提取出来的有效成分,但是由于产量较低供给相对短缺。《科学》杂志 2005 年 1 月 7 日刊登了比尔和梅琳达·盖茨基金会出资 4000 万美元协助开发提高这种药物前体产量的遗传修饰细菌的消息。不仅如此,化学家深入解析青蒿素的化学结构和性质,希望能够创造出药效加倍的青蒿素衍生物。我在堪培拉以前的同事——悉尼大学的格雷厄姆·约翰斯顿也从事中草药关键药效成分的鉴定工作。他曾跟我讲过,中草药的活性药效是非常微弱的,若非如此,中草药品种的生长条件、生活周期等将导致植物体内活性化学成分浓度发生变化,可能会引起植物本身的药物过量或中毒。另外,此类植物提取药物的活性成分即使能够被鉴定,但如何通过化学手段合成,仍然是一项巨大的挑战。当然形势可能会很快好转,有志向的年轻化学家要以此为目标努力奋斗!

第 4 章中谈及我自己研究领域的免疫学未来面临众多机遇和挑战,其中迫切需要开发一系列抵御艾滋病等持续感染疾病的疫苗。第 2 章提及存在争议的植物基因工程和全球变暖的辩论。此类问题的共性是非常错综复杂且受许多因素制约。比如,环境人士非常关注遗传修饰生物是否会逃离人为的控制而取代自然生物群体或使杂草同时具有抗病性基因。但实际上,这些后果并不见得比引进其他外源植物品种更糟糕,就像蒂姆·罗所著的《野性的未来:澳大利亚入侵者秘闻》所描述的一样,市政府花园里的外来植物像"定时炸弹"一样,有朝一日将会在自然界散发并引发严重

后果,这曾经发生过,而且也很有可能会再次暴发。全球变暖在"植物/逃逸"过程中扮演何种角色呢?培育抗虫遗传修饰植物同时意味着减少喷施杀虫剂。昆虫的大量繁殖意味着食虫鸟类的大量繁殖。鸟类携带多种通过蚊虫传播的病毒,如澳大利亚墨莱溪谷脑炎病毒,人类感染后会引发严重病症。全球变暖、遗传修饰抗虫生物、越来越多的昆虫(包括蚊子)和越来越多的鸟类最终导致越来越多的人类疾病。以上仅是互作系统的一个简单的例子而已。

如何处理错综复杂的系统将是 21 世纪科学面临的主要挑战。对感染和免疫互作及肿瘤免疫的透彻了解和操纵,仍将是疫苗和相应治疗领域的研究重点。所谓的"发现科学"基因组和基因芯片技术的迅猛发展,使得癌细胞或者激活状态 T 淋巴细胞的遗传基因能够被全面解读。20 世纪后期,我们在"还原论科学"的指导下对细胞内各种分子通路的各个部分进行了详细研究,取得了巨大成功,而且这种研究方式还将持续下去,并伴随着新基因及分子互作的发现造就许多新的科研方向。然而,如何将整个分子机器整合到一起来解释细胞、器官和组织水平的功能,还存在很大的问题。尽管医学科学目前已经取得卓越进展,但是对于像"为什么肝脏会生长成肝脏的形状和大小"这种简单问题,我们也依然没有能够阐述明白。

人类的大脑理所当然地成为我们面临的最为复杂和神秘的系统。我们可以期待在未来一个世纪中,对大脑的研究和了解将会有巨大的进步。毋庸置疑,分子生物学和基因组学的发展将为之带来新见解、新视角,与生理异常和身心疾病——精神病相关的单基因和/或可预见的多基因图谱将被解读。处理这些遗传信息的后续工作可能不是那么简单直接。例如,针对精神分裂症和癫痫症这类症状,应用崭新的靶标治疗是不存在问题的,但是如果某人的 DNA 模式与极端暴力或犯罪倾向相关时,社会该如何处理?

8 探索未来

这类问题已经产生了，如单胺氧化酶 A（MAO-A）启动子多态性（遗传多样性）正是其中之一，暴力倾向和反社会行为的人群往往拥有特殊的 MAO-A 基因型。仅依据 MAO-A 基因型就把无罪的人锁铐起来显然是不可行的。而且，如果没有犯罪的人（或者他们的父母）拒绝进行这类测试，那么怎样操作才是符合法律和伦理的呢？确实有一些严重犯罪事件，如果在儿童时期即能确定其潜在的犯罪可能，通过给予适当咨询或者药物治疗就可能完全阻止以后犯罪行为的发生，但是社会是否有权干涉此类潜在危险人物呢？反过来说，倘若这种遗传倾向在犯罪后才被确定，那么对待这些由基因型决定的犯罪人群使用严厉的惩罚措施是否合法呢？

精神分裂症和癫痫病的治愈也不像说起来那么简单。尽管患者及其家庭能够从治愈过程中受益，有效治疗也同时会消除人类社会文化长期进化积累的其他优秀品质。大多数人都会认为这些并不影响社会本身的进步和发展，正如我们没有理由怀念天花这类疾病一样。适当的精神药物治疗确实有可能挽救文森特·梵高的耳朵，但是，这会不会以牺牲他的艺术视野和创造力为代价呢？我想毫无疑问的是，绝大多数精神分裂症患者会认可这样的代价，以使他们在社会中正常地生活。

颞叶癫痫的发作总会出现深刻的精神体验。神经学专家一直认为圣保罗在去往大马士革的路上所经历的精神体验过程实际是癫痫发作时的典型症状。假使时空穿梭到基督纪元开始时期，使得圣保罗接受 21 世纪触手可及的癫痫病治疗方法，那么西方文明的历史将会通往何处呢？假使对大脑功能的研究越来越透彻，可植入大脑的电子芯片或者调节极端痛苦和虚弱病症的多种药物"鸡尾酒"能够实现的话，那么人类将会损失什么呢？不过，我相信大部分的癫痫病患者宁愿选择幸福的平凡生活和取得驾照的权利，而放弃精神体验的能力。

个体的特异神经细胞对不同的神经递质的反应是绝大部分药物成瘾的基础。神经递质是一种化学信号，能够从一个神经细胞传递到另一个神经

细胞来刺激脑电活动，最终引起中枢神经系统应答。一类很关键的神经递质是多巴胺。帕金森病就归因于大脑特定部位严重匮乏能够产生多巴胺的神经细胞——黑质，从而引起震颤、驼背弯腰的步态和运动障碍的典型症状。患者一般会使用多巴胺替代物——左旋多巴进行药物进行治疗。相反，精神分裂症患者又是因为多巴胺过剩，治疗手段就是应用多巴胺拮抗剂来阻断神经传递过程，也即阻断大脑受到的过量刺激。可卡因可抑制多巴胺移除进程，维持更持续性的多巴胺刺激反应。之前在谈及暴力行为的遗传机制时提到的单胺氧化酶抑制剂，则能分解多巴胺。

现代基因筛选技术——基因芯片的应用可以揭示出神经递质水平、敏感性等相关的基因表达图谱，检测这些基因就可以确定任何一个实验对象对吸毒嗜酒等药物成瘾的易感程度。这些可能反映了多个遗传效应的互作，或者多个已知基因控制的遗传性状——复合性状。天生遗传性易感体质需要给予更多的教育和预防措施，同时了解分子靶标的本质很有可能促进更为有效的治疗药物的开发。

药物递送手段也需要进一步改进。目前，假如我们服用了镇静剂或安眠药，药物中的活性化学成分将通过血液传递到全身各处，然后才与相应受体结合。纳米技术的应用可能引发制药领域的大规模革新，分子药物能够仅仅在病症发作部分发挥其效用。就像如下两种情况的差别一样：一种情况——足球比赛时，警察在一大群球迷里寻找到罪犯；另外一种情况——两名侦探直接去在一小时前刚刚发现罪犯的房间里进行搜捕。很显然，后者更加经济，并且很少有副作用。因此，药效递送过程的革新势在必行。

大脑功能性研究的另外一项巨大挑战是神经退化引起的疾患，如早老性痴呆综合征、阿尔茨海默病等，这些疾病在老年人群中日渐蔓延增加。老年痴呆症患者的增加从侧面反映出人类寿命较 30 年前有极大提高，大部分直接原因是心血管疾病的预防治疗手段的迅猛发展。阿尔茨海默病的

8 探索未来

产生是由于错误折叠的蛋白富集在无法再生的神经细胞内或者周边,而最终导致神经细胞中毒死亡。这种情形类似于海上不断渗漏出柏油"泥流",持续冲刷海岸,使植物和动物都面临窒息的威胁。

针对此类疾病的一种治疗方法是免疫接种致病的"垃圾"蛋白之一,被称为淀粉状朊的物质,使"泥流"蛋白被随后发生的免疫应答迅速清除(第 4 章有详细讨论)。然而从目前的技术手段来看,接种风险还是比较大的。虽然这种免疫策略在人类淀粉状朊的遗传修饰小鼠中工作得非常好,但是在进一步的临床试验中,效果却不太理想。因为早期参加临床试验的个体大都已处于疾病的晚期,过多的淀粉状朊使过量的免疫细胞从血液侵入组织,在清除"垃圾"的同时也引起了严重的并发症。因此,此类疾病最佳的治疗手段应该是开发一种小分子(作为药物)复合物,阻断蛋白质异常折叠过程。即使这种手段仅仅是延缓症状的侵袭,相信所带来的成效不仅是减轻人类遭受的病痛困扰,而且会有巨额的经济回报。

在 21 世纪一个必然的发展趋势就是将不同学科的工作更紧密地联系在一起。尽管这已不是一个新的趋势,但更多主要研究机构正在采取积极措施,积极促进多学科科学家的合作研究。诺贝尔奖的历史能够显示出学科互作的重要性:物理学史上第一个诺贝尔奖颁发给发现 X 射线的物理学家威廉·伦琴,威廉·布拉格和劳伦斯·布拉格创立 X 射线晶体学,继而导致结构生物学的诞生,迄今为止,结构生物学领域涌现出众多的诺贝尔奖得主,在生物学和医学界做出了巨大贡献。2003 年诺贝尔生理学或医学奖得主化学家保罗·劳特布尔和物理学家彼得·曼斯菲尔德在核磁共振技术发展领域做出了贡献。很多化学家多次因其发现和技术革新造就重大生物学突破性进展而获得诺贝尔生理学或医学奖。弗雷德·桑格两次获奖的经历即可归于此类。

为了共同的目标,使不同学科领域的新鲜思想沟通汇聚,最容易推动

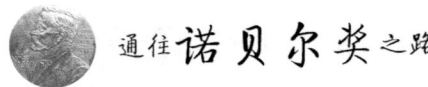

通往**诺贝尔奖**之路

科学的突破性的发展。罗夫·辛克纳吉受到的教育是强调基础免疫学思维,而我之前的工作大多与病毒学和病原学相关。当时我们二人都是富有创意的,精心设计关键性实验,超乎常理的思考免疫识别原理使我们最终取得了成功。很多有所建树的理论物理学家,如埃尔文·薛定谔(1933年诺贝尔物理学奖得主)和马克斯·德尔布吕克(1969年诺贝尔生理学或医学奖得主),将兴趣转向生物学后都取得了重大研究成果。

马克斯·德尔布吕克逃离纳粹法西斯魔掌后在美国加州理工学院工作,1945年他在长岛海峡的冷泉港实验室(CSHL)开始讲授噬菌体(感染细菌的一种病毒)知识的暑期课程。噬菌体是开启分子生物技术和分子医学大门的钥匙。冷泉港实验室的暑期课程班延续至今,并保持着旺盛的活力,享有现代分子生物学发源地的盛名。冷泉港实验室的墙上悬挂着一张年轻时代的詹姆斯·沃森的照片,那时的沃森正作为服务员在冷泉港打零工,随后,他也参加了冷泉港实验室暑期课程班。沃森和克里克凭借DNA双螺旋模型的发现而声名远扬。沃森也因此就任冷泉港实验室主任超过25年,并且同时成为美国联邦政府人类基因组计划的第一位课题负责人,而后沃森担任冷泉港实验室总裁,澳大利亚裔病毒学家布鲁斯·斯蒂尔曼继任实验室主任。1969年诺贝尔生理学或医学奖授予马克斯·德尔布吕克、阿尔弗雷德·赫尔希和萨尔瓦多·卢里亚,以表彰这三位科学家在病毒遗传结构和复制机制领域的重大发现。阿尔弗雷德·赫尔希工作于冷泉港,而萨尔瓦多·卢里亚是沃森在印第安纳州立大学时的博士生导师。

21世纪故事将会续演,但是只有科幻小说家能够猜测出下一个激发科学家兴趣的领域是什么,谁将是故事的主角,科学故事的面纱又将怎样被揭开。除了改善人民生活水平之外,时代赋予科学更加神圣的使命——保护人类和地球。人类面临的最严重的威胁是什么呢?我们衷心地祈祷没有疯狂的组织和个人一时冲昏头脑发动大规模的核战争。在中古时代曾经统治地球的生物——恐龙在一夜之间灭绝,解释恐龙灭绝的

8 探索未来

一种理论是：大量小行星撞击地球后，尘埃凝集于大气层，严密地遮挡住太阳光，使得生物赖以生存的生命之光无法穿透密实的障碍，最终导致恐龙灭绝。无疑，发生这种事的可能性很小，然而一旦此种情况重现于世，科学家能否找到有效途径解决问题呢？可能我们无法阻止行星撞击，但能够在尘埃散去之前不依赖于太阳能量而生存。人类必须继续努力拓展自身的想象力。长期持续发展也需要加深对外太空的了解，开发太空星球的可用资源。

9　怎样获得诺贝尔奖

古人云"书中自有黄金屋,书中自有颜如玉"。然而,如果胸怀赢得诺贝尔奖的伟大抱负,仅仅是为了一时的声名显赫,抑或仅仅为了丰厚的奖金,那我只能抱歉地说:鄙人爱莫能助。从概率上来讲,赢得诺贝尔奖要比成为奥运冠军更具有挑战性。当然二者还有另外一个小小的区别:奥运奖牌获得者也有可能成为诺贝尔奖得主,但是你能想象爱因斯坦或者罗素参加十项全能时候的样子吗?原谅我用这么一个不恰当的形容来描述,但是我之所以想到这些是因为我清楚地、近乎残酷地记得曾经的一幕:当年在孟菲斯的圣·裘德网球精英赛的颁奖典礼上,我将一张大额支票颁给了张德培。因此,从某种意义上而言,我们都是成功者。然而,张德培在事业的某个阶段可以成功地转型成为伟大的科学家或者作家,但是像我这样的诺贝尔奖得主即便有一天改行打网球,恐怕在网球场上连85岁的张德培或者桑普拉斯都无法击败吧。

我想,能够坚持阅读至此的读者朋友,肯定能够意识到一名优秀的研究型科学家需要具备的基本素质有哪些了吧?这些基本素质涉及对人类进步的敏锐洞察力,努力探索追求的执著精神。我在此写下的文字不是通往斯德哥尔摩和奥斯陆的门票,但是如果加上一点点运气,也许下一个诺贝尔奖得主就是你。

9 怎样获得诺贝尔奖

紧抓主要矛盾,做出真正的大发现

那些天赋异禀、成绩优异同时刻苦努力的人们,或许才有可能发掘出诺贝尔奖水平的悬而未解的难题,迎难而上并最终克服重重困难取得真经。然而,以我数十年的经验来看,这样的人才实在是凤毛麟角,或许是人类进化的下一阶段或者外星生命存在形式。但是,发现完全是另外一回事。发现是没有人可以决定的事情,但有很多方法使一个发现变得可能:专注于创新并着力于找寻意外结果;从不浅尝辄止,同时养成发散思维的习惯;努力工作,聪明工作,幸运的女神一定会眷顾你这个宠儿。

审时度势,扬长避短

所有参加赛马的博彩者与像我这样受过训练的兽医都知道,每匹马都有适合自己的场地。每个人都在努力找寻自己到底是哪种马。稍微动脑的人都会知道擅长犁地的马不适合训练成为聪明伶俐的马球矮种马,更不适合成为越野障碍赛马。或许一位分子生物学家或者有机化学家有可能成为诗人,不过在二者之间必定有优有劣。科学最适合那些喜欢提出问题并在推翻既定的思想和观点的发现中得到无比乐趣的人。在权力和事实中抉择时,科学家总是会选择事实。最好的例子即是很多科学家蔑视专制政治,所有科学与政治之间的"绯闻"都充满潜在冲突,但不要忘记,恋人之间的激情与背叛总能成就最佳票房或者最热新闻。

积基树本,大树底下好乘凉

造就卓越非凡的人文学家或者作家的因素迥然不同,同时就个体而言,他们几乎都拥有超凡的才智和果断的判断力。与之不同的是,造就成功科学家的道路却大多相同:经过大学到研究生院甚至更高水平的研究机构,接受深入专门的培训和锻炼。另外,还有一些非必要条件:出生于经济宽裕的知识分子家庭,成长于美国、欧洲、日本、加拿大或者澳大利亚等发达国家或地区,有机会进入国际名校享受全球顶级实验室的培训。以上的条件虽然不是成功所必需的,但是对成为科学家是相当有帮助的。众多有志青年积极申请进入诺贝尔奖得主的实验室,毕竟诺贝尔奖得主有提名诺贝尔奖的权力,而只有获得提名才有机会真正成为诺贝尔奖得主。许多资深科学家想要建立可持续的"诺贝尔奖学校",以致力于培养卓越的科学家,并维系诺贝尔奖的"世系"。然而所有的因素都不能确保任何人获得诺贝尔奖,肯定存在具备杰出才能的"千里马"未被"伯乐"挑选出来的情况,这些"千里马"有朝一日必定能够超越"诺贝尔奖学校"的学员而一举成名。感谢上帝!否则科学将变成一桩"乏味"又"谄媚"的生意。

学会言简意赅

很多人非常擅长"干科学",但却是平庸的写作者。不是要求所有人都成为莎士比亚或者迈克尔·翁达杰,只是成为公认国际一流的科学家的必要条件之一是需要具备运用英语清晰写作的能力。目前,英语是科学界的通用语言。很多国家包括马来西亚和新加坡都在逐步应用英语教授科学。简单地说,科学就是讲可读性强并且令人难忘的好故事。

"男要入对行,女要嫁对郎"

在人类文明发展的过程中,诺贝尔奖并非囊括所有。诺贝尔奖并未设置

9 怎样获得诺贝尔奖

视觉艺术、音乐、舞蹈这类奖项。因此想要成为诺贝尔奖得主就需要避免进入到此类行业中。据我所知,史上仅出现过两次诺贝尔表演艺术奖——1997年意大利剧作家达里奥·福和1953年英国著名的演说家、作家温斯顿·丘吉尔,他们分别成为当年诺贝尔文学奖得主。不过为了公众利益而竭尽全力公开宣讲也可以被认为是一种表演艺术,有可能获得诺贝尔和平奖的认可。科学家必须得到同行专家的肯定和认可,同时也要在公众面前建立良好的声誉。因此,如果选择闭门造车,埋头默默工作,那他的工作也只能被世人遗忘并埋没。

另外,要谨慎挖掘自己的研究领域。尽管一些科学领域并没有设立诺贝尔奖,然而,有一些学科与其他交叉融合可以归入另一学科,从而获得提名诺贝尔奖的机会。比如,诺贝尔奖未设立数学奖,但数学作为基础学科,是物理学和经济学的核心,这也是1994年约翰·纳什和1996年詹姆斯·莫里斯能够最终获得诺贝尔经济学奖的根本原因。再比如地质学这类没有专门设立奖项的学科,也有可能被授予物理学奖或者化学奖。

虽然诺贝尔奖没有设立农业奖,但很多得到广泛认同的植物学家也凭借其对人类所做出的突出贡献而最终赢得诺贝尔奖。前面提到的小麦育种专家诺曼·布劳格,因其在"绿色革命"中做出的不可磨灭的功绩而赢得了1970年诺贝尔和平奖;农业科学家和科研管理者约翰·博伊德·奥尔,因设立世界粮食及农业组织(FAO)被授予1949年诺贝尔和平奖;还有植物遗传学家芭芭拉·麦克林托克因发现玉米跳跃基因而荣获1983年诺贝尔生理学或医学奖。不过,以获得诺贝尔奖为目标的人可能还是要离开植物研究领域。当然,国际上在农业领域设有世界粮食奖。

挖掘兴趣,注重培养

就像我已经讲过的,找寻为之奋斗终生的事业是人生中最重要的事情

之一。不管是钻研哲学还是制作冲浪板，只要能找到真正激发个人兴趣并能从中获得无比幸福的事业，那么就为之努力吧！有人更希望成为"灿烂奖"得主，有些人根本不在乎什么奖，只要感兴趣，只要从中得到满足，那还犹豫什么呢？找到属于自己的"诺贝尔奖"就是一种最大的幸福！就像埃兹拉·庞德诗中所写的："真爱依然存在，谁会再介意其他。"不过，埃兹拉·庞德因崇尚法西斯主义而失去了获得诺贝尔奖的资格。几乎所有诺贝尔奖得主在成功的过程中都倾注了200%的精力和热情，刻苦努力、坚持不懈，最终到达成功的彼岸，因此要尽量避免介入烦琐的无关紧要的杂事里。当然，热衷于环保事业，解决日常生活废物（包括旧车回收利用的问题），可能会成功获得各种环境奖，这些奖项网上都有相关信息。

专心致志，不要浅尝辄止

一般来说，绝大部分科学家和经济学家一辈子的研究都会集中于某一特定领域。有时候一流科学家也会尝试新的挑战，涉足其他相关学科，但是一般也仅仅会涉及同一大学科下的亚领域，比如癌症生物学、神经生物学或者免疫学，经常有些著名科学家会在这些学科之间跳来跳去，只是结局一般事与愿违。

诺贝尔和平奖是一个非常特殊的奖项。获奖者大多可以在较短时间内凭借自己的政治实力和谈判技巧来解决重大冲突。美国国务卿科德尔·赫尔和亨利·基辛格分别荣获1945年和1973年诺贝尔和平奖。乔迪·威廉姆斯一生致力于排除地雷而获得1997年诺贝尔和平奖。小说家或者诗人可能有多种形式的表达，但是个人风格和写作方法一般来说还是一贯统一的。可以毫不夸张地说写作本身是最艰苦的劳动，不仅如此，写作本身即需要倾注全部心血、精力和情感。

9 怎样获得诺贝尔奖

良禽择木而栖

对科学家而言,工作环境是成功道路上最重要的因素之一。如果工作在一个资金匮乏、不注重创新甚至无法招聘到优秀工作人员的环境中,那么成功的概率会大打折扣。培养诺贝尔奖得主的场所大相径庭,从小的私人机构(如加州理工学院)到哈佛大学这样的常青藤联盟,再到达拉斯的西南医学院这类州立研究所。对个人而言,个性和习惯千差万别,因此寻找适合自己的工作环境也是成功道路上不可忽视的重要因素之一。经常和乐于同你谈话的同事在一起,置身于一种看重创造力和洞察力的文化氛围中,这对获得满意的生活有极大的帮助。即使最终没有获得诺贝尔大奖,那又有什么关系呢?

信而有证,见微知萌

归根结底,科学并不是简单地为了得到新数据寻找新发现,"解读"数据和挖掘发现带来的信息才是科学的本质任务。优秀的科学家总能保持开放的心态,摆脱固有观念的束缚,多角度思考并欣然接受真实客观的数据。伟大的文学作品和具有远见的科学具备共同的特点——读者能够感受到个中的真理所在。解决暴力冲突或者引导正确的政治方向而最终获得诺贝尔和平奖,也正是反映了认知客观现实的能力,以及在认知的前提下解决问题的能力。就解决复杂问题而言,诺贝尔和平奖得主不仅具备超凡的智慧,同时还有着清醒的认识,知道可以达成怎样的目标。

不拘一格,天马行空

循规蹈矩不大可能发现新的科学问题,进而做出解释或是提出解决方

通往**诺贝尔奖**之路

案。倘若解决方法直接浅显,那很可能别人早已走过这条路了。另辟蹊径的思维方式也许会帮助我们缩短或绕过一般的思维过程。爱德华·德·波诺提出的"水平思考法"很好地总结了这种方法。当你纠结于某个科学问题时,这种思维方式往往有助于在你的心里或纸上描绘出新的可能性。人类透过文字和图像两种方式来思考。灵感可能会突如其来。典型的例子就是 1908 年诺贝尔生理学或医学奖获得者埃黎耶·埃黎赫·梅契尼可夫,他在沙滩上因无聊用小刺戳了海星幼虫而观察到炎症细胞在损伤部位的大量聚集,进而提出了著名的"吞噬学说"(认为白细胞能够吞没并摧毁有害的生物体,如细菌)。

立刻破除迷思,放飞思想吧!即使散步这样最简单的体力运动也能放松束缚,解放思想。当你感到无限茫然或心不在焉地在进行修剪草木或搭车棚这些机械性的活动时,新的想法似乎经常自己主动"迸发"出来。1993 年诺贝尔化学奖得主凯利·穆利斯在他的自传《心灵裸舞》中述说到,聚合酶链式反应(PCR)的灵感就是他独自在深夜疲倦驾车时突然想到的。当然这一切不会在没有足够的背景知识和对问题琢磨透彻之前发生,而只有当你已经被某个问题强烈吸引甚至到痴迷时才会发生。当被问及与专心钻研科学的人婚后的生活时,"痴迷"这个词的内在含义才能被体会得淋漓尽致。

从善若流

千万不要成为孤家寡人,俗话说得好:三个臭皮匠,赛过诸葛亮。与他人交谈是获得新见解最简易的途径,特别是与那些来自不同知识背景的人进行交流,正所谓:"与君一席谈,胜读十年书。"从詹姆斯·沃森的《双螺旋》一书中,我强烈感受到作为生物学家的沃森和物理学家弗朗西斯·克里克(1962 年诺贝尔生理学或医学奖得主)在剑桥的卡文迪什实验

9 怎样获得诺贝尔奖

室期间试图建立 DNA 双螺旋模型时所产生的激烈碰撞。书中还记录了一些逸事，沃森在与来访的美国晶体学家杰里·多纳休的一次偶然的讨论中，发现他们使用了错误的 DNA 碱基异构体，如果一直盲目继续研究的话，震惊科学界的"双螺旋模型"理论恐怕无法如期面世。尽管英国伦敦国王学院的女科学家罗莎琳德·富兰克林拍下了最关键的 X 射线照片，并为沃森和克里克的 DNA 结构模型提供了解决方案，但她与同事莫里斯·威尔金斯没有形成足够的默契，罗莎琳德孤僻、离群索居的个性使她与 DNA 结构问题的最终解决失之交臂。

要提出告诫的是，如果所做出的重大发现易于被人重复，那么还是尽量保持沉默，直到文章被顶级杂志发表或即将付梓刊出。任何从事高水平基础科学研究的人，可能都有这样的经验：与其他人讨论时大家都会因为新发现而满怀兴奋，但这类讨论绝对不可以发生在成果正式发表前——这一幕就如同电影《壮志凌云》里"我可以告诉你，但那样我就必须杀了你"的场景一样。这时的你需要有军情五处的间谍一样的思考方式。

今天的澳大利亚较之以往有很大进步，但我和罗夫·辛克纳吉却受益于 20 世纪 70 年代孤立的"遥远海岸"。当时可以在澳大利亚与本国免疫学研究组进行公开的讨论，系主任戈登·阿达每周主持"圣经班"有益于大家科研思维的理顺和形成。这样的讨论在今时今日却会承担更多的风险：澳大利亚已是科学界重要的一部分，全国性和全球性的交流意味着人们可以即时了解到最新的科学发现。哪怕只是一个无意评论的电子邮件就可以给竞争对手提供必要的线索。当我们的第一篇论文（见附录部分）被接受发表后，我们两人在北半球旅行宣传并参加了大量研讨会来介绍我们的发现。在旅行的最后一周，正好赶上布赖顿第二届国际免疫学大会，那时我已经疲惫不堪了，罗夫仍然在每一个恰当的（和不恰当的）时候，积极在公开场合兴奋地介绍新发现，有人戏称他是"亢奋的辛克"。做出了一个重要的科学发现时，尽早尽快公布最为稳妥和适宜。

通往诺贝尔奖之路

实话实说

发表真实数据是科学的基本要求。谎言不仅是对科学道德最终极的背叛，还可能把每个人引向错误的道路，这也包括说谎者本人，这种欺骗行为的曝光可能会毁了说谎者的整个职业生涯。欺世盗名之徒也许会得利一时，但是如果他们希望成为各自领域的领军人物，那么这种行为就会给他们带来很大的风险，正所谓法网恢恢，疏而不漏。

心胸宽广，兼容并包

能自由公正地承认他人成就，本身就是对自身价值的肯定和正直自信的表现。对前人工作给予相应的称赞，并承认工作建立在前人基础之上这是作为科学家的谦逊的美德。从未有任何资深科学家因为在某篇研究性论文中把署名优先权让给在实际工作中做出更多贡献的年轻同事而受到负面影响的。

公开地对他人进行尖锐的人身攻击，特别是当事人还是年轻的"菜鸟"，后果只能是自取其辱，即便年轻人不够缜密，未能提供严谨的实验数据，也不应攻击，最佳办法是同当事人一起就实验结论作进一步讨论交流。如果天资愚钝，朽木不可雕，那么无论如何都无法长期在科学界立足。长期来看，科学很大程度上是可以自我纠正的。

要知道，有些文化的人更容易接受（以及反馈）直接苛刻的评论。比如，英国"牛津剑桥文化"历来以唇枪舌剑为特点，对于生活在文雅内敛的美国学术界的人而言，这种面对面的抨击似乎傲慢又恶毒。萧伯纳曾经说过："同一种语言隔阂了两个不同的国家。"要记住，很多事情实际上是貌合神离。同样，对于亚文化的了解也是至关重要的。澳大利亚科学家通

9 怎样获得诺贝尔奖

常比其他大多数人更习惯于措词强烈的批评，但是如果你太直接了，也可能会让人产生打扁你鼻子的冲动。

当谈到各种奖项、奖金，或当选为美国国家科学院院士等事务时，秘籍即是"少树敌"。奖项既不是奥林匹斯山诸神送来的礼物，也不是值得肯定的、功绩自动加工的必然结果。评选委员会的组成覆盖各个相关领域，至少有一些委员们对候选人有更多的了解，而不仅是局限于推荐信和公布的成绩单上的那些信息。评选委员会中任何强有力的固执己见的反对者，都会影响最终的决策。

虽然真正的重大发现和重大成果可以不受个人品行影响，最终也会被认可，但有时结果也可能不同。毕竟，恶劣行为纪录或不良债务是无法抹杀的；而最终诺贝尔奖的梦想也会破灭，因为诺贝尔奖之路竞争的激烈度是无可比拟的。

坚韧不拔，败而不馁

正如"新教工作伦理"中所言的：越难得到的东西越珍惜，科学也是如此。如果一开始你没有成功，那么就尝试、尝试、再尝试。这样的描述可以说非常贴切地形容了科学生活。我8年级时的老师汤普森小姐反复地给我们灌输这样的思想："没有最好，只有更好，精益求精，好上加好。"也许汤普森小姐对生活的态度听起来有点神经质，但是对于任何一个想要从事科学实验的人来说，就必须要有很强的情绪适应能力。墨菲定律——"任何可能出错的事，它就会出错"也是实验生物学的定则。至关重要的是，要找出问题，而不是追究某一个研究小组成员的责任（当然，除非是能清晰判断的）。然而，墨菲定律如果发生在某些大项目中就会变得糟糕到极点，比方说丢失了火星探测器之类的。

每一个严谨的生物医学科学家都将会遭遇所谓的"反向炼金术"，刚

开始看起来像是黄金的东西慢慢地变成了铅:一个有明显突破性的实验却不能重复,最后却证明只是一个假线索。情绪由高向低,这个周期可能历经几个星期到几个月,用一句拉丁文来形容就是"光荣易逝"。当你遇到这种情况时——而且你总是会遇到的,你可以把这当成是一个打破常规的好时机,立刻停止研究,去酒吧放松或是度假。

不能正确处理失败,或不正视自己的错误,那恐怕应该避免选择以科学研究为中心的生活。不过,还是存在一些卓有才华的科学家生活在心理边缘化的领域。如果想从事实验生物学领域的工作,那么这些人必须调整自己的心态来应对不可避免的低谷。有时候他们有很好的开局,但却无法持续。大多数长期以来一直领导研究工作的科学家们,不得不面对这样的失败悲剧。

一万年太久,只争朝夕

诺贝尔奖得主和卓越非凡的人大都信奉的格言是:时间是最宝贵的财富。对于小说家、画家和诗人来说,保护他们的创作时间和空间是很重要的。然而对科研工作者而言,这种创作的时间和空间却显得模糊不清。科学家在大型机构工作,这些机构通常隶属于组织会议的全球性团体、全国性及全球性的协会。办理这些事情都是需要时间的,而这些却也是必不可少的活动,并且重要的是,发挥这种作用的机会不应该只留给那些即将结束其职业生涯的人。即便如此,还必须明智地选择并设置明确的限制。"委员会致死"对女科学家来说往往需要特别注意,因为女科学家往往有很高的谈判技巧,而且更容易被各种学术委员会选中(可能是这个或那个委员会中必须有一定的男女比例),但这很可能成为事业的"泥潭",一旦陷入,很难全身而退。以学术行政事业为职业目标的话,可以给予考虑,否则必须仔细斟酌。"委员会"打电话来邀请时,需要学会说"不"。

9 怎样获得诺贝尔奖

拒入仕途

职业生涯初期就接受了主任、院长或校长职位的"智者",很可能把自己从获奖的顶级行列中排除出来。领导任何一个机构都势必会消耗大量精力,执行一项重要的研究项目也一样会让人心力交瘁。我个人的意见是聪明的人应该去做自己最擅长的事情。尽管诺贝尔奖曾经授予那些实验物理学研究领域里深思远虑的顶级管理人员,但这不适用于科学的绝大部分领域。此外,管理者在学术界是赚取顶级薪水的,而且对管理技能的需求也越来越大。

有些接受这种职位的人也曾因为其职业生涯早期所做的工作而赢得诺贝尔奖,其他人则是在成为知名大学校长或著名研究机构的主任之前就获得了诺贝尔奖。然而,许多在研究上拥有创造力和洞察力但缺乏研究技能和决断能力的人成了杰出的管理人员。正如《哈姆雷特》中波洛尼厄斯说的,"做真实的自己"。

强身健体,颐神养寿

鉴于诺贝尔和平奖的特殊性,从成就被认可到听见奥斯陆的召唤可能会很快,但作家、科学家和经济学家却可能需要坚持一段时间。从做出重大发现的那一刻起,到诺贝尔评奖委员会认定这个发现的正确性(至少从你的观点上),可能需要 50 年。所以,应及早开始培养好的生活习惯:饮食适度,适时度假,不吸烟或滥用药物(包括酒精),适量进行体育锻炼,尽量避免极限运动,有自杀念头时应寻求专业人士的帮助。科学家们是一群非常有才华的人,却也是引人注目的个体。孤傲不群的生活方式往往也让那些才华横溢的作家很可能在面对轻生念头时缺乏足够的抵抗力。所

以，何不像成功者一样活得洒脱一点，游戏人间。

享受快乐，活得像个获奖者

参见上述各条。

我想郑重强调的一点是，尽管通往诺贝尔奖之路将无法避免遭遇到低谷，但是这一过程也会带来无限的满足感。人世间最美妙的感觉莫过于你成功得到了某个实验结果，或写出了一部小说、吟出一首好诗，以及完成了一篇令自己心满意足的论据充足、通俗易懂且已经送交外审的科学论文。发现世人前所未知的事物，将带来精神上无与伦比的兴奋和满足。而拥有把工作和创造性结合在一起的生活也是人生巨大的荣幸。我继续从事实验科学正是表达了这种发现新事物的激情。只有疯子才期望赢得第二个诺贝尔奖，所以再次获得诺贝尔奖肯定不是我继续从事科学研究的动机。

这就是科学的终极之道。和大多数科学家一样，我在规模很大的研究机构工作，不可避免，机构里的人日益增多，尽管大家都认识我，但我不可能认识所有的成员，特别是年轻人。打个比方说，我在电梯里遇到了从来没有见过的年轻博士后，我总是会问：最近进展如何，还有你现在在做什么试验？而每次被问起时，他们总是会很高兴回答并迫不及待地概括介绍他们自己独特的科学故事。对于那些能很好地把好奇心和奉献精神结合起来并对难题有探索意识的人来讲，揭示一些基本的，哪怕只是一小部分真理，都会带来巨大的满足。但是这并不适合每一个人，这一切只适合那些深刻领会科研是一种美妙而诚实的生活方式的人。

附录 1

淋巴细胞性脉络丛脑膜炎中 T 细胞诱导的体外细胞毒作用在同基因或半同基因系统中的限制性*

最近的实验[1-3]表明,胸腺来源的淋巴细胞(T 细胞)与抗体形成细胞(B 细胞)前体之间的协作受到 H-2 基因复合体的限制。只有当 T 细胞和 B 细胞具有至少一套相同的 H-2 抗原特异性时,体内的辅助活性才能起作用。本研究表明,细胞毒性 T 细胞与其他有淋巴细胞脉络丛脑膜炎(LCM)病毒出芽[4-5]的体细胞之间的相互作用也受到同样的限制。

这里使用的细胞毒性分析以及涉及的细胞的特征以前都已经描述过了[6-8]。简要地说,单层的 C3H 小鼠成纤维细胞(L 细胞)生长在塑料组织培养皿中,用高增殖度的 LCM 病毒的 WE3 株感染,而后用 ^{51}Cr 标记细胞,再覆盖上(40∶1)待测的脾细胞。15~16 个小时后去掉上清,计算 ^{51}Cr 的释放[7]。结果用 4 个重复的平均值±标准差表示。结果显示,

---

* 附录 1 和附录 2 是 1974 年发表在《自然》上的两个短小的研究报告,它们是 1996 年授予彼得·杜赫提和罗夫·辛克纳吉诺贝尔奖的基础。附录 1 引自《自然》杂志(版权获允):*Nature*, 248 卷,5450 期,701-702 页,1974 年 4 月 19 日。

CBA/H 免疫脾细胞对感染的 L 细胞的裂解作用是特别致敏的来源于胸腺的淋巴细胞的特殊性质,这种作用不需要巨噬细胞和分泌到介质中的物质的存在就能产生[6-8]。

给不同品系的小鼠脑内（i.c.）注射 300 倍小鼠 LD_{50} 剂量的 WE3 LCM 病毒,在 7 天后取样。在 CBA/H 小鼠的淋巴组织培养中,此时的细胞毒活性最高[6-7]。只有与单层靶细胞具有至少一组相同的 H-2 抗原特异性的小鼠脾脏样品[6]才能造成高水平的（40%～50%）细胞裂解（附表 1-1）。来源于 CBA 和 Balb/C 品系的当地小鼠（史密斯博士,个人通讯）作为裸对照（nu/+或者+/+）小鼠的脾细胞活性较弱,而来自组织不相容小鼠的淋巴细胞造成的特异性的 ^{51}Cr 释放最低（<5%）。

附表 1-1 脑内注射（i.c.）300 倍小鼠 LD_{50}* 剂量 WE3 LCM 病毒的不同小鼠的脾细胞对 LCM 感染的或正常的 C3H（H-2k）小鼠 L 细胞的细胞毒活性

实验	小鼠品系	H-2 型	^{51}Cr 释放†的比例/%	
			感染的	正常的
1	CBA/H	k	65.1±3.3	17.2±0.7
	Balb/C	d	17.9±0.9	17.2±0.6
	C57Bl	b	22.7±1.4	19.8±0.9
	CBA/H×C57Bl	k/b	56.1±0.5	16.7±0.3
	C57Bl×Balb/C	b/d	24.8±2.4	19.8±0.9
	Nu/+ or +/+		42.8±2.0	21.9±0.7
	nu/nu		23.3±0.6	20.0±1.4
2	CBA/H	k	85.5±3.1	20.9±1.2
	AKR	k	72.1±1.6	18.6±1.2
	DBA/2	d	24.5±1.2	21.7±1.7
3	CBA/H	k	77.9±2.7	25.7±1.3
	C3H/HeJ	k	77.8±0.8	24.5±1.5

* 其他小鼠注射量为 $2×10^6 LD_{50}$,但是由于高剂量的亲内脏的 LCM 病毒相关的免疫麻痹作用[8,20],所以特异性的释放水平均较低。

† 正常脾细胞对感染靶细胞的 ^{51}Cr 的比例/% 释放水平的范围是:（实验 1）17.1±0.3～20.0±0.7;（实验 2）20.0±1.4～25.3±±0.7;（实验 3）：27.2±2.0。

我们也分析了 10 天前和 13 天前接受免疫小鼠的脾脏标本,因为马克尔和福尔克特[9]报道 C3H 淋巴细胞对感染 LCM 病毒 Traub 株的 L 细胞的

最大细胞毒性出现在接种后 11 天。高水平的特异性^{51}Cr 释放也只在组织相容性系统（附表 1-2）中观测到。像以前发现的那样，细胞毒活性从第 7 天的峰值逐渐下降[7]。

附表 1-2 受感染的 CH3 L 细胞覆盖了静脉接种 2000 倍 LD_{50} WE3 LCM 病毒的小鼠在第 7 天、10 天和 13 天取样的脾细胞后^{51}Cr 释放的百分率*

小鼠品系	接种后的天数		
	7	10	13
CBA/H	72.0±2.0	66.4±1.4	27.5±0.5
Balb/C	26.1±0.7	28.0±1.6	22.7±1.8
C57B1	27.3±1.1	24.3±1.8	24.0±0.4

* 将免疫脾细胞覆盖在正常 L 细胞上、将对照脾细胞覆盖在感染的 L 细胞上，或者将介质覆盖在感染的 L 细胞上所导致的^{51}Cr 释放水平范围是：17.1±0.4～24.0±1.4。其他小鼠注射量为 $2×10^6$ LD_{50}。特异性的释放水平均较低。

证明 H-2^k抗原特异性以外的小鼠同样能够激发细胞毒性 T 细胞对于说明细胞裂解的相互排斥十分必要。因此，我们用来自同种小鼠品系的相同的靶细胞作比较。从正常的 Balb/C 和 CBA/H 脾细胞中获得的腹腔巨噬细胞[10]培养在塑料组织培养皿中，用 WE3 LCM 病毒感染[11]。特异性的裂解限制于同基因系统（附表 1-3）。在相同的时间用相同剂量的 LCM 病毒感染的 Balb/C 和 CBA/H 脾细胞（按 20∶1 的比例加入）导致同基因的受感染巨噬细胞^{51}Cr 的释放相当水平的，而组织不相容的巨噬细胞不受损伤。用 AKR anti-θ 腹水和豚鼠补体处理后裂解作用完全消失。虽然可能因为靶细胞浓度的不一致性以及非特异忄裂解造成的较高背景，巨噬细胞的^{51}Cr 释放水平的差异与 L 细胞相比较大，但裂解效应既显著又可重复。

附表 1-3 来自对照小鼠或者（7 天前）脑内注射 300 倍 LD_{50} 的 WE3 LCM 病毒的小鼠的脾细胞引起的正常的或感染的腹腔巨噬细胞的^{51}Cr 释放的比例

脾细胞	巨噬细胞	巨噬细胞的^{51}Cr 释放的比例			
		实验 1		实验 2	
		感染	正常	感染	正常
Balb/C 免疫	Balb/C	61.8±4.2	27.6±	77.5±4.2	47.0±3.5^d
抗-θ *		ND	ND	40.6±2.5	ND
N 腹水 *		ND	ND	90.0±2.7	ND
对照		42.0±4.8^a	40.5±5.2	49.6±2.5	43.5±1.6

续表

脾细胞	巨噬细胞	巨噬细胞的^{51}Cr释放的比例			
		实验1		实验2	
		感染	正常	感染	正常
CBA/H 免疫		42.7±6.7[a]	33.7±5.4	32.9±3.0	48.6±3.9[a]
对照		28.0±4.1	40.5±5.2	46.5±3.7	39.7±4.3
CBA/H 免疫	CBA/H	69.1±2.8[c]	30.9±3.4	72.3±8.4	40.0±2.9[d]
抗-θ		ND	ND	46.5±3.6	ND
N 腹水		ND	ND	44.0±2.5	ND
对照		34.2±1.1	35.1±3.7	74.3±8.4	44.4±6.2
Balb/C 免疫		46.2±3.3[a]	30.4±3.8[b]	46.5±3.6	41.0±2.4[a]
对照		34.9±5.7	33.7±5.6	44.0±2.5	41.0±2.4

* 用 AKR 抗-θ(C3H) 腹水和豚鼠补体处理，或者用正常的 AKR 腹水和豚鼠补体处理。a，b，c，d，e，用抗-θ 腹水和正常腹水处理的免疫脾细胞之间、免疫和对照脾细胞覆盖在感染的巨噬细胞上（感染栏）的值之间，或者免疫脾细胞覆盖在感染的和正常巨噬细胞（正常栏）的值之间的 Student's t 检验的差异。a, $P>0.05$; b, $P<0.05$; c, $P<0.02$; d, $P<0.01$; e, $P<0.001$。ND，未做。

淋巴细胞被 H-2 基因复合物限制的特定抗原致敏后能跨越同种异体屏障引起裂解，这个作用已经被证明了[12,13]。这也适用于 L 细胞（H-2^k），它很容易就能被用 CBA/H（H-2^k）小鼠淋巴结细胞进行混合淋巴细胞培养的刺激 C57B1（H-2^k）小鼠的脾细胞裂解，而不能被用 Balb/C（H-2^d）小鼠淋巴结细胞混合淋巴细胞培养刺激的 C57B1（H-2^k）小鼠脾细胞裂解。如果 T 细胞被靶细胞表面的同种异体抗原致敏，足够紧密的结合就会发生，以致产生裂解作用。免疫淋巴细胞以及表达 LCM 病毒抗原的细胞明显限定于组织相容性系统，可能是因为只有在这种情况下密切接触才能发生。

用胰蛋白酶预先处理靶细胞可能消除这种限制。Balb/C（H-2^d）免疫脾细胞可以裂解用胰蛋白酶处理的感染了 E-350 株 LCM 病毒的 L 细胞（H-2^k），而用对 T 细胞有细胞毒性的兔抗鼠脑血清则完全消除这种作用[14]。我们使用预先经胰蛋白酶处理的 WE3 感染的 L 细胞至今为止似是而非，因为非特异性 ^{51}Cr 释放产生的高背景。

在 LCM 感染中另一种必须考虑的可能性是病毒通过细胞膜的成熟过程[5,6]引起了自身成分的改变，这只发生在同基因和半同基因系统。例如，

附录 1

由大量证据[15,16]表明细胞膜表面感染出芽病毒的细胞表面 H-2 抗原的浓度降低。因此，细胞毒性 T 细胞可能识别改变的自我，这暗示着 LCM 本质上是自身免疫显现。

这些结果为阐明在人类及家养哺乳动物感染中细胞毒性 T 细胞的功能加上了限制，因为没有组织相容性细胞系和纯种品系。但至少在某些疾病状态下，可能同基因巨噬细胞或凝集素转换的外周血白细胞可以作为靶细胞。在没有θ标志的物种中，细胞诱导细胞毒性在同基因或半自体基因系统中限制性可以作为有 T 细胞存在的标志，跨越这一屏障表明是抗体相关的过程[17-19]。

辛克纳吉博士受到瑞士基金会生物医学基金的支持。

罗夫·辛克纳吉
彼得·杜赫提

澳大利亚国立大学

约翰·柯廷医学研究院

微生物学系

澳大利亚堪培拉

(1973 年 12 月 10 日收稿)

[1] Kindred, B., and Shreffler, D. C., *J. immur.*, 109, 940 (1972).

[2] Katz, D. H., Hamaoka, T., and Benacerraf, B., *J. exp. Med.*, 137, 1405 (1973).

[3] Katz, D. H., Hamaoka, T, Dorf, M. E., and Benacerraf, B., *Proc. natn. Acad. Sd.*, *U. S. A*, 70, 2624 (1973).

[4] Abelson, H. T, Smith, G. H., Hoffman, H. A., and Rowe, W. P., *J. natn. Cancer Inst.*, 42, 497 (1969).

[5] Kajima, M., and Majde, J., *Naturmissemchcften*, 57, 93 (1970).

[6] Zinkernagel, R. M. and Doherty, R C., *J. exp. Med.*, 138, 1266 (1973).

[7] Doherty, P. C., Zinkernagel, R. M., and Ramshaw, I. K., *J. Immun.* (in the press).

[8] Doherty, R C., and Zinkernagel, R. M., *Transpln. Rev.*, 18 (in the press).

[9] Marker, O., and Volkert, M., *J. exp. Med*, 137, 1511 (1973).

[10] Blanden, R. V., Mackaness, G. B., and Collins, F. M., *J. exp. Med*, 124, 585 (1966).

[11] Mims, C. A., and Subrahmanyan, T. P., *J. Path. Bact*, 91, 403 (1966).

[12] Cerottini, J.-C., Nordin, A. A., and Brunner, K. T., *Nature*, 228, 1308, (1970).

[13] Cerottini, J.-C., and Brunner, K. T., *Adv. Immun.* (in the press).

[14] Cole, G. A., Prendergast, R. A., and Henney, C. S., *Fedn. Proc.*, 32, 964 (1973).

[15] Hecht, T. T, and Summers, D. F., *J. Virol.*, 10, 578 (1972).

[16] Lengerova, A., *Adv. Cancer Res.*, 16, 235 (1972).

[17] Perlmann, P., Perlmann, H., and Wigzell, H., *Transpln. Rev.*, 13, 91 (1972).

[18] MacLennan, I. C. M., *Transpln. Rev.*, 13, 67 (1972).

[19] Steele, R. W., Hensen, S. A., Vincent. M. M., FucciUo, D. A., and Bellanti, J. A., *J. Immun.*, 110, 1502 (1973).

[20] Hotchin, J., *Monogr. Virol.*, 3, 1 (1971).

附录 2

致敏 T 淋巴细胞在淋巴细胞性脉络丛脑膜炎中对改变了的自我成分的免疫监视^{*}

经过免疫的小鼠胸腺衍生的淋巴细胞(T 细胞)对 ^{51}Cr 标记的淋巴细胞性脉络丛脑膜炎(LCM)病毒感染[1,2]的成纤维细胞或者巨噬细胞受到 H-2 基因复合物的限制[3,4]。LCM 感染的单层培养物的特异性裂解只有在靶细胞与覆盖在其上的致敏 T 细胞具有一套相同的 H-2 抗原时才可发生。

从技术上说,这种限制可能反映了一种或两种非常不同的机制[3,4]。第一,H-2 相容性对于淋巴细胞和靶细胞之间充分密切结合是必需的。这一紧密结合模型提示或者是 H-2 基因复合物限定了参与自身识别的一种产物或多种产物,或者是 H-2 抗原之间有相互作用。这一过程对于 T 细胞受体识别病毒抗原是附加的条件。另一种可能性是感染 LCM 病毒修饰了自身成分,而这种修饰的方式只能在 H-2 相容性系统中被识别。

改变的自我可能被认为是病毒合成过程诱导的 H-2 抗原的变化(或者

---

* 附录 2 引自《自然》杂志(版权获允):*Nature*,251 卷,5475 期,547-548 页,1974 年 10 月 11 日。

是 H-2 区域编码的结构的变化),也可以被认为是病毒和 H-2 抗原的复合物。

F1 免疫小鼠的淋巴细胞裂解病毒感染的亲本 H-2 型的靶细胞与同基因 T 细胞一样有效[1]。如果紧密结合模型是正确的,那么 F1 小鼠只需要一个克隆的致敏 T 细胞以某些非免疫学途径通过特定的受体识别病毒抗原,而 H-2 抗原的识别也是像这样只要识别两个亲本 H-2 中的任何一个就可以发生紧密结合(附图 2-1)。但是,改变的自我假说则至少需要两种 T 细胞克隆的同时存在,每一种细胞与亲本之一的改变了的 H-2 有所反应。

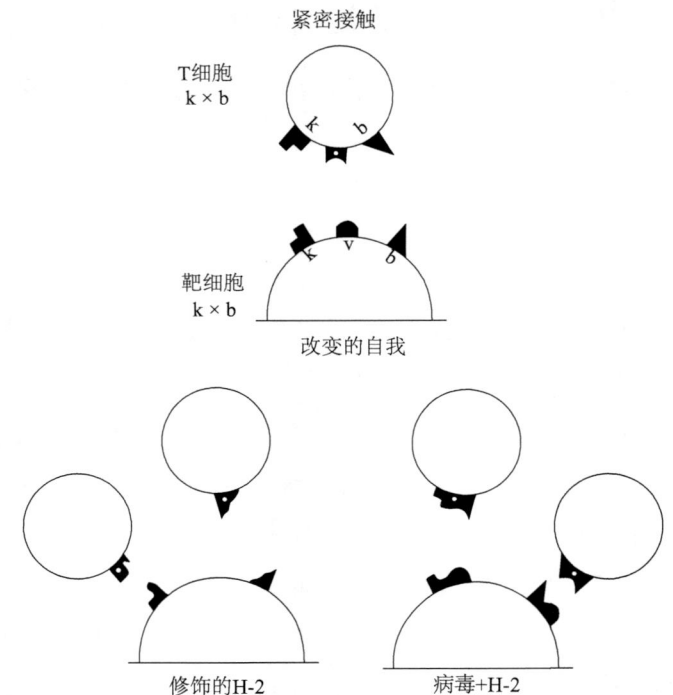

附图 2-1 致敏 F1(H-2k/b)T 细胞仅与病毒感染的组织相容性靶细胞相互作用的能力可以认为是反映了这里显示的任何一个模型。紧密接触模型假设除了对 H-2 基因复合物(H-2^k 或者 H-2^b 之间的相互关系)编码决定的生理性的相互作用的要求之外,还要求针对病毒(v)抗原的单一的免疫学特异性 T 细胞受体。两个假设改变自我的模型认为,在每种情况下至少有 2 个带有识别修饰的 H-2 或病毒+两个亲本型之一的 H-2 的免疫学特异性的受体的 T 细胞群体。

附录 2

这些可能性用下面试验系统进行检验。当 LCM 免疫的 T 细胞被注射入免疫抑制、病毒感染的受体小鼠[5]，它们在同基因和同种异体宿主中向淋巴组织中归巢的能力相同，但是只在同基因系统中继续扩增[6]。进一步的扩增显然不是被游离病毒触发的，而是有赖于胸腺衍生的淋巴细胞接触组织相容性的、病毒感染的靶细胞。

能裂解 LCM 感染的 $H-2^k$ 单层细胞的 $F1(H-2^{k/b})$ 免疫脾细胞的持续增值仅发生在具有 $H-2^k$ 抗原特异性的受体小鼠体内，而在具有 $H-2^d$ 特异性的受体小鼠则不发生增殖反应（附表 2-1）。这些致敏 T 细胞来源与供体小鼠，因为用 CBA/H×C57B1 脾细胞被动免疫的受体小鼠显示带有 $C3H$（附表 2-2）。因此紧密结触假说可能是不正确的，因为据此假说单克隆 F1 淋巴细胞（附图 2-1）在两个亲本品系的受体小鼠中都应该持续扩增。但这些结果不能够完全排除这一模型，应该有所保留的是这一假设的自我识别产物在 F1 代小鼠中可能有等位基因排除。对于我们的结果最简单的解释是在 LCM 感染的 $H-2^{k/b}$ 小鼠体内存在至少有两种特异性的致敏 T 细胞。每种都能识别病毒加一个亲

附表 2-1 供体小鼠 T 细胞对 LCM 感染的经辐射的受体小鼠的细胞毒活性＊

供体细胞	受体小鼠	H-2 型	L 细胞($H-2^k$)的^{51}Cr 释放的比例†	
			感染	正常
实验 1				
免疫	CBA/H×Balb/C	k/d	51.2±0.5	12.5±1.9
	C57B1×Balb/c	b/d	17.3±0.1	13.9±1.3
	BALB/c	d	16.1±1.8	13.0±1.3
正常	BALB/c	D	14.4±1.9	11.7±1.1
实验 2				
免疫	CBA/H	k	83.7±5.4	19.0±1.4
	C57B1	b	23.3±1.3	19.1±1.0
正常	C57B1	b	20.3±1.2	18.5±1.7

＊ CBA/H×C57B1 F1 供体小鼠脑内注射 300 倍 LD50 的 WE3 LCM 病毒，临床感染 7 天后处死。受体小鼠静脉注射 10^6 LD50 的 WE3 LCM 病毒 24 小时前经放射线照射（850 r.），6 小时后静脉注射接种 $5.0×10^7$ 脾细胞和淋巴结细胞。

† 高于正常值^{51}Cr 释放百分率是 H-2 相容性致敏 T 细胞活性的量度指标[1-4]。LCM 免疫小鼠造成感染的 L 细胞^{51}Cr 释放百分率为 46.6%±0.9%，造成正常 L 细胞的^{51}Cr 释放百分率是 15.2%±1.3%（实验 1）。

本型的 H-2(或者修饰 H-2)。再循环的 T 细胞的基本功能可能是监视移植抗原或者 H-2 基因复合物编码的结构的完整性。识别由于病毒感染、化学修饰[7]或遗传差异(同种异体抗原)引起的细胞表面变化也适用于同样的模型。

附表 2-2　致敏 T 细胞来源于供体小鼠的证据

供体小鼠	受体小鼠	处理	^{51}Cr 释放百分率	
			感染	正常
CBA/H×C57B1F1	AKR	抗-θ 补体	22.3±1.2	21.4±2.5
H-2k/bθC3H	H-2k，θC3H	N 腹水＋补体	89.1±1.8	23.3±1.2

方法同附表 2-1，但部分淋巴细胞用 AKR 抗-θ（C3H）腹水和兔补体或正常 AKR 腹水和补体处理[3]。

我们感谢艾达教授、坎宁安博士、布兰登博士以及安德鲁·哈普的讨论，特别是皮拉斯基博士强调病毒诱导的 H-2 抗原的复合物的可能性。抗θ血清是坎宁安博士赠送的。

罗夫·辛克纳吉

彼得·杜赫提

澳大利亚国立大学

约翰·柯廷医学研究院

微生物学系

澳大利亚堪培拉

(1974 年 6 月 24 日收稿，8 月 19 日修回)

[1] Zinkernagel, R. M., and Doherty, P. C., *Scand. J. Immun.* (in press).
[2] Doherty, P. C., Zinkernagel, R. M., and Ramshaw, I. A., *J. Immun.*, 112, 1548-1552 (1974).
[3] Zinkernagel, R. M., and Doherty, P C., *Nature*, 248, 701-702 (1974).
[4] Doherty, R C., and Zinkernagel, R. M., *Transplantn Rev.*, 19, 89-120 (1974).
[5] Gilden, D. H., Cole, G. A., Monjan, A. A., and Nathanson, N., *J. exp. Med.*, 135, 860-873 (1972).
[6] Doherty, P. C., and Zinkernagel, R. M., *J. Immun.* (in press).
[7] Shearer, G. M., *Eur. J. Immun.* (in press).

附录 3

主要组织相容性抗原的生物学作用

摘要：组织相容性(H)抗原的核心功能可能是将自我变化的信号传送给免疫系统。病毒诱导的强移植抗原的修饰明显导致胸腺衍生的淋巴细胞(T 细胞)的识别，以及接下来的克隆扩增和对非我决定簇的消除。在较高等的脊椎动物的主要 H 抗原系统中发现的极端的遗传多态性，可能反映了这一免疫监视机制施加的进化压力。

引　言

这里的假说来自三种最常见的自然发生的小鼠病毒病中免疫 T 细胞明显对改变的自我发生致敏的证据，这三种病毒病是：淋巴细胞性脉络丛脑膜炎[1](L. C. M)、缺肢畸形[2](鼠痘)和副黏病毒[3](仙台)感染。遗传制图研究证明所参与的自身成分限定在编码主要组织相容性(H)抗原的两个位点之内或其附近[2-5]。因此，循环的胸腺衍生淋巴细胞对 H 抗原完整性的监视，可能是免疫监视的一个基本特征[6]。进一步说，这样一种机制的存在为强移植抗原系统的进化提供了基础,而对这一系统的生理学作用尚不知晓[7]。

H-2 基因复合物

此讨论的大部分内容是关于 H-2 的,因为我们的证据完全来自于小鼠实验。但是,H-2 和 HL-A 是可比的系统[8],而且此论点普遍适用于高等脊椎动物。在继续讨论之前有必要简要回顾一下 H-2 的性质[9,10]。小鼠的主要移植抗原是由 H-2 基因复合物编码的,它位于 17 号染色体(连锁群 IX)。此复合物一般作为单一的单位遗传,传统上分成四个区域:K,I,S 和 D。每个的 H-2 型别用小写字母表示——例如,H-2^k(或者 H-2K^k-D^k)。限定主要 H 抗原的基因位于 H-2K 和 H-2D,在一个位点具有多种等位基因,这两个区域在细胞表面明显是相互独立的,因为它们暴露于高度特异性的抗血清时并不相互重叠[11]。抗体识别的 H-2 和 HL-A 抗原的成分都是多肽,它们的结构被认为是与免疫球蛋白恒定区结构域相同的两单元结构相同[12,13]。血清学决定的 H-2 私有特异性(强移植抗原)仅与单一 H-2 型别相关,而 H-2 公共特异性可能在许多 H-2 型别中是相同的。小鼠的 I 区与调节一些需要 T 细胞辅助的抗体应答有关[14],而 S 与一种血清蛋白有关,这种蛋白是定义遗传重组事件的有用标志。

H-2 相容性的要求

特异性细胞诱导的^{51}Cr-标记的成纤维细胞、巨噬细胞或者肿瘤细胞的裂解只有在 T 细胞的免疫供体和病毒感染的靶细胞的 H-2K 或者 H-2D 相容的情况下才发生[1-5,15]。成功的相互作用明显反映了血清学定义的抗原特异性,但是这可能仅仅是紧密连锁基因的标记,这些基因编码的是不被循环

附录 3

抗体识别的差异蛋白质。I-S 区的识别对于裂解来说既不充分,也无必要。M 位点的差异参与了淋巴细胞反应,并且位于小鼠的另一条染色体上[16],也是不相关的。较为粗略的动物实验也显示,同样的 H-2 相容性要求也适用于体内的 T 细胞效应活性[17,18]。而且,其他实验室的证据表明,对鸡体内的劳氏肉瘤病毒[19]和三硝基苯修饰的小鼠淋巴细胞[20-21]发生应答的 T 细胞也受到同样的限制。

对此现象有几种可能的解释。一些人认为由于同种异型抗原的存在,将会产生的抑制作用[22](不同的 H-2 抗原)任何以此为基础的论点都被以下实验所否定:细胞混合实验以及在体内和体外使用不同亲本-F1 的组合[5,17]。这里有两种主要的解释:亲和力或者改变的自我[23]。

亲和力模型可以概括如下:H-2 基因复合物编码一种生理学的自我识别机制[24-26],它是 T 细胞受体免疫学特异性识别病毒抗原的一种额外的识别机制。这一双重相互作用暗示着宿主需要产生仅仅一种对病毒反应的广泛特异性。因此,H-2 相容性的要求反应生理学相互识别系统运作。我们立刻就能认识到这一观点明显存在两个问题。第一,在 H-2K 或者 H-2D 位点的相容性对于裂解病毒感染的细胞来说是足够的,这一事实暗示必然有两种不同的生理相互作用方式,分别由 H-2^K 或者 H-2^D 编码。第二,它不能解释对同种异型抗原的致敏,这也是一种细胞诱导的免疫反应,其结果与对病毒感染的同基因(自我)细胞的免疫反应结果基本相同。很明显,同种异型细胞必然缺乏自我识别系统。

改变的自我概念较为简单,它要求单个(单克隆)免疫学特异性 T 细胞受体识别病毒诱导的同基因型的改变——也就是说,来自 H-2K^k-D^k L.C.M-感染的小鼠的不同 T 细胞克隆对改变的 H-2^K 或者 H-2^k 编码的自身抗原过敏,而不包括相对于病毒诱导的 H-2K^d 或者 H-2D^k 编码的自我的变化的特异性。

改变的自我的亲和力

旨在区分这两种可能性的实验以两种不同的方法为基础：①通过加入的"冷的"、未标记的靶细胞竞争性地抑制细胞毒反应；②输入经放射线照射并受病毒感染的受体中的免疫 T 细胞可进一步繁殖。这些实验在别的地方已经描述过了[5,21,27]，在此不再讨论。两种方法的整个结论是致敏 T 细胞识别 H-2K 或者 H-2D 限定的自身成分。

亲和力模型适用于解释以下两种途径之一取得的发现：

(1) T 细胞克隆仅表达推测的 H-2K 或者 H-2D 编码的生理相互作用中的一种，在杂合子中这两个位点有重叠的等位基因排斥。根据我们的知识，这种复杂形态的遗传排斥是极为不可能的。

(2) 参与相互作用的自我成分形成了 T 细胞受体以及抗原的完整部分，这种受体复合物是克隆表达的。此第二个可能性在操作上与改变的自我的概念相同：H-2K 或者 H-2D 编码的结构必然形成 T 细胞形成识别的抗原的至少一部分。同种异型抗原可以看成是轻微改变的自我，对它的反应同样可以分成这两种情况[28]。

病毒诱导的自我的修饰可能反映的是病毒和 H 抗原的复合物，以及某些正常情况下在细胞表面见不到的 H 抗原的表达（如病毒出芽时新抗原的物理暴露或者宿主基因的去抑制[29]）。在现阶段，我们不理解自我改变的生物化学性质，这些知识对于这里的讨论来说也不是必需的。

改变的自我和免疫监视

改变的自我概念的中心含义是，对病毒或化学修饰的细胞以及对同种异型细胞[30]的细胞免疫反应的规律是相同的。对异种抗原（来自不同物种

附录 3

的主要 H 抗原)的反应,可能也适用于此模型,但是与自我的差异将明显较大,而同时 T 细胞应答要弱得多[31,32]。循环 T 细胞对 H 抗原结构完整性的监视可能是免疫监视的基本特征,特异性识别导致克隆扩增和带有被视为非我的主要 H 抗原的细胞的消除。免疫监视机制产生的选择压力在免疫系统沿着琴纳提出的路线进行的总体发育中可能最为重要[33]。

与强移植抗原相关的反应可能不是所有类型的 T 细胞应答的特征。很明显,监视 T 细胞杀死所有表达非己抗原决定簇的巨噬细胞和 B 细胞(抗体形成细胞前体)是不利的。这可能倾向于发生在 L.C.M. 的条件下,此时病毒感染淋巴组织[34]的许多细胞,而细胞诱导的免疫至少在开始阶段比体液免疫更显著[35,36]。但是,从主要的方面来说,T 细胞和 B 细胞之间的相互作用可能反映了功能上分开的两类辅助 T 细胞的进化[37],它们按照设定好的程序识别抗原诱导的 I 区基因编码的结构(Ia)的改变[38-40]。在 B 细胞和巨噬细胞表面发现了高浓度的 Ia[41]。对 Ia 的修饰因此可能导致 T 细胞辅助活性以及更有效的抗体反应,而 H 抗原结构的改变监视 T 细胞介导的免疫清除。对整个免疫应答的调控[42]可能反映这两个系统之间复杂的相互作用[2,21,40]。

与一套特定的 H 抗原相关的免疫监视机制在进化上成功,然后又导致这些抗原的强烈表达。主要的 H 抗原系统如 H-2 和 HL-A 仅在高等脊椎动物内发现,还没有在比两栖更原始的生物形式中发现[43],虽然它们也可能存在于硬骨鱼中[44]。同时,主要 H 抗原的分布可能反映了监视 T 细胞活性的程度。巨噬细胞和淋巴细胞特别容易暴露于感染物质中,并且表达高浓度的 H-2[45]。但是在大脑中,植入的皮肤移植物不引发免疫应答[46],H-2 抗原的表达也很少[45]。

H-抗原多态性的基础

小鼠和人类主要的 H 抗原系统表现出极端的遗传多态性,在脊椎动物

体内，只有免疫球蛋白的多态性能够与之相比[8,47,48]。目前对这种极为深刻的可变性还没有提出令人信服的理由，而对其存在和维持最好的解释是：在不存在对任何一种 H-2 类型的偏好的总的进化压力的情况下，杂合性具有选择优势[47]。

我们希望对 H 抗原中存在的极端的多样性提出两种不同的解释。两种解释都是以不同 T 细胞特异性与两个主要的 H 抗原位点编码自身抗原相关的认识为基础的，可以概括如下：

(1) 从纯理论的基础上说，T 细胞应答的范围在 F1 代个体中比纯合子小鼠大。

(2) 一些病原体(或者致癌过程)可能不引起与特定的 H 等位基因相关的自我的免疫原性修饰，因此多重多态性的存在使整个人群中普遍的无应答性的风险减到最小。后一种可能性是希勒和他的同事[21]独立提出来的。

两个论点都可以用来解释存在两个而不是一个 H 抗原位点的进化优势。

纯合子的 L.C.M. 免疫小鼠明显具有两种广泛特异性的 T 细胞，对修饰的 H-2K 和 H-2D 编码的 H 抗原致敏[5,27]。因此杂合子将产生四种特异性的 T 细胞，与每一个亲本单型的 H-2K 和 H-2D 有关。因此 T 细胞应答的范围在 F1 代有效地翻了倍。这一结果在 H-2 基因复合物杂合的小鼠体内也会导致 T 细胞效应功能增强么？

分析体外细胞毒试验的数据可知，L.C.M. 免疫的 F1 代的 T 细胞裂解病毒感染的只具有一个亲本的 H-2 型的靶细胞，与完全同基因亲本淋巴细胞的裂解效力几乎相同(估计值为 70%～100%)。因此，F1 中与等量表达在细胞表面的两个亲本 H-2 型都相关的总反应，可以为发生在亲本纯合子中反应的 140%～200%。体内试验的证据也表明，T 细胞诱导的免疫病理在感染 L.C.M. 病毒的杂合子小鼠中更严重[49]。但是 L.C.M. 的急性病理过程特征[23]是非典型的 T 细胞应答。在大多数病毒病中，细胞诱导的免

附录 3

疫反应的功能是消除感染的细胞,从而保护宿主[50]。在 F1 中增强 T 细胞反应一般会有选择优势,并倾向于维持 H 抗原类型的整体平衡的多态性。

综合这些有关杂合子选择优势机理的论点,结合现在的实验,得出的概念是:病毒可能不诱导所有 H 抗原类型的免疫修饰[2,38]。在 L. C. M. 感染中,与 H-2D 相关的 T 细胞应答中似乎比 H-2K 强。这对于一些致癌病毒的应答可能也是正确的[51,52]。与 H-2K^d 相关的反应可能至少在一个小鼠品系中特别弱[2]。而在缺肢畸形中,H-2D^k 与最弱的应答相关。这里就有一种可能性:对特定感染疾病或致癌过程的敏感性与 HL-A[53] 或 H-2 类型之间的相关性,可能反映了主要 H 抗原修饰的缺失,而不是对免疫应答(Ir)基因的控制[14]。

对特定 H-2 类型的全部选择可能仅发生在一种疾病过程正在流行的时候。但是,大多数动物群体经受着大量的、各种各样的感染。因此,对 HL-A[53] 或 H-2 类型广泛多样性的维持具有一般性的优势,它使整个群体中的特定病毒不能产生免疫原性 H 抗原的修饰的机会减到最小。再次重申,这种选择的净结果将是倾向于平衡的多态性。

彼得·杜赫提

罗夫·辛克纳吉

微生物学系

约翰·柯廷医学研究院

澳大利亚堪培拉

[1] Zinkernagel, R. M., Doherty, P. C. *Nature*, 1974, 248, 701.
[2] Blanden, R. V., Doherty, R C., Dunlop, M. B. C., Gardner, L, Zinkernagel, R. M., David, C. S. *ibid*. 1975, 254, 269.
[3] Doherty, P C., Zinkernagel, R. M. Unpublished.
[4] Doherty, R C., Zinkernagel, R. M. *J. exp. Med.* 1975, 141, 502.

[5] Zinkernagel, R. M., Doherty, R C. *ibid*, (in the press).

[6] Burnet, E M. *Immunological surveillance*. Sydney, 1970.

[7] Snell, G. D. *Immunogenetia*, 1975,1,1.

[8] Amos, D. B. et al. *Fedn. Proc.* 1972,31,1087

[9] Klein, J., Shreffler, D. C. *Transplant. Rev.* 1971,6,3.

[10] Shreffler, D. C., David, C. S,. *Adv. Immun.* 1974 (in the press).

[11] Neauport-Sautes, C., Lilly, E, Silvestre, D., Kourilsky, F. *M. J. exp. Med.* 1973, 137,511.

[12] Tanigald, N., Pressman, D. *Transplant. Rev.* 1974, 21,15.

[13] Strominger, J. L., Cressell, P., Grey, H., Humphreys, R. E., Mann, D., McCune, J., Parham, P., Robb, R., Sanderson, A. R., Springer, T. A., Terhorst, C., Turner, M. J. *ibid* p. 126.

[14] Green, I. *Immunogenetks*, 1975,1, 4.

[15] Gardner, I., Bowern, N. A., Blanden, R. V. *Eur. J. Immun.* (in the press).

[16] Festenstein, H. *Transplant. Rev.* 1973,15, 62.

[17] Doherty, R C., Zinkernagel, R. *M. J. Immun.* 1975,114, 30.

[18] Blanden, R. V., Bowern, N. A., Pang, T. E., Gardner, I., Parish, C. R. *Aust. J exp. Biol. med. Set.* (in the press).

[19] Wainberg, M. A., Markson, Y., Weiss, D. W., Doljanski, R *Proc. natn. Acad. Sci. U. S. A.* 1974, 71, 3565.

[20] Shearer, G. M. *Eur. J Immun.* 1974,4,257.

[21] Shearer, G. M., Rehn, G. R., Garbarino, C. A. *J. exp. Med* (in the press).

[22] Hellstrom, K. E., MoUer, G. *Progr. Allergy*, 1965, 9,158.

[23] Doherty, P C., Zinkernagel, R. M. *Transplant. Rev.* 1974,19, 89. 2

[24] Katz, D. H., Hamaoka, T., Dorf, M. E., Benacerraf, B. *Proc. natn. Acad. Sci. U. S. A.* 1974,70,2624.

[25] Shevach, E. M., Green, I., Paul, W. E. *J. exp Med* 1974,139, 679.

[26] Rosenthal, A. S., Shevach, E. M. *ibid.* 1973,138,1194.

[27] Zinkernagel, R. M., Doherty, P C. *Nature*, 1974,251, 547.

[28] Brondz, B. D., Egorov, I. K,. Drizlikh, G. I. *J. exp Med.* 1975,141,11.

[29] Martin, W. J. *Cell Immun.* 1975,15,1.

[30] Cerottini, J.-C., Brunner, K. T. *Adv. Immun.* 1974,19, 67.

[31] Lindahl, K. F., Bach, E H. *Nature*, 1975,254, 607.

[32] Wekerle, H., Eshhar, Z., Lonai, P. Eeldman, M., *Proc. natn. Acad Sci. U. S. A.* 1975, 72,1147.

[33] Jerne, N. K. *Eur J Immun*. 1971,1,1.
[34] Mims, C. A. Tosolini, E A. , *Br. J. exp Path*. 1969, 50, 584.
[35] Hotchin, J. *Monogr Virol*. 1971, 3,1.
[36] Lehmann-Grube, R *Virol Monogr*. 10,1.
[37] Wernet, D. , Lilly, F. *J. exp Med*. 1971,141,573.
[38] Kantor, H. , Boyse, E. A. *ibid*, (in the press).
[39] Erb, P. , Feldman, M. *ibid*, (in the press).
[40] Zinkernagel, R. M. , Doherty, P. C. , Blanden, R. V. Unpublished.
[41] Hammerling, G. J. , Mauve, G. , Goldberg, E. , McDevitt, H. O. *Immunogenetics*, 1975,1,428.
[42] Bretscher, PA. *Cell. Immun*. 1973, 6,1.
[43] Du Pasquier, L. , Chardonnens, X. , Miggiano, V. C. *Immunogenetics*, 1975,1,482.
[44] Hildemann, W. H. *in Transplantation Antigens: Markers of Biological Individuality* (edited by B. D. Kahan and R. M. Reisfeld); p. 3. New York, 1972.
[45] Edidin, M. *ibid*. p. 95.
[46] Medawar, R B. *Br. J. exp. Path*. 1948,19, 58.
[47] Bodmer, W. F. *Nature*, 1972, 237,139.
[48] Burnet, F. M. *ibid*. 1973,245,139.
[49] Doherty, P C. , Zinkernagel, R. M. Unpublished.
[50] Blanden, R. V. *Transplant Rev*. 1974,19, 56.
[51] Muhlbock, O. , Dux, A. *J. natn. Cancer Inst*. 1974,53, 993.
[52] Chesebro, B. , Wehrly, K. , Stimpfling, J. *J. exp. Med*. 1974,140,1457.
[53] Vladutiu, A. O. , Rose, N. R. *Immunogenetics*, 1974,1, 305.

缩略语

AID　　　国际开发署

ANU　　澳大利亚国立大学，堪培拉

ARC　　澳大利亚研究理事会，该组织支持科学和人文学科的研究

Big Pharma　大型制药公司

CalTech　加利福尼亚技术研究所

CERN　　欧洲粒子物理实验室

CGIAR　国际农业研究磋商组织

Chemistry　诺贝尔化学奖

CNRS　　国家科学研究院，法国

CSHL　　冷泉港实验室，纽约长岛

CSIRO　澳大利亚联邦科学与工业研究院

CSL　联邦血清实验室

Economics　纪念阿尔弗雷德·诺贝尔的瑞典银行经济学奖

EMBO　欧洲分子生物学组织

FAO　　世界粮食及农业组织

FDA　　食品药品监督管理局，美国

FRS　　伦敦皇家学会会员

缩略语

HHMI　霍华德·休斯医学研究所，美国

ILRAD　国际家畜疾病研究实验室，肯尼亚内罗毕

ILRI　国际家畜研究所，国际家畜疾病研究实验室的前身

JCSMR　位于澳大利亚国立大学的约翰·柯廷医学研究院，堪培拉

LMB　分子生物学实验室，英国剑桥

MD　医学博士

Medicine　诺贝尔生理学或医学奖

MIT　麻省理工学院，波士顿

MRC　英国医学研究理事会

MSTP　医学博士/哲学博士医学科学家联合培训计划，美国

NAS　国家科学院，美国

NCI　国立卫生研究院国家癌症研究所，美国

NHMRC　国家健康与医学研究理事会，澳大利亚

NIH　美国公共卫生署国立卫生研究院

NSF　国家科学基金会，美国

Peace　诺贝尔和平奖

Penn　宾夕法尼亚大学，费城

PhD　哲学博士，研究科学家的常规"门票"

Physics　诺贝尔物理学奖

PI　首席研究员，研究计划的领导

Postdoc　博士后，通常是取得博士学位后的一个培训生的职位

R&D　研究和开发

RS　伦敦皇家学会，英国国家科学院

UCLA　加利福尼亚大学洛杉矶分校

WEHI　沃尔特-伊莉莎·霍尔医学研究所，墨尔本

WHO　世界卫生组织

推荐阅读

下列著作给出了对科学工作方式的洞悉。

Barry, John M, *The Great Influenza: The Epic Story of the Deadliest Plague in History*, Viking, New York, 2004.

这本书是最新的，可能也是最好的关于灾难性的1918～1919年流感大流行的叙述。作者除了描述当年大量人口身体虚弱甚至死亡（大约有4000万人死亡）带来的医学、社会和政治后果，还追述了美国医学学术的历史。

Gleick, James M, *Genius: Richard Feynman and Modern Physics*, Little Brown, London, 1992.

这是一本可读性很强的书，它记述了一位1965年分享诺贝尔物理学奖的杰出的理论物理学家的个人故事。费曼是一位伟大的导师，他有着有趣而又活跃的性格。他领导了对"挑战者"号航天飞机灾难的探究，他冲破了许多困惑和伪善，才找到这次灾难的原因。

Koestler, Arthur, *The Act of Creation*, Hutchiston, London, 1976.

这本书是对许多我这一代人经历的创造性过程的最早的讨论，今天仍然值得一读。

推荐阅读

Kuhn, Thomas, *The Structure of Scientific Revolution*, University of Chicago Press, Chicago, 1996.

库恩强调科学的进步是理解上的革命带来的，他称这种理解上的革命为"范式转换"。作为一名实验科学家而不是科学哲学家，我发现库恩和波珀（见下文）的观点是有用的，虽然一些哲学家认为他们很另类。

Maddox, Brenda M, *Rosalind Franklin: The Dark Lady of DNA*, Happer Collins, London, 2002.

X射线晶体学家罗莎琳德·富兰克林（Rosalind Franklin）制作了沃森（Watson）和克里克（Crick）所见到的晶体的照片影像，并允许他们澄清关于DNA性质的思考。假如她不是年纪轻轻，在1961年诺贝尔生理学或医学奖颁奖之前死于癌症，就会出现诺贝尔生理学或医学奖的"三人规则"的问题，因为她的上级同事，莫里斯·威尔金斯（Maurice Wilkins）也被包括在获奖名单内。罗莎琳德·富兰克林遭受到了明显的对妇女的歧视，在当时英国的一些研究机构中这个问题还很严重。

诺贝尔奖网址：http://nobelprize.org

这是诺贝尔奖电子博物馆，提供了关于这些奖项的全面的信息资源。

Popper, Karl R, *Conjectures and Refutations: The Growth of Scientific Knowledge*, Routledge, London, 1989.

波珀（Popper）借用罗纳德·艾尔默·费雪（R. A. Fisher）的统计学观点辩称：实验科学的进展不是证明A（实验组）与B（对照组）绝对不同，而是达到更为简单的目标：否定A和B等同这一无效假设。这听起来有点枯燥，但实际上这本书可读性很强，是对科学家保持诚实和避免幻想的机制的一个很好的介绍。如果一名科学家想不惜代价去证明一个观点，就可能陷入到严重的错误中。

Sobel, Dava, *Galileo's Daughter: A Drama of Science, Faith and Love*, Fourth Estate, London, 1999.

作者根据伽利略私生女弗吉尼亚以前未翻译的信件提出观点，认为伽利略因为宣扬哥白尼的观点——地球围绕太阳运转——被逮捕和定罪，与教会政治很有关系，也与压制真理的欲望很有关系。不可否认，压制真理的行为给教会和欧洲天主教国家的文艺复兴造成了巨大的损失。

Sobel, Dava, *Longitude: The Story of a Lone Genius who Solved the Greatest Scientific Problem of his Time*, Fourth Estate, London, 1995.

约翰·哈里森（John Harrison）发明了最早的精密计时器用于航海，但是应该属于他的荣誉因为他没有资格证书而迟到了。

Watson, James D, *The Double Helix*, Penguin, London, 1998.

沃森在1968年陈述了有关事件——导致他和弗朗西斯·克里克（Frances Crick）在1953年建立DNA模型并开启分子医学时代。很明显，在剑桥大学分子生物学实验室的其他人不太喜欢这本书，但它的确传递了我所熟悉的做科学的一种方式。尽管这本书对罗莎琳德·富兰克林（见上文）不公平，但它短小精悍，读来有趣。可能羽翼未丰的沃森有点害怕高深莫测的罗莎琳德·富兰克林！

索　引

人工流产　32，140，142
法兰西学院　23，27
阿克顿勋爵　107
戈登·阿达　171
老龄化　96；阿尔茨海默病　160
艾滋病　25，34，41，55，67，72，80，84，
　　92，94，98，116，129，130，146-148，
　　154-157
艾伦·艾尔达　25
亚历山大图书馆　21，143
威利·阿伦　52
尤瑞奇·冯·安德瑞恩　53
阿基米德　20-22，33
凯伦·阿姆斯特朗：
　　《为上帝而战》　136；
　　《螺旋楼梯》　146
关节炎　见　自身免疫性疾病
亚洲　3；
　　科学　112-114，196
哮喘　97
天文　128
昂山素季　109
澳大利亚：

人才流失　114
布里斯班　2-4
教育　106
政治　105
宗教　138-140，142
风险投资　117
科技　114-115，118，129-131，171
澳大利亚国立大学　115；约翰·柯廷医学
　　研究院　5，43，115，181，186，
　　193，197
理查德·阿克赛尔　61，127

弗朗西斯·培根　21，24，140
大卫·巴尔的摩　57
约瑟夫·班克斯　33
约翰·巴里：《大流感》　93
巴塞尔免疫研究所　126
莱昂纳多·巴瑟尔　62
亨利·贝克勒尔　59
埃米尔·冯·贝林　76
索尔·贝罗　109
巴茹·贝纳赛拉夫　82，85，87，89
苏尼·伯格斯特　125

201

通往诺贝尔奖之路

生物武器公约 123
生物学 66，68，97，134，139，149-150；
　　分子 124，130，139，158
生物技术 127-128，130，163
生物恐怖主义 123
迈克尔·毕肖普 58，135，
帕米拉·比约克曼 90
詹姆斯·布莱克爵士 64
托尼·布莱尔 35
鲍勃·布兰登 86
迪特里希·朋霍费尔 108
朱·博尔德 77，78
诺曼·布劳格 30，101，167
劳伦斯·布拉格 60，61，151，161
威廉·布拉格 60，151，161
大脑 158-160
马尔科姆·布伦纳 96
悉尼·布伦纳 81
迈克尔·布朗 9
琳达·巴克 127
佛教 143
埃德蒙·伯克 108
麦克·伯内特爵士 79；
　《变迁的时代》 79
乔治·W. 布什 105，146

卡尔十六世·古斯塔夫 5
癌症　34，58，80，82，84，95，96，
　　152-154
克努特国王 106
西蒙·卡丁 52
吉米·卡特 101
欧洲核子研究中心的粒子加速器 41
张德培 164
化学 152-153，158，162

儿童 98，99，151
霍乱弧菌 77
温斯顿·丘吉尔 104，167
辛辛那图斯 98
比尔·克林顿 105
克隆人 33
柯慈 109；《伊丽莎白·卡斯特罗》 109
克洛德·科恩·坦努吉 143
冷泉港实验室（纽约） 163
合作 18
　　科学合作　47，51，58，123-124，
　　129-130，162
弗朗西斯·柯林斯 50，144
商业和工业；革新 37，55；科学 116-
　　118；技术 53
计算 153
保护 见 环境
国际农业研究磋商 30
詹姆斯·库克 33
马克斯·库珀 80
尼古拉斯·哥白尼 20；《天体运行论》 20
约翰·科恩福思 61
卡尔·科里 59
吉蒂·科里 59
约翰·克劳福德爵士 30
创世科学 136-138，142
弗朗西斯·克里克 49，121，200
奥利弗·克伦威尔 106
谢恩·克罗提：《超越曲线：大卫·巴尔的
　　摩的科学生涯》 57
保罗·克鲁岑 64
联邦科学与工业研究院 5
文化 19-20；通俗文化 109；科学 112，
　　113，
创造性的文化 54

202

索 引

阿拉斯泰尔·坎宁安　78
伊伦娜·约里奥·居里　59，60
玛丽·斯科拉多夫斯卡·居里　58，60
皮埃尔·居里　58，60
鲍勃·柯尔　135

查尔斯·达尔文　139；《物种起源》　139
让·杜塞　82
马克·戴维斯　53，90
爱德华·德·波诺　170
马克斯·德尔布吕克　162
勒内·笛卡儿　33
发展中国家　156；科学　101，124，169-130
查尔斯·狄更斯：《双城记》　51，159
疾病　159，161
自身免疫性疾病　95，76；早老性痴呆综合征　161；传染病　75，76，91，133，129，155，157；帕金森病　160-161
吉姆·杜赫提　102
彭妮·杜赫提　1，88，102
彼得·杜赫提：
　　年度澳大利亚人　102-103；研究生涯　1，12，48，58，88-90，157
　　童年　2-5，61，133；家庭背景　3，133
　　诺贝尔奖　1，5-6，8，12-13，59，66，79，85，88，90，98，100，107，149
　　高等教育　5，134
　　免疫学工作　5，24，51，67，70-71，74，85，86-88，99，156，162，171
拉尔夫·杜赫提　3
特伦斯·杜赫提　62
杰里·多纳休　171
DNA双螺旋结构　49，128，152

吉姆·唐宁　149
药物　150，152，152-155，158，160-161；理性药物设计　95，153

希林·伊巴迪　109
约翰·埃克尔斯爵士　115；《自我与大脑》（与卡尔·波普尔合著）　145
杰拉尔德·埃德尔曼　78
教育　137-138
保罗·埃尔利希　76
阿尔伯特·爱因斯坦　122
电泳　78
格特鲁德·埃利恩　64
环境　17，36；保护　32，105；环境保护运动　29；汽车　36；技术　36；参见：全球变暖，可持续性
癫痫病　159
尤夫·冯·欧拉　60
汉斯·冯·欧拉-查尔滨　60
比尔·埃文斯　149
加里斯·埃文斯　102
邪恶　108
进化　94，132，134，139，144
斟探　33

弗兰克·芬纳　68
理查德·费曼　38
凯特·费希尔　102
霍华德·佛洛里　61，62
达里奥·福　25，167
粮食　101，167；粮食援助　30-31；参见：遗传修饰
罗莎琳德·富兰克林　152，171
伊恩·弗雷泽　118
米歇尔·弗雷恩：《哥本哈根》　25

通往诺贝尔奖之路

罗伯特·弗罗斯特 65

伽林 22；参见：医学
伽利略·伽利莱 140
遗传修饰 29-32，35，94，158；食品 29-31，68
遗传学 82-84，141，145，150，151；行为 159，161
基因组学 33，152-154，157，159，161
阿尔·吉尔曼 43
全球变暖 17，24，35，37，105，106，157，158
约瑟夫·戈尔斯坦 9
罗伯特·古德 80
彼得·戈尔 85
乡村银行 101
君特·格拉斯 109
大卫·古斯 40
枪支 133
艾媛戴斯·古鲁拉 59

威廉·哈维 22，24，79；《论人体的结构》 22
鲍勃·霍克 105
医疗保险 99
沙默斯·希尼 109
迈克尔·海德堡 78
沃纳·海森伯 25
希罗多德 19
阿尔·赫尔希 163
海伦·赫斯洛普 96
希罗二世（锡拉库扎） 21
希波克拉底 22；希波克拉底誓言 104
乔治·希钦斯 64

人类免疫缺陷病毒 见 病毒
约瑟夫·贺克森：《拼接的老鼠》 57
莱娜·耶尔姆-瓦伦 10
多萝西·克劳福特 151
荷马 19
胡蒂和河豚 101
鲍勃·霍维茨 81
约翰·霍华德 102，131
霍华德·休斯医学研究所 127
科德尔·赫尔 168
人类基因组 152，157，163
人类：否定 38；科学 150-151
约翰·汉弗莱 88
蒂姆·亨特 62
奥尔德斯·赫胥黎 3
托马斯·赫胥黎 24，139

国际家畜疾病研究实验室 101，129
特里萨·依玛尼莎-凯莉 57
免疫 67-69，70-72，75，78，79，82，83，90，91，97
免疫学 5，45，47-48，53，66-70，71-75，77-80，89，90-91，126，134，157；"改变的自我"概念 15，88，89；挑战 91，95-96，158，161；单克隆抗体（mAb） 78，95；诺贝尔奖 66，75-81，84-85，90；T细胞 15，45，48，71-75，77，80-82，84-91，96，177，179-181，183-193
流感 47，91，96，98，155，156；大流行 32，93
信息科学 153
梅里埃研究所 125
巴斯德研究所 124
伊斯兰教 142-143

204

索 引

亨利·埃斯莱克　87

弗朗西斯·雅各布　124
雅各布·贾维兹　34
密斯特·詹金斯　45
爱德华·詹纳　68
尼尔斯·杰尼　78，89，126
格雷厄姆·约翰斯顿　157
弗里德里克·约里奥　59
犹太教　143

埃尔文·卡巴特　78
约翰·卡普勒　59
约翰·肯德鲁　151
约翰·F. 肯尼迪　123
亨利·基辛格　168
知识的获得　23-24
威廉·诺尔斯　127
罗伯特·科赫　76
乔治·科勒　79
吉娜·克拉塔　59
琼·卡拉克尔：《在天堂的旗帜下：一个暴力信仰的故事》　136
艾德·克雷布思　135

分子生物学实验室（LMB，英国）　197
让-巴蒂斯特·拉马克　122
卡尔·兰德施坦纳　77，78，82，92；《血清学反应特异性》　78
爱德华·拉森　144
玛丽·拉斯克　33
拉斯克基础科学奖　1，15
阿比·莱思罗普　83
洛朗王子（比利时）　101
保罗·劳特布尔　161

乔希·莱德伯格　135
克莱夫·斯特普尔斯·刘易斯　144
辛克莱·刘易斯　136
莉莲王妃（瑞典）　10
鲁道夫·里尔杰奎斯特　14
亚伯拉罕·林肯　27，108
让·林登曼　87
文学　109，169
蒂姆·罗：《野性的未来：澳大利亚入侵者秘闻》　157
格利塔尔·伦德斯特姆　10
狼疮　见　疾病
萨尔瓦多·卢里亚　162
安德鲁·洛沃夫　124
李森科　122

芭芭拉·麦克林托克　167
休·麦克德维特　85，87，89
罗德里克·麦金农　152
罗伯特·麦克纳马拉　30
疯牛病（BSE）　30
麦德华　90
疟疾　见　疾病
纳尔逊·曼德拉　108
乔纳森·曼　148
彼得·曼斯菲尔德　161
菲莉帕·迈瑞卡　59
数学　40，167
保罗·毛雷尔　85
马普学会　121
罗伯特·梅（洛德·梅）　40；《病毒动力学》（马丁·诺瓦克合著）　41
埃黎耶·埃黎赫·梅契尼可夫　67，122，170
彼得·梅达沃爵士　57；《威胁与荣光》　57

通往诺贝尔奖之路

医学 22, 32, 149, 153, 158, 163;伽林医术 22
《孟菲斯商业呼声报》 27
格雷戈尔·孟德尔 141
军费支出 36, 108
杰克斯·米勒 80, 87, 91
凯撒·米尔斯坦 79
詹姆斯·莫里斯 167
格雷厄姆·米切尔 87
马里奥·莫利纳 64
杰克斯·莫诺 124
凯利·穆利斯:《心灵裸舞》 170
弗雷德·穆拉德 44
约瑟夫·E. 默里 85

维迪亚达尔·苏雷吉普拉萨德·奈波尔 109
纳米技术 148, 160
约翰·纳什 40, 167
美国国家癌症研究所 34
贝塞斯达(美国)国立卫生研究院 121
纳粹 122
凯斯·尼尔 62
布兰丹·尼尔森 107
艾萨克·牛顿爵士 24
弗里德里希·尼采 135
理查德·尼克松 34
阿尔弗雷德·诺贝尔 13, 14, 16, 17
诺贝尔奖 1, 2, 5-9, 11-13, 49, 55, 75-76, 90, 107, 121, 125, 162, 178, 166-168, 176;获奖者的基本素质 164-165;获奖者受到的早期影响 60-62;教育 61-64,提名 14-15, 166;颁奖和仪式 8;获奖者的公众形象 109-110, 114;中央集权社会 122-123;瑞典 7-8, 33
努尔王后(约旦) 101
阿尔·诺丁 78
马丁·诺瓦克 40, 41
保罗·纳斯 62

迈克尔·欧德斯顿 87
马克·奥利芬爵士 107
埃尔文·奥利沃斯 42
约翰·博伊德奥尔 167
臭氧层消耗 64

路易斯·巴斯德 124
病理学 4
莱纳斯·鲍林 109
伊凡·巴甫洛夫 122
和平 13, 109, 168, 169
迈克尔·潘德 43
塞缪尔·佩皮斯 24
马克斯·佩鲁茨 121, 122
制药公司 125, 128;研究 34, 116, 127
慈善家 42
杰克·菲尔比 127
比尔·菲利普 144
詹姆斯·菲普斯 68
瘟疫 34
柏拉图 19
脊髓灰质炎 见 病毒
政治 28, 105, 107;科学 24, 27-28, 35, 36, 44, 55-56, 104, 107, 145, 165-166
大卫·波里泽 40
卡尔·波普尔 47, 145;《猜想与驳斥》 145

索 引

人口控制 17
罗德尼·波特 78
埃兹拉·庞德 168
贫困 101
玛丽·帕沃兹 27
亚历山大·普罗霍洛夫 123
公共知识分子 110

罗纳德·里根 108
宗教改革 23，140
宗教 20，134-135，136，138；政治 136，138，142-143；科学 28-29，132-133，135，136-137，139-141，143-145，147；福利 146
玛丽·瑞凌 149
文艺复兴 23，140
研究 见 生物学，癌症，免疫学，科学，疫苗，病毒

耐药性 153，157
尼尔斯·林格兹 1
约翰·罗宾逊：《对主诚实》 135
威廉·伦琴 161
克里昂那·鲁尼 96
舍伍德·罗兰 35，64

圣·裘德儿童研究医院 27，96，99-100，114，150
圣保罗 159
毕·萨缪尔森 125
弗雷德·桑格 55，78，121，161
SARS 96
让-保罗·萨特 3
精神分裂症 40，158-159，160
埃尔文·薛定谔 162

大卫·施瓦兹 43
科学 18，112-113；反感 28-29，130；发现和解决问题 28，38，55-56；发现科学 28-29，159；教育 26-27，37；证据 23，103，105，110，134，146，165，169；实验 23，46-47，56-58；欺骗 57-58；资金 39-40，41，44，54-55，102，107，116-117，118-121，169；未来 149，152，154，156，158-159；政府 33-34；媒体 25-26，27，81，102-103，104；道德 32，172；南北不平衡 128-129；公众 24-26，105-106；私立研究机构 34-35，116，117，124-126，127；中央集权社会 122；任务 18；参见：政治、宗教
科学文化 19，20-23，39，45-48，112-113，115，117，120-121，123-124，132，169，172-173
科学期刊：
  《实验医学杂志》 87，88
  《柳叶刀》 49
  《自然》 48，49，88
  《伦敦皇家学会学报》 23
  《美国国家科学院院刊》 49
  《科学》 48
科学方法 见 科学文化
科学学会：
  澳大利亚科学院 90
  英国国家科学院 23
  美国国家科学院 27，173
  伦敦皇家学会 23
科学家 98-99，103-104，129；生活方式 27，44-45，53，88-89，170，175；公众 107-108，145，167；发表 48-

49，87，171；培养训练和工作 39-40，41，43，44-46，51，52-54，63-64，124-125，165，166，169；信任 29，30

克里斯托弗·塞克斯顿：《时代的种子：麦克·伯内特爵士的一生》 79

萧伯纳 172

里克·斯莫利 149

天花 见 病毒

乔治·斯内尔 82，84，89，91

达娃·索贝尔 54

社会达尔文主义 81

拉格纳·索尔曼 14

丹尼尔·索兰德 33

苏珊·桑塔格：《疾病的隐喻》 67

斯大林 122，123

玛格丽特·斯坦利 118

克劳斯·冯·施陶芬贝格 108

杰克·施泰因贝格尔 135

干细胞研究 32，140

胚胎 32，140

布鲁斯·斯蒂尔曼 162

杰克·斯特罗明格 15，90

约翰·苏尔斯顿 61，81，135

可持续发展 17，148
　　政府税金支出 36

厄尔·萨瑟兰 44

罗曼·斯旺 25

瑞典 16；文化和传统 7-8，11；高等教育 16；卡罗林斯卡研究院 11，16；研究和开发 16；斯德哥尔摩 7

同步加速器 128，153

田中耕一 127

马克斯·泰勒 125

狄奥多西四世 21

丹尼·托马斯 99

唐纳尔·托马斯 85，125

"怪鞋"汤普森 62

杰勒德·霍夫特 60

修昔底德 19

引爆点 37

阿尔内·提塞留斯 78

利根川进 64，80，126

阿兰·汤森德 90

阿诺德·汤因比 131

移植 33，73-75，82，83，84，87-88，91-92，152

真理 27，109，132，169

肺结核 见 疾病

史蒂芬·特纳 47

戴斯蒙德·图图 101

埃米尔·乌纳努埃 15

美国：宗教 136-137；科学 112-113，116，119-120，130

墨尔本大学 99

昆士兰大学 4

疫苗 68-69，70-71，75，79，90-91，94，118，123，125，147，156-157

约翰·范恩 125

文森特·梵高 159

简·范鲁德 85

哈罗德·瓦默斯 58

N. I. 瓦维洛夫 122

克雷格·文特 50，156

安德勒斯·维萨留斯 22；《论人体的结构》 22

兽医学 4-5，100-101

索 引

病毒 47，68，70，72-74，80，83，90-91，123，154-156；白喉 91；艾滋病病毒（HIV） 34，72，155，156；人乳头瘤病毒 118；淋巴细胞脉络丛脑膜炎病毒（LMCV） 86；脊髓灰质炎 68-69，91；天花 68，160；参见：艾滋病，流感

沃尔特-伊莉莎·霍尔医学研究所（墨尔本） 114
弗洛伦斯·万布古 31，32
詹姆斯·沃森 49，121，162，170；《双螺旋》 170
理查德·韦比 47
罗伯·韦伯斯特 47
惠康基金会 126
迪克·温特霍尔 52
帕特里克·怀特 109，110
朱迪·惠特沃斯 115
汉斯·魏泽尔 11，26
萨姆·威尔伯福斯 139
弗兰克·韦尔切克 40

唐·威利 15
莫里斯·威尔金斯 151，171，199
乔迪·威廉姆斯 109，168
罗宾·威廉姆斯 25
伊恩·威尔森 90
迈克尔·伍尔德里奇 107
休厄尔·赖特 85

罗莎琳·雅娄 95
李远哲 114
穆罕默德·尤努斯 101

弗里茨·泽尼克 60
艾哈迈德·泽维尔 64
凯瑟琳·辛克纳吉 88
罗夫·辛克纳吉 5，9，49，58，74，86，91，161，171
　诺贝尔奖 1，9，59，66，79，85，88，90，149
哈德尔豪·楚尔·豪森 118
维斯瓦娃·辛波斯卡 10

译 后 记

彼得·杜赫提在他的这本"小书"里给我们讲了一个自然科学家获得诺贝尔奖的"大"故事，这使我想到由于故事讲得好而获奖的莫言在获得2012年诺贝尔文学奖的颁奖典礼上继续讲他的故事……其实，生活在地球上的人类在有了文字记载后就一直在用写作的方式讲述着各种故事，使得人类能够在总结经验、吸取教训的历史进程中不断前进、不断进步。科学家也一直是在"做"故事，"编"故事，"讲"故事。彼得·杜赫提和他的瑞士同事（一起在澳大利亚做的科学实验）罗夫·辛克纳吉由于在细胞免疫领域的研究中"做"出了故事，并把这个故事"编"撰成功，在《自然》杂志上"讲"了具体的故事而获得了诺贝尔生理学或医学奖，后来全世界又有许多科学家加盟其中，并沿着他们的"故事"继续一起"做、编、讲"相关更新、更深奥的故事，使得我们对于许多人类免疫系统的工作机制、免疫学的基础知识有了长足的进步，并进而运用到临床实践，用于呵护健康、造福人类。彼得·杜赫提能够把他摘取诺贝尔桂冠的故事写给大家，而且把读者对象定位于年轻才俊与科学决策与管理者，表现出一位优秀科学家的社会责任。他的这一举动也深深打动了我们，因此决定把这个故事翻译成中文，讲给大家。

这本书翻译完全是一次偶然的机会决定的。我的故交、牛津大学的同

译后记

事徐小宁博士访时,和我谈到了这本书,并说到我们的老朋友彼得·杜赫提还亲笔签名送给他一本原版书,小宁博士在建议我组织大家翻译这本书。但是由于工作繁忙,此类工作我目前基本不接手(其实我早在20世纪八九十年代出国之前,已主持或参与翻译了许多学术著作)。那天讨论相关工作时正好马颖博士在场(她于2007年年初来我实验室做博士后),她对此事表现出极大的热情,愿意"讲"这个故事……之后她主动联系了科学出版社的王静编辑,王静编辑又积极地介绍推荐了她的同事樊飞编辑,他们的热情打动了我,而且我阅读这本书后感觉信息量很大,确实像作者自己说的那样,对科研工作者和青年读者大有裨益,于是我决定接受任务,着手和大家一起合作用中文"讲"这个彼得·杜赫提对人生、科学、宗教、社会等看法的故事。最终这本书由马颖博士和孙业平博士翻译,我和徐小宁博士一起审校。由于工作繁忙,本书译校了近两年,我们特别感谢科学出版社,特别是樊飞编辑的耐心与热情。

在本书翻译成稿后,我想到联系彼得·杜赫提为中文版写序言,没有想到他很爽快地答应了,并认真准备,在其简短的序言中,他对中国近些年来的科学成就给予了高度评价,对中国政府在经济高速发展、人民生活显著提高的基础上加大对科学的投入大加赞赏,对中国科学家相信科学、勇于探索的研究精神给与了高度评价。与此同时,针对西方对"神造论"的崇拜进行了批判,表现出一个优秀科学家实事求是、海纳百川、虚怀若谷的广阔胸怀。

回顾中国科学的发展,新中国成立初期"两弹一星"的成就让世人耳目一新……改革开放30年来国家在科技投入上力度颇深,"863"、"973"等高技术与基础研究计划的布局,一系列重大科学研究计划,科技部每个五年计划的科技支撑项目,各个部门的行业专项及国家自然科学基金等,在支持基础创新性研究方面发挥了积极作用。在鼓励支持人才专项计划中,海外高层次人才引进计划(千人计划)项目、杰出青年科学基金项目、国家自然科学基金委员会和教育部创新团队项目、中国科学院百人计划项目、教育部长江学者计划项目等,在吸引与支持人才成长中发挥着重要作用。正像彼得·杜赫提在中文版序言中所说的那样,我们看到了中国在科学研究领域中长足的进步。在免疫与病原微生物研究领域,不断有国际领先的成果问世……2009年甲型H1N1流感大流行时,国家在科学技术(一流的疫苗与诊断试剂的研发)与人才的储备方面的策略,以及举国体制的联防联控措施,为我们打赢了新世纪的一场大流感"战役",让我们面对突如其来的病原微生物能够沉着应对……这使我们不仅看到了基础研究的领先成果,更看到了科学技术在实践中所取得的社会效益。相信在不久的将来,正如彼得·杜赫提在中文版序言中所说的那样,中国科学家将会在免疫与病原研究领域登上诺贝尔奖的领奖台。

在我得到彼得·杜赫提写的中文版序言时,最令我感动的是他对于袁隆平院士的评价。这一点也看出他是一个非常有责任心的科学家,他关心人类健康,致力于免疫学研究;他关注发展中国家的温饱问题,看到了袁隆平院士为世界、为人类做出的贡献。有时候我们还在争论到底什么是最为重要的科学研究尤其是基础科学研究时,其实,从生活中找寻人类亟待解决的问题、找出问题的根本所在及问题的内在关联机制、摸索出解决这些问题的方法,就是我们的科研方向。我们不能建空中楼阁,不能做对社会、对人类健康无益的科研。诚然,科学无国界,但科学家有国籍、有祖国,我们要向袁隆平院士学习,选准研究方向,在研究国人的温饱问题时其实是在解决一个世界性科学难题。我们的科研一定是源于生活、解决生活中面临的问题,使人类的未来更加美好。

中国的经济在发展,科技也在突飞猛进,我们应当珍惜当下发展的大好机遇,认真工作,谨记"空谈误国,实干兴邦"之训,切实践行创新发展之风。

高　福
2013年1月5日晚于北京